全国船舶工业职业教育教学指导委员会推荐教材

船舶焊接无损检测

主　编　叶东南　杨　金
副主编　宁亮亮　邱　鹏　潘文欢
主　审　孙淑侠

哈爾濱工程大學出版社
Harbin Engineering University Press

内容简介

本书共分为7个船舶焊接无损检测项目，包括常见焊接缺陷类型及识别、焊缝的外观质量检测、船舶焊接结构的渗透试验、船舶焊接质量的磁粉检测、船舶焊接质量的超声波检测、船舶焊接质量的射线检测和船舶焊接结构的密性试验。在项目设置上充分考虑了典型船舶焊接无损检测工作内容及要求，在每个项目的编写中既充分体现了高职教学的特点，又按照活页式教材编写基本要求组织编写，进一步方便读者的学习；在教材编写中适当淡化无损检测基本理论，突出船舶焊接无损检测的岗位素质要求，充分贯彻了中国船级社相关无损检测标准；教材内容的选取与组织和船舶焊接无损检测岗位的工作流程与职业能力要求相吻合，且每个任务模块都设有合适的训练项目，部分训练项目视频读者通过手机扫描二维码可以实现在线学习，体现了工学结合、活页式教材的编写特色。

本书可作为智能焊接技术（或焊接技术与自动化）专业相关课程的一体化教学教材，也可作为船舶焊接行业和相关检测公司无损检测技术人员的参考和学习资料。

图书在版编目（CIP）数据

船舶焊接无损检测 / 叶东南，杨金主编. —哈尔滨：哈尔滨工程大学出版社，2023. 12
ISBN 978-7-5661-4152-1

Ⅰ. ①船… Ⅱ. ①叶… ②杨… Ⅲ. ①造船-焊接工艺-无损检验 Ⅳ. ①U671. 84

中国国家版本馆 CIP 数据核字（2023）第 255518 号

船舶焊接无损检测
CHUANBO HANJIE WUSUN JIANCE

选题策划 雷　霞
责任编辑 刘海霞
封面设计 李海波

出版发行 哈尔滨工程大学出版社
社　　址 哈尔滨市南岗区南通大街 145 号
邮政编码 150001
发行电话 0451-82519328
传　　真 0451-82519699
经　　销 新华书店
印　　刷 哈尔滨午阳印刷有限公司
开　　本 787 mm×1 092 mm　1/16
印　　张 14. 25
字　　数 356 千字
版　　次 2023 年 12 月第 1 版
印　　次 2023 年 12 月第 1 次印刷
书　　号 ISBN 978-7-5661-4152-1
定　　价 49. 80 元

http://www. hrbeupress. com
E-mail:heupress@ hrbeu. edu. cn

前　言

现代船舶建造特别是船体的建造是一项十分复杂的系统工程,涉及材料、加工及质量检测与控制等相关环节;而焊接作为船体建造过程中不可或缺的重要一环,其质量直接关系到船舶的航行安全和相关性能要求,因此在船体建造中焊接质量的检测(主要是无损检测)就显得尤为重要。本次教材的开发,在充分了解船舶焊接生产中对应的质量检测岗位能力需求、行业质量检测标准、相关无损检测考证换证要求的基础上,结合新型活页式教材开发特点,配备了一定的信息化教学资源。

教材的编写由企业专家和学校教师共同完成;编写团队对典型的船舶焊接质量检测工作任务、工作流程、岗位能力要求、职业素养、无损检测相关标准以及后续的考证工作要求均进行了充分的研讨,发挥了各自的优点。具体内容的编写均以真实的船舶焊接质量检测环境中的工作任务和工作流程为依据,让学生在完成各个项目任务的过程中熟悉掌握相关无损检测基本知识、相关无损检测技能;最终为学生具备在船舶焊接无损检测岗位的职业能力、职业素养和后续参加无损检测考证并取得相关无损检测职业资格打下良好的基础。

教材包括7个项目、27个任务。项目1为常见焊接缺陷类型及识别;项目2为焊缝的外观质量检测;项目3为船舶焊接质量的渗透检测;项目4为船舶焊接质量的磁粉检测;项目5为船舶焊接质量的超声波检测;项目6为船舶焊接质量的射线检测;项目7为船舶焊接结构的密性试验。通过对本课程的系统学习,学生能够根据典型船舶焊接结构的特点及质量要求,根据相关质量检测标准来合理选择船舶焊接结构的质量检测方法、检测设备技术条件、编制质量检测工艺文件并实施质量检测、提交质量检测报告的综合职业能力。

本书由武汉船舶职业技术学院叶东南、杨金任主编,哈尔滨华德学院宁亮亮、武汉船舶职业技术学院邱鹏和中国船级社武汉规范研究所潘文欢任副主编,武汉船舶职业技术学院孙淑侠任主审。具体编写分工如下:武汉船舶职业技术学院叶东南编写项目2和项目5,武汉船舶职业技术学院杨金编写项目4,哈尔滨华德学院宁亮亮编写项目1和项目6,武汉船舶职业技术学院邱鹏编写项目3,中国船级社武汉规范所潘文欢编写项目7。全书由叶东南、杨金负责统稿、整理工作。

本书在编写过程中得到了中国船级社实业有限公司武汉分公司周宝华高级工程师、湖北精工钢结构有限公司张发荣高级工程师等业内专家的指导,也参考了许多同行的相关资料,在此表示诚挚的谢意!

由于编者水平有限,书中难免有不妥之处,恳请读者批评指正。

编　者

2023年5月

目　　录

项目1

常见焊接缺陷类型及识别

问题导入

随着现代工业技术的进步，焊接技术已经被广泛地应用于建筑、能源、船舶等行业。特别是在造船行业，焊接是船舶生产的关键技术之一。在造船工程中，焊接工作量占30%~40%，其焊接质量对造船质量有很大的影响。在不断更新焊接设备的同时，应对现有的技术进行改进，以确保今后的航行安全。对船舶焊接技术的深入研究，不但可以防止和解决这些问题，还可以在今后的商业使用中，提高其可靠性。本项目主要针对焊接缺陷类型特征及影响因素等进行介绍，使学生熟悉常见焊接缺陷的防止措施，通过焊接缺陷引起的工程事故分析，使学生了解焊接缺陷的危害，并提出焊接工艺相应的改进措施及对策，希望能为我国船舶行业的健康发展提供借鉴。

任务1.1　焊接缺陷类型及影响因素

焊接缺陷的存在直接影响焊缝的质量，而焊缝的质量直接影响船舶的建造质量。因此，焊缝质量尤为重要。我们要了解焊接缺陷，学习各类焊接缺陷的产生原因及预防措施，做到及早发现焊接缺陷，对焊缝的质量做出客观评价，把焊接缺陷限制在一定的范围内，降低缺陷的发生率，焊出合格的焊缝，保证船舶的建造质量，保障船舶航行安全。

1.1.1　焊接缺陷的类型

根据《金属熔化焊接头缺欠分类及说明》(GB/T 6417.1—2005)，焊接缺陷可根据其性质分为裂纹、孔穴、固体夹杂、未熔合及未焊透、形状和尺寸不良以及其他缺陷六大类。

1. 裂纹

裂纹是在焊接应力作用下，接头中局部区域的金属原子结合力遭到破坏所产生的缝隙。根据焊接裂纹的形态及产生原因，裂纹可分为冷裂纹(包括延迟裂纹、淬硬脆化裂纹、低塑性裂纹)、热裂纹(包括结晶裂纹、多边化裂纹和液化裂纹)、再热裂纹、层状撕裂和应力腐蚀裂纹。各种裂纹的分类及特征见表1-1。

表 1-1 各种裂纹的分类及特征

裂纹分类		特征	敏感温度区间	母材	裂纹位置	裂纹走向
冷裂纹	延迟裂纹	在淬硬组织、氢和拘束应力的共同作用下而产生的具有延迟特征的裂纹	在 M_s 点以下	中、高碳钢，低、中合金钢，钛合金钢等	热影响区，少量在焊缝	沿晶或穿晶
	淬硬脆化裂纹	主要是有淬硬组织，在焊接应力作用下产生的裂纹	M_s 点附近	含碳的 NiCrMo 钢，马氏体不锈钢，工具钢	热影响区，少量在焊缝	沿晶或穿晶
	低塑性裂纹	在较低温度下，由于母材的收缩应变，超过了材料本身的塑性储备而产生的裂纹	在 400 ℃以下	铸铁、堆焊硬质合金	热影响区及焊缝	沿晶及穿晶
热裂纹	结晶裂纹	在结晶后期，由于低熔共晶形成的液态薄膜削弱了晶粒间的联结，在拉伸应力作用下发生开裂	在固相线温度以上稍高的温度(固液状态)	杂质较多的碳钢，低、中合金钢，奥氏体钢，镍基合金及铝	焊缝上，少量在热影响区	沿奥氏体晶界开裂
	多边化裂纹	已凝固的结晶前沿，在高温和应力的作用下，晶格缺陷发生移动和聚集，形成二次边界，在高温处于低塑性状态，在应力作用下产生的裂纹	固相线以下再结晶温度	纯金属及单相奥氏体合金	焊缝上，少量在热影响区	沿奥氏体晶界开裂
	液化裂纹	在焊接热循环最高温度的作用下，在热影响区和多层焊的层间发生重熔，在应力作用下产生的裂纹	固相线以下稍低温度	含 S、P、C 较多的镍铬高强钢、奥氏体钢和镍基合金等	热影响区及多层焊的层间	沿晶界开裂
再热裂纹		厚板焊接结构消除应力处理过程中，在热影响区的粗晶区存在不同程度的应力集中时，由于应力松弛所产生附加变形大于该部位的蠕变塑性，则发生再热裂纹	550~650 ℃	含有沉淀强化元素的高强钢、珠光体钢、奥氏体钢、镍基合金等	热影响区的粗晶区	沿晶界开裂
层状撕裂		主要是由于钢板的内部存在分层的夹杂物(沿轧制方向)，在焊接时产生的垂直于轧制方向的应力，致使在热影响区或稍远的地方，产生“台阶”式层状开裂	约 400 ℃以下	含有杂质的低合金高强度钢厚板结构	热影响区附近	沿晶或穿晶

表 1-1(续)

裂纹分类	特征	敏感温度区间	母材	裂纹位置	裂纹走向
应力腐蚀裂纹	某些焊接结构(如容器和管道等),在腐蚀介质和应力的共同作用下产生的延迟开裂	任何工作温度	碳钢、低合金钢、不锈钢、铝合金等	焊缝和热影响区	沿晶或穿晶开裂

2. 孔穴和固体夹杂

(1)孔穴

焊接时,熔池在结晶过程中由于某些气体来不及逸出可能残存在焊缝中形成孔穴。孔穴是焊接接头中常见的缺陷,碳钢、高合金钢、有色金属焊接接头中都有可能产生孔穴。例如焊条、焊剂烘干不足,被焊金属和焊丝表面有锈、油污或其他杂质,焊接工艺不够稳定(电弧电压偏高、焊速太大和电流太小等),以及焊接区保护不良等都会不同程度地出现孔穴。电渣焊低碳钢时,由于脱氧不足在焊缝内部也会出现孔穴。

从外部形态上看,孔穴有表面气孔,也有焊缝内部气孔;有时以单个分布,有时成堆密集;也有时贯穿整个焊缝断面,还有时弥散分布在焊缝内部。这些气孔产生的根本原因是由于高温时金属溶解了较多的气体(如 H_2、N_2);另外,冶金反应时又产生了相当多的气体(CO、H_2O)。这些气体在焊缝凝固过程中来不及逸出就会产生气孔。根据形成气孔的气体来源,焊缝中的气孔主要有 H_2 气孔、N_2 气孔和 CO 气孔。由于产生气孔的气体不同,因而气孔的形态和特征也不同。不同形状的气孔和缩孔在焊缝中的分布形态见表 1-2。

表 1-2 气孔和缩孔的分布形态

名称	说明	简图
球形气孔	近似球形的孔穴	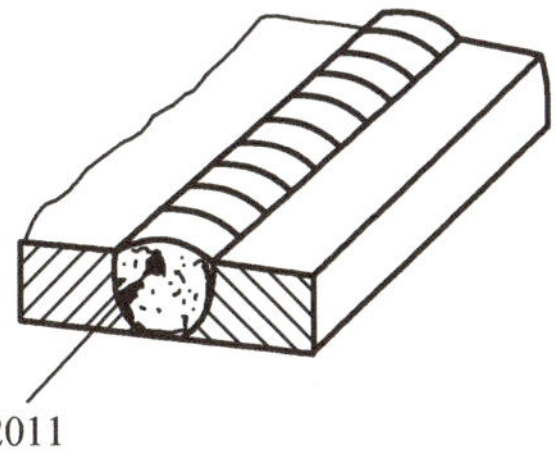
均布气孔	大量气孔比较均匀地分布在整个焊缝金属中	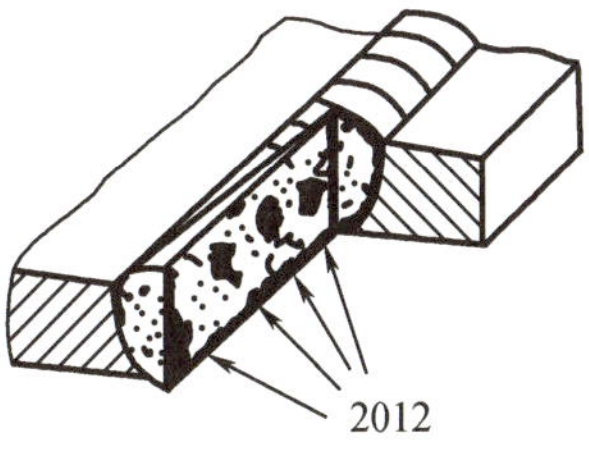

表 1-2(续 1)

名称	说明	简图
局部密集气孔	气孔群	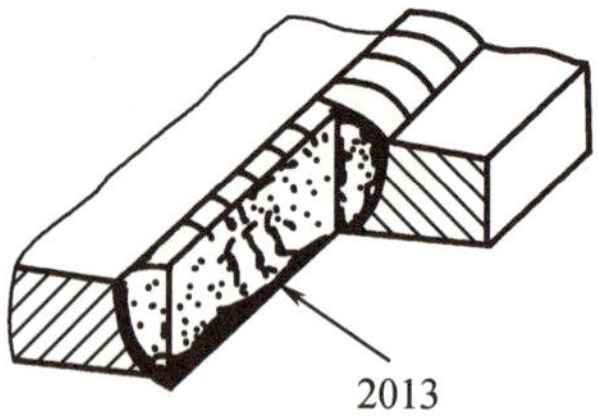
链状气孔	与焊缝轴线平行的成串气孔	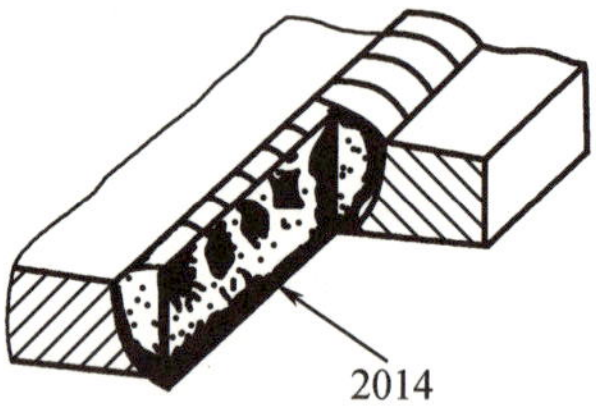
条形气孔	长度方向与焊缝轴线近似平行的非球形长气孔	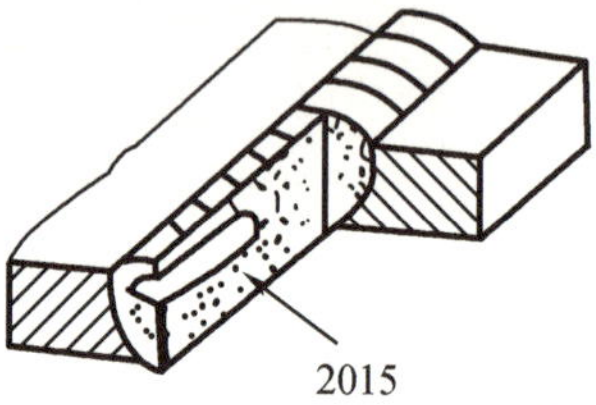
虫形气孔	由于气孔在焊缝金属中上浮而引起的管状孔穴，其位置和形状是由凝固的形式和气孔的来源决定的，通常成群出现并呈“人”字形分布	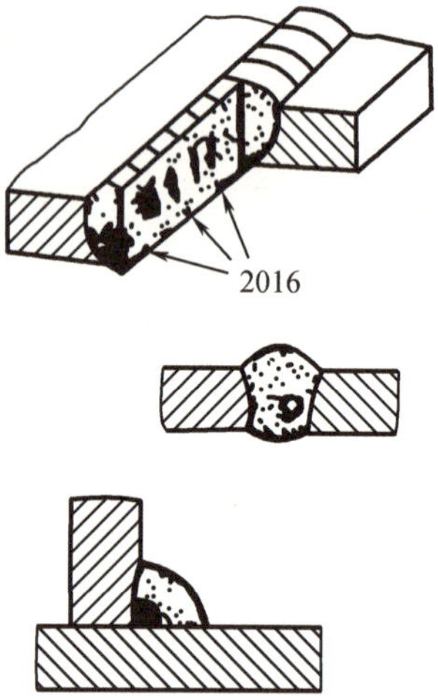
表面气孔	暴露在焊缝表面的气孔	

表 1-2(续 2)

名称	说明	简图
结晶缩孔	冷却过程中在焊缝中心形成的长形收缩孔穴,可能有残留气体,这种缺陷通常在垂直焊缝表面方向上出现	
微缩孔	在显微镜下观察到的缩孔	—
枝晶间微缩孔	显微镜下观察到的枝晶间的微缩孔	—
弧坑缩孔	焊道末端的凹陷,且在后续焊道焊接之前或在后续焊道焊接过程中未被消除	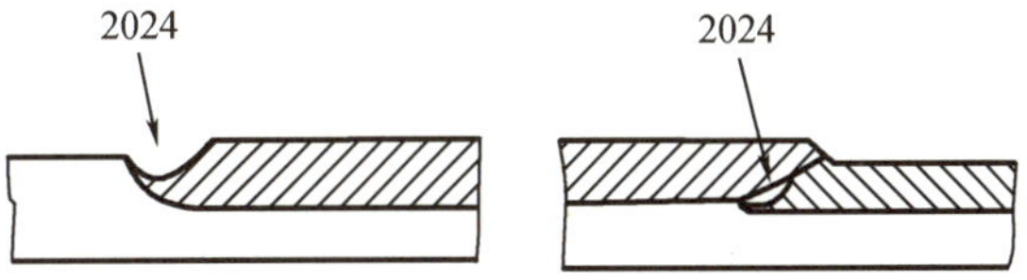

(2)固体夹杂

固体夹杂是残留在焊缝金属中的非金属固体夹杂物。使用填充焊剂、焊丝的焊接过程中,如埋弧焊,由于焊剂熔融不良容易生成熔渣。不用焊剂的 CO_2 气体保护焊中,脱氧的生成物产生熔渣,残留在多层焊焊缝金属内部也易形成夹杂。夹杂主要发生在坡口边缘和每层焊道之间非圆滑过渡的部位,在焊道形状发生突变或存在深沟的部位也容易产生夹杂。此外,在横焊、立焊或仰焊时产生的夹杂比平焊多。各种类型的固体夹杂在焊缝中的分布形态见表 1-3。

表 1-3　各种类型的固体夹杂在焊缝中的分布形态

名称	说明	简图
焊剂或熔剂夹渣	残留在焊缝中的焊剂或熔剂,根据其形成的情况可以分为线状(3021)、孤立(3012)和其他类型(3014)	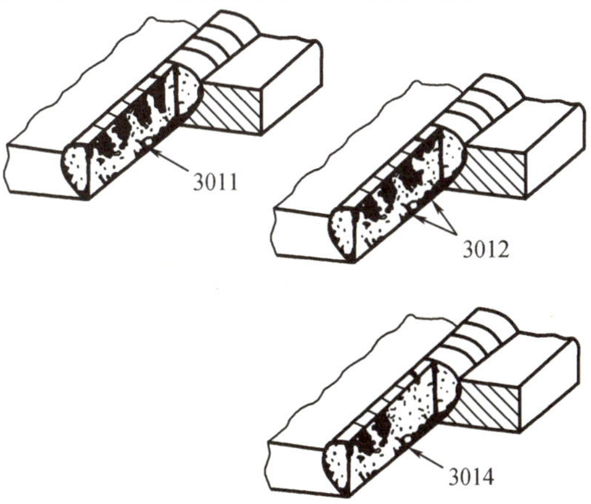

表 1-3(续)

名称	说明	简图
氧化物夹杂	凝固过程中残留在焊缝金属中的金属氧化物	—
褶皱	在某些情况下,特别是铝合金焊接时,由于对焊接熔池保护不良和熔池中紊流而产生的大量氧化膜	—
金属夹杂	残留在焊缝中来自外部的金属颗粒,这些颗粒可能是钨、铜和其他金属	—

3. 未熔合及未焊透

(1)未熔合

未熔合是焊接时焊道与母材之间或焊道与焊道之间未能完全熔化结合的部分。熔池金属在电弧力作用下被排向尾部而形成沟槽,当电弧向前移动时,沟槽中又填进熔池金属,如果这时槽壁处的液态金属层已经凝固,填进的熔池金属的热量又不能使金属再度熔化,则形成未熔合。未熔合常出现在焊接坡口侧壁、多层焊的层间及焊缝的根部。

产生未熔合的原因有焊接热输入太低,电弧发生偏吹,坡口侧壁有锈垢和污物,焊层间清渣不彻底等。防止未熔合的主要方法是熟练掌握焊接操作技术,焊接修复时注意运条角度和边缘停留时间,使坡口边缘充分熔化以保证熔合。

多层焊时底层焊道的焊接应使焊缝呈凹形或略凸。焊前预热对防止未熔合有一定的作用,适当加大焊接电流可防止层间未熔合,适当拉长电弧也可减少表面未熔合缺陷的产生。高速焊时为防止未熔合缺陷,应设法增大熔宽或采用双弧焊等。未熔合在焊缝中的形态特征见图 1-1(a)。

(2)未焊透

未焊透是焊接接头根部未完全熔透的现象。形成未焊透的主要原因是焊接电流太小,焊接速度过快,坡口尺寸不合适或焊丝未对准焊缝中心等。单面焊和双面焊时都可能产生未焊透缺陷。细丝短路过渡 CO_2 气体保护焊时,工件热输入较低也容易产生未焊透现象。未焊透在焊缝中的形态特征见图 1-1(b)。

未焊透易导致焊缝的断面积减小,降低接头力学性能,而且还会引起焊缝根部出现应力集中,甚至扩展成裂纹,引起焊缝整体开裂、破坏焊接结构。尤其在动载工作条件下,未焊透对高温疲劳强度有很大影响。

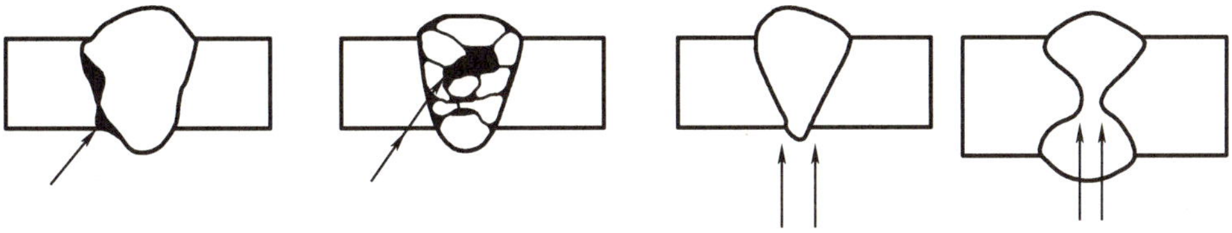

(a) 未熔合

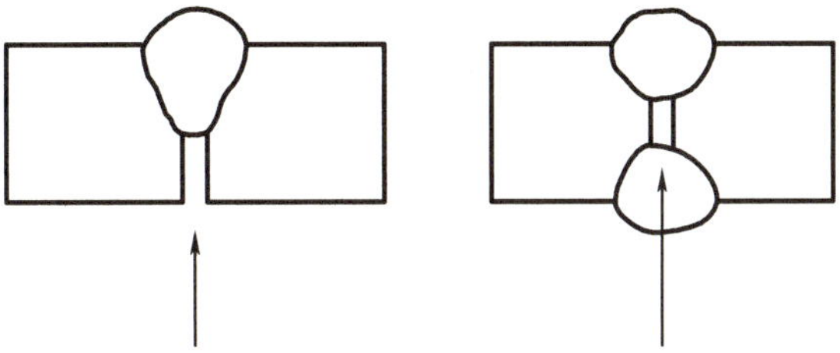

(b) 未焊透

图 1-1　未熔合及未焊透

4. 形状和尺寸不良以及其他缺陷

(1) 形状和尺寸不良

形状和尺寸不良是由于焊接工艺参数选择不当，或操作不合理而产生的焊缝外观缺陷，主要包括弧坑、咬边、烧穿、焊瘤、凹坑、下塌和疏松等。这些缺陷不仅影响焊接件的形状尺寸，降低接头的力学性能，甚至能引起接头漏水、漏气，严重影响设备的正常使用。常见形状和尺寸不良在焊缝中的分布形态见表 1-4。

表 1-4　常见形状和尺寸不良在焊缝中的分布形态

名称	说明	简图
连续咬边(5011) 间断咬边(5012)	因焊接造成的焊趾(或焊根)外的沟槽，咬边可能是连续的或间断的	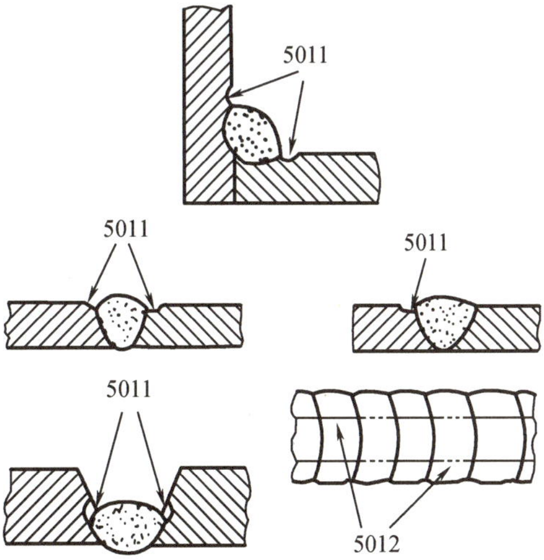

表 1-4(续 1)

名称	说明	简图
缩沟 (5013)	由于焊缝金属的收缩,在根部焊道每一侧产生的浅沟槽	
焊缝超高 (502)	对接焊缝表面上焊缝金属过高	 a—公称尺寸
凸度过大 (503)	角焊缝表面的焊缝金属过高	 a—公称尺寸
下塌 (504)	穿过单层焊缝根部或多层焊时,前道熔敷金属塌落的过量焊缝金属	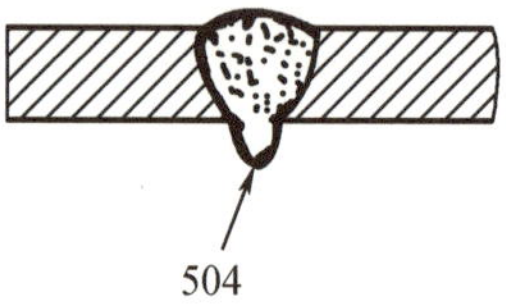
焊缝形面不良 (505)	母材金属表面与靠近焊趾处焊缝表面的切面之间的角度 α 过小	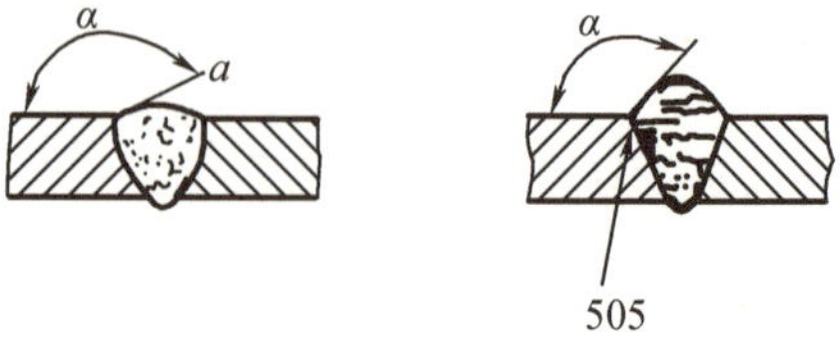 a—公称尺寸
焊瘤(506)	焊接过程中,熔化金属流淌到焊缝外未熔化的母材上所形成的金属瘤	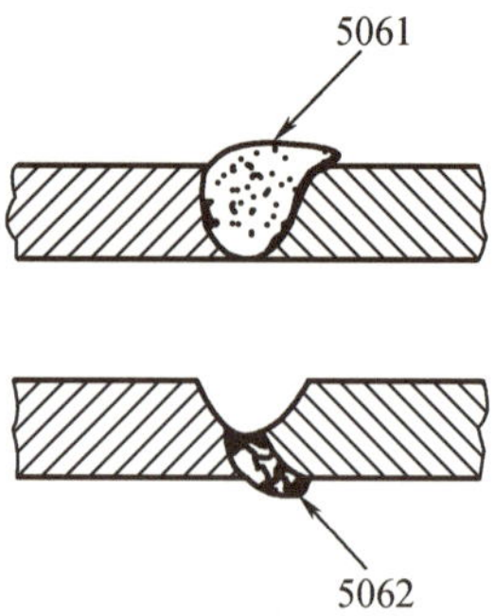

表 1-4(续 2)

名称	说明	简图
错边(507)	由于两个焊件没有对正而造成的中心线平行偏差	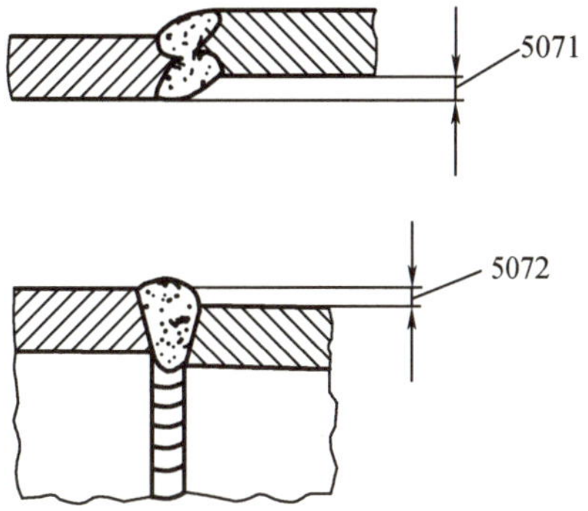
角度偏差(508)	由于两个焊件没有对正而造成的表面不平行	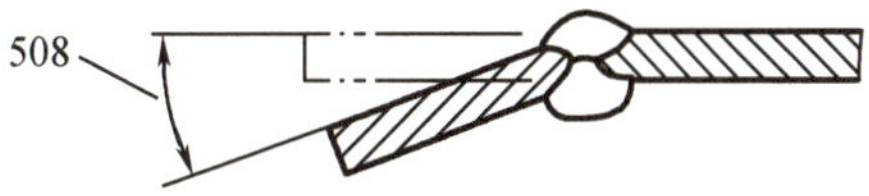
下垂	由于重力作用造成的焊缝金属塌落,分为横缝垂直下垂(5091),平、仰焊缝下垂(5092),角焊缝下垂(5093)和边缘熔化下垂(5094)	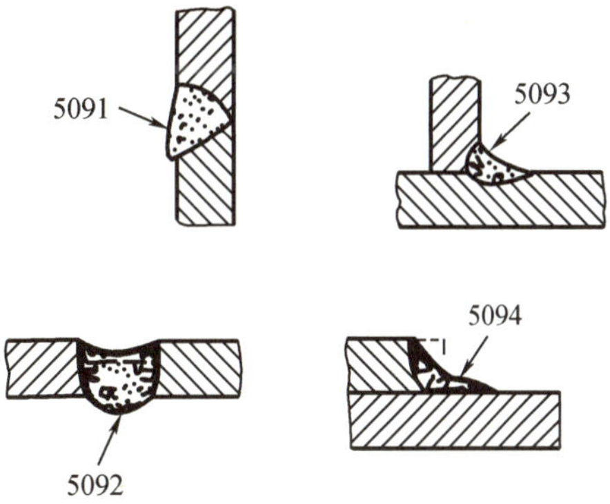
烧穿(510)	焊接过程中,熔化金属自坡口背面流出形成穿孔	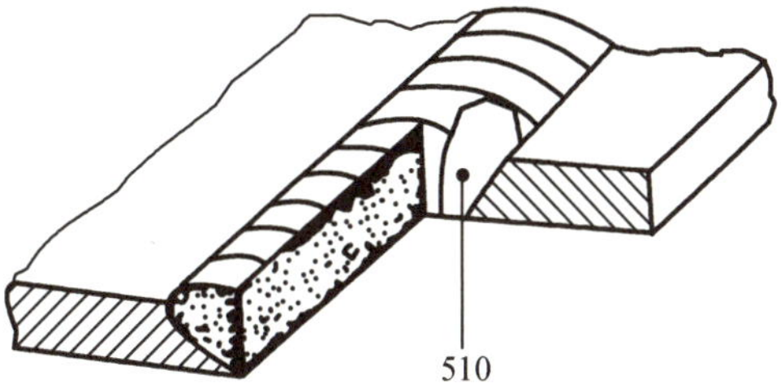
未焊满(511)	由于填充金属不足,在焊缝表面形成的连续或断续的沟槽	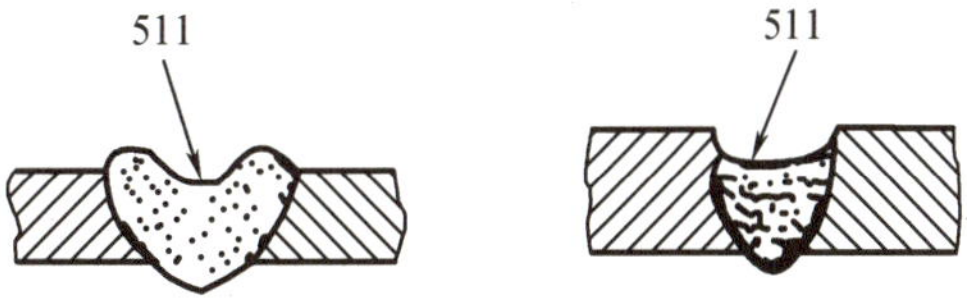

表 1-4(续 3)

名称	说明	简图
焊脚不对称(512)	—	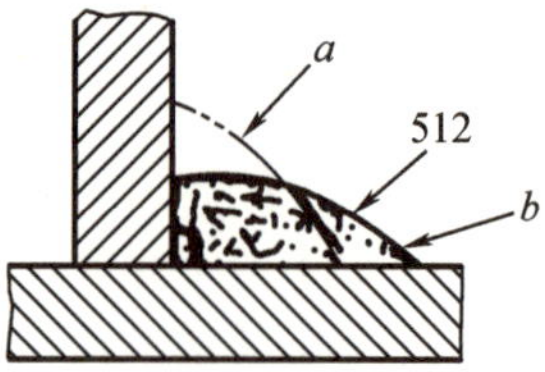a—正常形状;b—实际形状
焊缝宽度不齐(513)	焊缝宽度变化过大	—
表面不规则(514)	表面过分粗糙	—
根部收缩(515)	由于对接焊缝根部收缩造成的浅沟槽	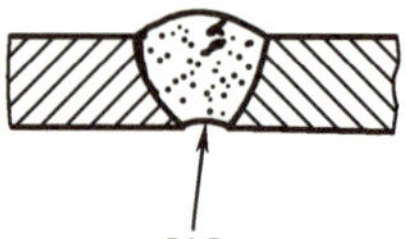
根部气孔(516)	在凝固瞬间,由于焊缝析出气孔而在根部形成的多孔状组织	—
焊缝接头不良(517)	焊缝衔接处的局部表面不规则	

(2)其他缺陷

焊接过程中或焊后处理时还可能产生电弧擦伤、飞溅、表面撕裂、磨痕、打磨过量以及层间错位等其他缺陷。这些缺陷的产生过程比较复杂,形成原因各不相同,既有冶金因素,又有焊后机械加工操作不当的原因。表面撕裂、磨痕、打磨过量以及层间错位等缺陷会影响焊缝的外观质量,缺陷周围也容易产生应力集中,造成焊接结构的破坏。

焊接时由于受空间位置和操作不便限制极易产生电弧擦伤,如图 1-2(a)所示。电弧擦伤多是由于人为不注意产生的,偶然不慎使焊条与施焊部位表面接触引起电弧就会造成表面擦伤。焊接时熔滴爆裂后的液体颗粒溅落到工件表面形成的附着颗粒,严重时形成飞溅缺陷,如图 1-2(b)所示。表面撕裂、磨痕、凿痕、打磨过量以及层间错位等缺陷的特点见表 1-5。

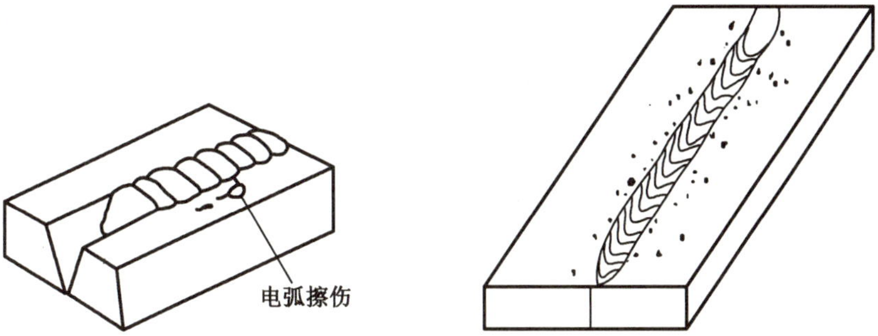

(a) 电弧擦伤　　　　(b) 飞溅

图 1-2　电弧擦伤与飞溅

表 1-5　表面撕裂、磨痕、凿痕、打磨过量以及层间错位等缺陷的特点

焊接缺陷	特点
表面撕裂	拆除临时焊接附件时在母材表面上产生的损伤
磨痕	打磨引起的局部表面损伤
凿痕	使用扁铲或其他工具铲凿金属而产生的局部损伤
打磨过量	打磨引起的工件或焊缝不允许的剪薄
层间错位	不按规定操作熔敷的焊道

1.1.2　焊接缺陷的影响因素

焊接缺陷产生的原因是多方面的，对不同的缺陷，影响因素也不同。焊接缺陷的产生既有冶金的原因，又有应力和变形的作用。焊接缺陷通常出现在焊缝及其附近区域，而这些部位正是焊接结构中拉伸残余应力最大的地方。焊接缺陷产生的主要原因见表 1-6。

表 1-6　焊接缺陷产生的主要原因

类别	名称	材料因素	结构因素	工艺因素
冷裂纹	氢致裂纹	①钢中 C 或合金元素含量高，使淬硬倾向增大 ②焊接材料含氢量较高	①焊缝附近刚度较大，如大厚度、高拘束度 ②焊缝布置在应力集中区 ③坡口形式不合适（如 V 形坡口拘束应力较大）	①熔合区附近冷却时间小于出现铁素体临界冷却时间，热输入过小 ②未使用低氢焊条 ③焊接材料未烘干，焊口及工件表面有水分、油污及铁锈 ④焊后未进行保温处理
	淬火裂纹	①钢中 C 或合金元素含量高，使淬硬倾向增大 ②对于多元合金的马氏体钢，焊缝中出现块状铁素体		①对冷裂倾向较大的材料，预热温度未做相应的提高 ②焊后未立即进行高温回火

表 1-6(续 1)

类别	名称	材料因素	结构因素	工艺因素
冷裂纹	层状撕裂	①焊缝中出现片状夹杂物(如硫化物、硅酸盐和氧化铝等) ②母材组织硬脆或产生时效脆化 ③钢中含硫量过多	①接头设计不合理,拘束应力过大(如 T 形填角焊、角接头和贯通接头) ②拉应力沿板厚方向作用	①热输入过大,使拘束应力增加 ②预热温度较低 ③焊根裂纹的存在导致层状撕裂的产生
热裂纹	结晶裂纹	①焊缝金属中合金元素含量高 ②焊缝金属中 P、S、C、Ni 含量较高 ③焊缝金属中 Mn/S 比例不合适	①焊缝附近的刚度较大,如大厚度、高拘束度 ②接头形式不合适,如熔深较大的对接接头和角焊缝(包括搭接接头、丁字接头和外角接焊缝)抗裂性差 ③接头附近应力集中,如密集、交叉的焊缝	①焊接热输入过大,使近缝区过热,晶粒长大,引起结晶裂纹 ②熔深与熔宽比过大 ③焊接顺序不合适,焊缝不能自由收缩
	液化裂纹	母材中的 P、S、B、Si 含量较多	①焊缝附近刚度较大,如大厚度、高拘束度 ②接头附近应力集中,如密集、交叉的焊缝	①热输入过大,使过热区晶粒粗大,晶界熔化严重 ②熔池形状不合适,凹度太大
	高温失塑裂纹	—		热输入过大,使温度过高,容易产生裂纹
再热裂纹		①焊接材料的强度过高 ②母材中 Cr、Mo、V、B、S、P 含量较高 ③热影响区粗晶区组织未得到改善(未减少或消除马氏体组织)	①结构设计不合理造成应力集中(如对接焊缝和填角焊缝重叠) ②坡口形式不合适导致较大的拘束应力	①回火温度不够,持续时间过长 ②焊趾处咬边而导致应力集中 ③焊接次序不对使焊接应力增大 ④焊缝余高导致近缝区的应力集中
气孔		①熔渣氧化性增大时,CO 气孔倾向增加;熔渣还原性增大时,氢气孔倾向增加 ②焊件或焊接材料不清洁(有铁锈、油和水分等杂质) ③与焊条、焊剂的成分及保护气体的气氛有关 ④焊条偏心,药皮脱落	仰焊、横焊易产生气体	①当热输入不变,焊接速度增大时,增加了产生气体的倾向 ②电弧电压太高(即电弧过长) ③焊条、焊剂在使用前未烘干 ④使用交流电源易产生气体 ⑤气保护焊时,气体流量不合适

表 1-6(续 2)

类别	名称	材料因素	结构因素	工艺因素
夹渣		①焊材的脱氧、脱硫效果不好 ②渣的流动性差 ③原材料夹渣中含硫量较高及硫偏析程度较大	立焊、仰焊易产生夹渣	①电流大小不合适,熔池搅动不足 ②焊条药皮成块脱落 ③多层焊时清渣不够 ④电渣焊时焊接条件突然改变,母材熔深突然减小
未熔合		—	—	①焊接电流小或焊接速度快 ②坡口或焊道有氧化皮、熔渣及氧化物等高熔点物质 ③操作不当
未焊透		焊条偏心	坡口角太小,钝边太厚,间隙太小	①焊接电流小或速度太快 ②焊条角度不对或运条方法不当 ③电弧太长或电弧偏吹
形状缺陷	咬边	—	立焊、仰焊时易产生咬边	①焊接电流过大或焊接速度太慢 ②立焊、横焊和角焊电弧太长 ③焊条角度不正确或运条不当
	焊瘤	—	坡口太小	①焊接工艺不当,电压过低,焊速不合适 ②焊条角度不对或未对准焊缝 ③运条不正确
	烧穿和下塌	—	①坡口间隙过大 ②薄板或管子的焊接易产生烧穿和下塌	①电流过大,焊速太慢 ②垫板托力不足
	错边	—	—	①装配不正确 ②焊接夹具质量不高
	角变形	—	①与坡口形状有关,如对接 V 形坡口的角变形大于 X 形坡口 ②与板厚有关,中等板厚角变形最大,厚板、薄板的角变形较小	①焊接顺序对角变形有影响 ②热输入增加,角变形也增加 ③反变形量未控制好 ④焊接夹具质量不高

表 1-6(续 3)

类别	名称	材料因素	结构因素	工艺因素
形状缺陷	焊缝尺寸、形状不合要求	①熔渣的熔点和黏度太高 ②熔渣的表面张力较大,不能很好地覆盖焊缝表面,使焊纹粗、焊缝高、表面不光滑	坡口不合适或装配间隙不均匀	①焊接工艺参数不合适 ②焊条角度或运条手法不当
电弧擦伤		—	—	①焊工随意在坡口外引弧 ②接地不良或电气接线不好
飞溅		①熔渣的黏度过大 ②焊条偏心	—	①焊接电流过大 ②电弧过长 ③碱性焊条的极性不合适 ④焊条药皮水分过多 ⑤焊接电源动特性、外特性不佳

焊接结构的生产朝着大型化、高温、高压、耐蚀、低温等方向发展的同时,所用钢材的强度和厚度不断提高,这就给焊接质量控制提出了新的难题,其中防止和控制焊接缺陷是提高焊接产品质量的关键。据统计,在世界上各种焊接结构的失效事故中,除少数属于设计不合理、选材不当和操作上的问题之外,绝大多数是由焊接缺陷,特别是焊接裂纹所引起的。

对有焊接产品设计规程或法定验收规则的产品,焊接缺陷应按这些规定,确定相应的级别。对无产品设计规程或法定验收规则的产品,可根据表 1-7 所列因素来确定焊接缺陷的级别。

表 1-7　确定焊接缺陷级别应考虑的因素

因素	内容
载荷性质	静载荷;动载荷;非强度设计
服役环境	温度;湿度;介质;磨耗
产品失效后的影响	能引起爆炸或因泄漏而引起严重人身伤亡并造成产品报废;造成产品损伤且由于停机造成重大经济损失;造成产品损伤,但仍可运行
选用材料	相对产品要求有良好的强度及韧性裕度;强度裕度不大但韧性裕度充足;高强度低韧性;焊接材料的相配性
制造条件	焊接工艺方法;企业质量管理制度;构件设计中的焊接可行性;检验条件

焊接缺陷的分级在国家标准《金属熔化焊接头缺欠分类及说明》(GB/T 6417.1—2005)中有明确的规定,见表 1-8。

表 1-8　钢熔化焊接头的焊接缺陷分级

缺陷	GB/T 6417.1 代号	缺陷分级 I	II	III	IV
焊缝外形尺寸	—	按选用坡口由焊接工艺确定只需符合产品相关规定要求，本标准不做分级规定			
未焊满	511	不允许		≤0.2+0.02δ 且≤1 mm，每 100 mm 焊缝内缺陷总长≤25 mm	≤0.2+0.02δ 且≤2 mm，每 100 mm 焊缝内缺陷总长≤25 mm
根部收缩	515 5013	不允许	≤0.2+0.02δ 且≤0.5 mm	≤0.2+0.02δ 且≤1 mm	≤0.2+0.04δ 且≤2 mm
咬边	5011 5012	不允许		≤0.05δ 且≤0.5 mm，连续长度≤100 mm 且焊缝两侧咬边总长≤10%焊缝全长	≤0.1δ 且≤1 mm，长度不限
裂纹	100	不允许			
弧坑裂纹	104	不允许			个别长≤5 mm 的弧坑裂纹允许存在
电弧擦伤	601	不允许			个别电弧擦伤允许存在
飞溅	602	清除干净			
接头不良	517	不允许		造成缺口深度≤0.05δ 且≤0.5 mm，每米焊缝不得超过一处	缺口深度≤0.1δ 且≤1 mm，每米焊缝不得超过一处
焊瘤	506	不允许			
未焊透（以设计焊缝厚度为准）	402	不允许		不加垫单面焊允许值≤15%δ 且≤1.5 mm，每 100 mm 焊缝内缺陷总长≤25 mm	≤0.1δ 且≤2.0 mm，每 100 mm 焊缝内缺陷总长≤25 mm
表面夹渣	300	不允许		深≤0.1δ 长≤0.3δ 且≤10 mm	深≤0.2δ 长≤0.5δ 且≤20 mm
表面气孔	2017	不允许		每 50 mm 焊缝长度内允许直径≤0.3δ 且≤2 mm 的气孔二个，孔间距≥6 倍孔径	每 50 mm 焊缝长度内允许直径≤0.4δ 且≤3 mm 的气孔二个，孔间距≥6 倍孔径

表 1-8(续)

<table>
<tr><th rowspan="2">缺陷</th><th rowspan="2">GB/T 6417.1
代号</th><th colspan="4">缺陷分级</th></tr>
<tr><th>Ⅰ</th><th>Ⅱ</th><th>Ⅲ</th><th>Ⅳ</th></tr>
<tr><td>角焊缝厚度不足(按设计焊缝厚度计)</td><td>—</td><td colspan="2">不允许</td><td>≤0.3+0.05δ 且≤1 mm,每 100 mm 焊缝内缺陷总长≤25 mm</td><td>≤0.3+0.05δ 且≤2 mm,每 100 mm 焊缝内缺陷,总长≤25 mm</td></tr>
<tr><td rowspan="2">角焊缝焊脚不对称</td><td rowspan="2">512</td><td colspan="2">差值≤1+0.1a</td><td>差值≤2+0.15a</td><td>差值≤2+0.2a</td></tr>
<tr><td colspan="4">a 为设计焊缝有效厚度</td></tr>
<tr><td rowspan="2">内部缺陷</td><td rowspan="2">—</td><td>GB 3323 Ⅰ级</td><td>GB 3323 Ⅱ级</td><td>GB 3323 Ⅱ级</td><td rowspan="2">不要求</td></tr>
<tr><td colspan="2">GB 11345 Ⅰ级</td><td>GB 11345 Ⅱ级</td></tr>
</table>

注:δ 表示工件厚度。

1.1.3 防止焊接缺陷的基本措施

在近代的金属加工中,焊接结构的质量约占钢材产量的 45%,铝和铝合金焊接结构的比重也不断增加。焊接产品比铆接件、铸件和锻件质量轻,对于交通运输工具来说可以减轻自重,节约能源。焊接的密封性好,适于制造各类容器,尤其在钢质船舶建造方面应用广泛。钢质船舶焊接是保证船舶密性和强度的关键,是保证船舶安全航行和作业的重要条件。如果焊接存在缺陷就有可能造成构件断裂,船体焊缝渗漏,对船舶航行安全造成严重的安全隐患。根据以往对船舶事故的分析,50%的船舶海损事故都与船体焊接缺陷有关,因此在对船舶的检验过程中,对焊缝的检验尤为重要。对焊缝缺陷力求早发现,早处理。在船舶建造工作实践中,钢质船舶焊接缺陷种类很多,下面就几个主要焊接缺陷进行探讨。

1. 咬边的防止措施

咬边是沿着焊趾形成的凹陷或沟槽。对接和角接焊缝都可能产生咬边,咬边的深度可以使用普通焊缝量规进行测量,咬边的深度一般不容许超过 0.5 mm,咬边容许的长度由相应的技术条件做出规定。对于承受交变载荷的焊接结构以及在低温(-20 ℃以下)下工作的承载或受压结构,不容许焊缝有任何咬边。因为咬边会造成应力集中,降低接头的疲劳强度,并可能成为结构部件脆性断裂的起源点。

咬边也是操作不当引起的一种缺陷,焊接电流太大、电弧过长、焊接倾角不正确,摆动焊接时,在坡口两侧停留时间太短都可能引起咬边。

防止咬边的措施有:选择合适的焊接电流和焊接速度;焊接过程中保持较短的电弧长度;焊接倾角不小于 45°;摆动焊条焊接时,焊条在两侧应停留足够长的时间。

2. 焊瘤的防止措施

焊瘤是焊接过程中,熔化金属流淌到焊缝以外未熔化母材上形成的金属瘤。焊瘤可能在焊缝表面或焊缝根部形成。

在熔池尺寸过大、温度过高、冷却速度太慢或者立焊、仰焊时掌握不好更容易产生焊瘤。接头根部封底焊道焊接时,如钝边过小、间隙太大、母材对熔池的支托作用减小,容易产生焊瘤。焊瘤不仅使焊缝形状畸变,而且也会造成应力集中。在焊瘤的形成部位往往还存在夹渣和未熔合。在大多数焊接结构中,焊瘤是不容许存在的。

防止焊瘤的措施:应按接头的形式和焊接位置选择合适的焊接参数。立焊、仰焊时,应正确运条,严格控制熔池的尺寸。按施工图样要求认真加工坡口和组装接缝也是防止焊瘤的必要措施。

3. 气孔的防止措施

焊缝气孔是金属熔池中的气泡在凝固时未能逸出而形成的空穴。气孔形成的部位可以在焊缝内部,也可以暴露在焊缝表面,气孔分球形、链形、条形、虫形和密集气孔等。防止焊缝中气孔的形成,可从以下几方面采用相应的措施。

(1)加强对焊接区的保护

焊条电弧焊目前都采用优质药皮焊条,在绝大多数情况下,药皮焊条对焊接区提供了可靠的保护,焊缝气孔形成的概率相当低。但如不按规定操作,破坏了焊接区的保护,就可能形成气孔。例如使用药皮破损、局部脱落的焊条或未按规定烘干的焊条,焊接过程中电弧太长,使用直流电焊接时发生严重的电弧偏吹都会破坏焊接区的可靠保护,使空气中的氮侵入电弧区而导致气孔的形成。

因此为防止焊缝中气孔的形成,必须使用药皮完好并经烘干的焊条。焊接过程中应始终保持适当的电弧长度。使用低氢型碱性药皮焊条时必须短弧操作。如果出现磁偏吹现象,必须采取有效措施消除磁偏吹。

(2)清理焊件表面

如前所述,焊件接缝和坡口表面的氧化膜、吸附水、铁锈和油污等,均可在电弧高温作用下分解出氢和氧,这也成为焊缝产生气孔的主要原因之一。虽然焊条药皮配方设计时已考虑到使其具有一定的抗锈能力,但其作用是很有限的,为可靠地防止焊缝中气孔的形成,应按焊件材料的种类,分别采取下列各种方法进行表面清理。

①机械清理法　喷丸、喷砂、砂轮和钢丝刷磨锉,是清除钢材表面氧化膜、铁锈的有效方法,可按清理区域的大小合理选用。

②化学清理法　化学清理法是利用一定浓度的酸、碱溶液对焊件表面进行清洗的方法,可脱脂去油、清除氧化膜,适用于不锈钢和有色金属焊件,但成本较高,对环保不利。对于不锈钢、镍和镍合金焊件,采用丙酮和酒精擦净,清除油污和水分是经济实用的清理方法。

③加热清理法　焊前对焊件接缝和坡口表面进行局部加热,可有效地去除表面吸附水,防止气孔的形成。特别是在潮湿的环境下焊接,这种措施是十分必要的。局部加热可以采用火焰喷枪或电加热器。焊件加热温度应大于 25 ℃,但不高于 50 ℃。

(3)使用前烘干焊条

国产焊条大部分采用塑料袋包装,不保证密封性,使用前应重新进行烘干。各类药皮焊条都存在不同程度的吸潮性,在大气中存放一段时间后,其水分含量可能超过标准容限值,因此经过烘干的焊条,碱性药皮焊条在大气中存放时间超过 8 h,酸性药皮焊条在大气中存放时间超过 24 h,则使用前需再次烘干。当然这还取决于焊接环境的空气湿度,当湿度大于 85%时，焊条在大气中容许存放时间应缩短一半。焊条烘干的温度和时间应严格遵循焊条使用说明书的规定。通常酸性药皮焊条的烘干条件为 100~120 ℃×2 h，碱性药皮焊条的烘干条件为 300~350 ℃×2 h。

4. 未熔合和未焊透的防止措施

未熔合产生的原因主要是焊接电流太小、焊速过快，导致焊接热输入不足，操作不当、焊条位置和倾角不正确，使母材或前层焊道未被充分熔化。另外，坡口边缘锈蚀、油脂等污染严重，也会引起未熔合。使用直流电焊接时，电弧磁偏吹往往会造成未熔合。未焊透形成的原因与未熔合相似，主要焊接电流选择过低、焊速过快导致熔深降低。焊条位置偏离接缝中心也会造成未焊透。此外坡口形状和尺寸设计不合理、坡口角太小、钝边太大、焊缝背面清根不彻底都会造成未焊透。

未熔合和未焊透都是孔隙型缺陷，减小了焊缝截面积，降低了接头的强度，而且往往成为焊接裂纹起源点，因此在任何焊接结构中都不容许接头中存在未熔合和未焊透。除非结构部件的受力条件容许采用局部焊透的接头，例如受压容器壳体上小直径接管角接缝，某些受压应力钢结构部件的角接缝等。

防止未熔合的措施如下：

(1)适当加大焊接电流，降低焊接速度，使焊接热输入足以熔化坡口侧壁和前道焊缝。

(2)调整焊条位置和倾角，使熔渣始终流向熔池的后侧。

(3)仔细清理坡口侧壁和接缝表面，使其露出金属光泽。

(4)直流电焊接时，采取有效措施，消除电弧磁偏吹。

防止未焊透的措施如下：

除了调整焊接参数，增大焊接热输入外，主要应修正坡口形状和几何尺寸，并彻底清根。

5. 夹渣的防止措施

夹渣是残留在焊道之间或焊缝与坡口侧壁之间的熔渣，其形状可以是线状、块状和点状，焊缝中产生夹渣的主要原因是焊道层间清渣不彻底，特别是当坡口侧壁咬边较深时，熔渣会嵌入咬边深处，更不易被清除，次层焊道焊接时未被重熔而残留在焊缝中。采用酸性药皮焊条焊接时，熔渣与熔化金属容易混淆，如运条不当或熔池位置不利，则熔渣不易浮到熔池表面而夹在焊缝金属中形成夹渣。使用碱性药皮焊条焊接时，熔渣与熔池金属能清楚分辨，并容易浮在熔池表面，但凝固后的渣壳十分坚硬，并与焊缝表面黏结，不易清渣，也会引起夹渣。另外，焊缝坡口角度太小、坡口宽度太窄、焊道成形不良也会引起夹渣。

可以采取下列工艺措施，防止焊缝中夹渣的形成：

(1)仔细清理每道焊缝表面和坡口侧壁间的熔渣。

(2)制订正确的焊接参数，采取适当的运条方式，使熔渣有足够的时间浮到熔池表面，保证熔池金属与坡口侧壁及前层焊道能良好地熔合。

(3)正确设计焊缝坡口形状和尺寸，留出足够的空间，便于清渣。

(4)按接头的焊接位置，正确选择焊条的品种和直径。

(5)焊前认真清理焊件接缝和坡口表面，使其露出金属光泽。

(6)提高焊工的技能和操作熟练程度，使焊道成形良好、均整、表面光滑、易于脱渣是防止夹渣的有效方法。

(7)严格控制焊条与坡口侧壁的间距和焊接熔池的位置，使焊缝与坡口侧壁良好熔合。

6. 焊接裂纹及其防止措施

焊接裂纹是焊接接头在焊接应力及其他冶金因素共同作用下，局部区域金属原子结合力遭到破坏而开裂的一种焊接缺陷。按其形成机理可分为热裂纹、冷裂纹、再热裂纹和应力腐蚀裂纹。焊接裂纹按其相对于焊缝轴线的分布特征可分为纵向裂纹、横向裂纹、放射状裂纹、弧坑裂纹和枝状裂纹。

(1)热裂纹防止措施

碳钢、铬镍奥氏体不锈钢、镍和镍基合金焊条电弧焊时，在一些不利条件的共同作用下，可能产生沿焊缝结晶中心线的热裂纹、枝晶间的热裂纹、熔合区的液化裂纹和弧坑放射性收缩裂纹。

①热裂纹的形成原因

焊接热裂纹的形成是一个比较复杂的过程，它与诸多因素有关，但总是与低熔点共晶体的存在密不可分。首先，低熔点共晶体主要取决于母材和焊缝金属中的C、S、P及其他可能形成低熔点共晶体的合金元素含量。其次，由焊接熔池决定的焊缝结晶方式对裂纹的形成会产生重要的影响。深而窄的熔池容易产生裂纹，宽而浅的熔池基本上不会产生裂纹。再次，焊缝金属在结晶过程经受的应变速率是促使热裂纹形成的主要因素之一，而应变速率的大小取决于熔池的冷却速度、焊件结构的形状、接头形式、壁厚和拘束度。

②热裂纹的防止方法

可以采取下列措施防止焊接热裂纹的形成：

(a)降低母材和焊条熔敷金属中的C、S、P等杂质及其他易形成低熔点共晶体的合金成分含量。其含量越低，焊缝金属抗热裂纹的能力越高。

(b)调整焊接参数，适当降低焊接电流和焊接速度，增大熔池形状的宽/深比。

(c)合理设计焊接顺序和焊缝布置，降低接头的拘束度和应变集中程度。

(d)对于厚壁接头，焊前可适当预热，扩大接头塑性应变区。

(2)冷裂纹防止措施

焊接冷裂纹可能在碳含量大于0.30%(质量分数)的中碳钢和高碳钢以及屈服强度大于300 MPa的低合金钢、中合金钢和马氏体高合金钢焊接接头中产生。它可能存在于焊缝金属，但更多在热影响区内形成。

①冷裂纹的形成原因

焊接接头中冷裂纹的形成主要与下列三个因素有关：(a)焊缝金属及热影响区内淬硬组织的形成，这主要决定于钢的碳含量和合金成分及含量；(b)焊缝金属在焊接过程中氢的吸收和扩散；(c)焊接接头的残余应力及相变应力的作用。

②冷裂纹的防止方法

根据上述冷裂纹形成的原因，可以从以下几方面采取防止措施：

(a)降低钢材的碳含量是防止焊接接头冷裂纹最根本的措施。无论是低合金钢、中合金钢和高合金钢，将碳含量降低到0.10%(质量分数)以下，钢的淬硬性大大减弱，即使是合金含量较高的中合金钢和高合金钢，在焊接接头快速冷却条件下形成的马氏体组织为硬度较低的低碳马氏体,具有较好的塑性,并不敏感于焊接冷裂纹。

(b)控制焊接区的冷却速度。采取焊前预热或加大焊接热输入,降低焊接区的冷却速度等措施,遏制马氏体等淬硬组织的形成,是防止冷裂纹形成的有效方法。预热温度取决于所焊钢材的碳当量、接头的壁厚和拘束度,按钢种可在 100~400 ℃温度范围内选择。

(c)建立低氢的焊接环境。除了选用低氢型和超低氢型焊条外,还应彻底清除接缝和坡口表面的油污及水分。焊条在使用前严格按有关规定烘干。

(d)采取焊后低温后热或消氢处理。对于焊前预热还不足以防止冷裂纹的焊接接头,例如合金含量较高的低合金钢厚壁接头,淬硬性特别高的中合金和高合金马氏体钢中、厚板焊接接头,焊后应立即做 200~250 ℃低温后热处理或进行 350~400 ℃的消氢处理。

任务1.2 焊接缺陷的危害

问题导入

焊接缺陷对产品质量的影响主要是对结构负载强度和耐腐蚀性能的影响。缺陷的存在减小了结构承载的有效截面面积,更主要的是在缺陷周围产生了应力集中。由于各类焊接缺陷的分布形态不同,所产生的应力集中程度也不同,因而对结构的危害程度也各不相同。通过对焊接缺陷危害的介绍,让学习者认识到焊接质量检验的重要性。

1.2.1 焊接缺陷的危害

1. 应力集中

焊缝中的气孔一般呈单个球状或条虫形,因此气孔周围应力集中并不严重。而焊接接头中的裂纹常常呈扁平状,如果加载方向垂直于裂纹的平面,则裂纹两端会引起严重的应力集中。焊缝中的夹杂物具有不同的形状和包含不同的材料,但其周围的应力集中也不严重。焊缝中存在密集气孔或夹渣时,在负载作用下,如果出现气孔间或夹渣间的连通,则将导致应力区的扩大和应力值的急剧上升。

另外,对于焊缝的形状不良、角焊缝的凸度过大及错边、角变形等焊接接头的外部缺陷,也都会引起应力集中或者产生附加应力。

2. 对静载强度的影响

焊缝中出现成串或密集气孔时,由于气孔的截面较大,同时还可能伴随着焊缝力学性能的下降,使强度明显降低,因此成串气孔要比单个气孔危险得多。夹渣对强度的影响与其形状和尺寸有关。单个小球状夹渣并不比同样尺寸和形状的气孔危害大,当夹渣呈连续的细条状且排列方向垂直于受力方向时,是比较危险的。

裂纹、未熔合和未焊透比气孔和夹渣的危害大,它们不仅降低了结构的有效承载截面积,而且更重要的是产生了应力集中,有诱发脆性断裂的可能。尤其是裂纹,在其尖端存在着缺口效应,容易出现三向应力状态,会导致裂纹的失稳和扩展,以致造成整个结构的断裂,所以裂纹是焊接结构中最危险的缺陷。

3. 对疲劳强度的影响

缺陷对疲劳强度的影响要比静载强度大得多。例如,气孔引起的承载截面积减小10%时,疲劳强度可下降50%。焊缝内的平面形缺陷(如裂纹、未熔合、未焊透)由于应力集中系数较大,因而对疲劳强度的影响较大。含裂纹的结构与占同样面积的气孔的结构相比,前者的疲劳强度比后者降低15%。对未焊透来说,随着其面积的增加疲劳强度明显下降。而且,这类平面形缺陷对疲劳强度的影响与负载的方向有关。

当焊缝内部的球状夹渣、气孔面积较小、数量较少时,其对疲劳强度的影响不大,但当夹渣形成尖锐的边缘时,则对疲劳强度的影响十分明显。

咬边对疲劳强度的影响比气孔、夹渣大得多。带咬边接头在10^6次循环条件下的疲劳强度大约为致密接头的40%,其影响程度也与负载方向有关。此外,焊缝的成形不良,焊趾区及焊根处的未焊透、错边和角变形等外部缺陷都会引起应力集中,很易产生裂纹而造成疲劳破坏。

4. 脆性断裂

脆性断裂是一种低应力下的破坏,而且具有突发性,事先难以发现和加以预防,因此危害性较大。一般认为,结构中缺陷造成的应力集中越严重,脆性断裂的危险性越大。裂纹对脆性断裂的影响最大,其影响程度不仅与裂纹的尺寸、形状有关,而且与其所在的位置有关。如果裂纹位于拉应力高值区,就容易引起低应力破坏;若位于结构的应力集中区,则更危险。

另外,错边和角变形等焊接缺陷也能引起附加的弯曲应力,对结构的脆性破坏也有影响,并且角变形越大,破坏应力越低。

5. 应力腐蚀开裂

应力腐蚀开裂通常是从表面开始的。如果焊缝表面有缺陷,则裂纹很快在缺陷处形成。因此,焊缝的表面粗糙度,焊接结构上的拐角、缺口、缝隙等都对应力腐蚀有很大的影响。这些外部缺陷使浸入的介质局部浓缩,加快了电化学过程的进行和阳极的溶解,为应力腐蚀裂纹的扩展成长提供了条件。

应力集中对腐蚀疲劳也有很大的影响。焊接接头的腐蚀疲劳破坏,大都是从焊趾处开始,然后扩展,穿透整个截面导致结构的破坏。因此,改善焊趾处的应力集中程度也能大大提高接头的抗腐蚀疲劳的能力。

焊接结构中存在焊接缺陷会明显降低结构的承载能力,甚至还会降低焊接结构的耐蚀性和疲劳寿命。所以,焊接产品的制造过程中应采取措施,防止产生焊接缺陷,在焊接产品的使用过程中应进行定期检验,以及时发现缺陷,采取修补措施,避免事故的发生。

1.2.2 焊接缺陷引起的工程事故分析

船用铝镁合金熔化极惰性气体保护焊气孔案例如下:

铝合金常用的焊接方法是不熔化极惰性气体保护焊(TIG焊)和熔化极惰性气体保护

焊(MIG焊),图1-3为两种焊接方法的示意图。针对船用铝合金焊接,MIG焊具有许多突出优点。目前,国内铝合金焊接95%以上采用MIG焊,但在焊接时也存在诸多难点,焊缝气孔是铝合金熔焊时最常见的缺陷之一。以船舶常用铝合金材料5083铝镁合金的MIG焊为例,通过焊接工艺试验方法,分析船用铝镁合金MIG焊焊接工艺方法和参数对焊缝中气孔的影响,并提出了相应的预防和解决措施,在实际生产应用中取得了较好的效果。

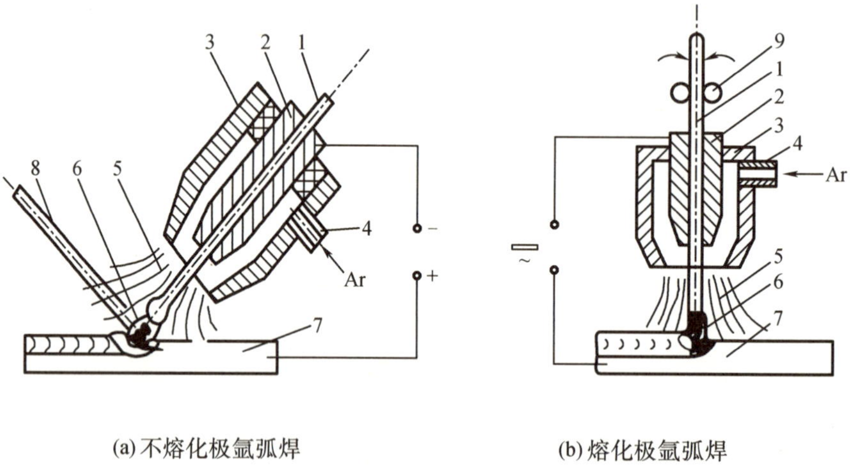

1—焊丝或电极;2—导电嘴;3—喷嘴;4—进气管;5—氩气流;6—电弧;7—工件;8—填充焊丝;9—送丝辊轮。

图1-3　氩弧焊示意图

1. 焊接工艺试验

本试验采用的基体材料为Al-Mg系5083铝合金,试板厚度为6 mm。焊接填充材料为ER5183焊丝,直径为1.2 mm。试验采用的保护气体为氩气(Ar),纯度为99.99%。基体材料及焊丝材料的化学成分如表1-9所示。

表1-9　基体材料及焊丝材料的化学成分(质量分数,%)

材料	Mg	Si	Zn	Cu	Cr	Ti	Mn	Fe	Al
5083Al	4.0~4.9	≤0.40	≤0.25	≤0.10	0.05~0.25	≤0.15	0.4~1.0	<0.40	余量
ER5183	4.3~5.2	<0.40	<0.25	<0.10	0.05~0.25	<0.15	0.4~1.0	<0.40	余量

本试验采用肯倍公司生产的Fast MIG™ Pulse 350焊接系统,Fast MIG™ Pulse是一款全数字智能脉冲焊接系统,具备一元化和脉冲MIG/MAG功能。Fast MIG™ Pulse焊接系统为用户提供了灵活的焊接应用程序,其中包括WORKPACK(常用焊接专家程序软件包)和PROJECTPACK(客户自选焊接专家程序软件包)。施焊时,焊工可以选择焊接专家程序,也可根据工艺管理要求设定最大送丝速度、最小送丝速度和最大电压及最小电压的调整范围以用于实际现场焊接工艺管理。

焊接工艺试验选择了焊前坡口表面清理(先用丙酮清洗坡口及两侧,再用不锈钢钢丝刷)和表面未清理两种形式,70°和90°两种Y形坡口角度,以及平位和横位两种焊接位置进行 MIG 焊接。焊后对焊接试板进行 100%的射线探伤检验,焊接工艺试验参数如表 1-10 所示。按照《铝合金船体对接接头 X 射线检测及质量分级》(CB/T 3929—2013)进行焊缝质量评定,表 1-11 为各焊接试板 X 射线探伤检验结果。

表 1-10　MIG 焊工艺试验参数

序号	板厚/mm	焊接电流/A	焊接电压/V	焊接速度/(cm·min^{-1})	焊前清理	焊接位置	坡口角度/(°)
1#	6	88~105	18~23	21~30	未清理	平对接	90
2#					清理	平对接	90
3#					清理	横对接	90
4#					清理	平对接	70

表 1-11　铝合金焊缝 X 射线探伤检验结果

序号	板厚/mm	底片长度/mm	焊缝缺陷	评定结果	备注
1#	6	300	气孔 4 个,未熔合	Ⅳ级	—
2#			无	Ⅰ级	—
3#			不计点气孔 8 个	Ⅰ级	集中出现在焊缝的上半部分
4#			不计点气孔 3 个	Ⅰ级	—

2. 焊接气孔的原因分析

(1)铝合金材料特点对焊缝气孔的影响

氢是铝合金熔焊时产生气孔的主要原因,氢之所以能使焊缝形成气孔,与它在铝合金中溶解度的变化特性有关。氢在液态铝中的溶解度为每 100 g 溶解 0.7 mL,而在 660 ℃凝固温度时,氢的溶解度突然降至每 100 g 溶解 0.04 mL,使原来溶于液态铝中的氢大量析出,形成气泡。同时,铝合金的导热性强、密度小、熔池冷凝快,气泡在熔池中的上升速度较慢,因此上升的气泡往往来不及逸出而在焊缝中产生气孔。

(2)焊接工艺方法对焊缝气孔的影响

不同的焊接方法对电弧气氛中水分的敏感性不一样,氢的吸附速度和吸附数量也有明显差别,因而产生气孔的倾向性不同。在同样的条件下,由于 MIG 焊比 TIG 焊更易吸附氢,而氢气却较难逸出,因此焊缝气孔倾向要比 TIG 焊时大。通过工艺试验和实践证明,在相同条件下,采用 TIG 焊,焊缝气孔一般会有明显改善。

(3)部分焊接工艺参数对焊缝气孔的影响

①焊前清理

焊前进行清理的试板气孔数量要明显少于焊前未进行清理的试板,并且在焊前未清理的试板中产生了气孔等缺陷。这是由于铝和氧的化学结合力很强,常温下极易在其表面形

成一层 Al_2O_3 薄膜，如果不去除这层氧化膜，会阻碍基本金属的熔合，形成夹渣、未熔合等缺陷，并且还会吸附水分，在焊缝中产生气孔。

②坡口角度

焊缝的坡口角度的大小会直接影响到氩气的保护质量以及焊缝中氢逸出的难易程度。对于铝合金的焊接尤其如此，坡口角度过小时，一方面保护气体量不足不能排除弧柱气氛中的空气，空气中的水分将分解成氢进入熔池中产生氢气孔；另一方面由于铝合金的导热系数比较大，可以在较短时间内凝固，当焊缝冷却时，大量分布于细小的枝晶组织间的气泡不能及时逸出，而留在焊缝中成为气孔。结合表 1-10 可以看出，90°焊缝坡口在控制气孔方面要优于 70°焊缝坡口。

当然，坡口角度也不是越大越好，要综合考虑焊缝金属的填充量以及焊接变形等各方面的因素，通过现场的试验来看，一般以 90°左右为佳。

③焊接位置

根据射线检测的结果来看，平焊位相对横焊位产生的气孔要少，这主要是由焊枪的角度以及氩气的密度要大于空气所造成的。当进行平焊位置操作时，氩气可以附着在焊缝的表面，使得外界的水分以及氢气等无法靠近焊接熔池，从而起到很好的保护作用。但当进行横焊位置操作时，由于焊枪的角度为向下倾斜，以及氩气的密度比较大，使得氩气可以很好地保护焊缝的下半部分，而上部由于缺少氩气的有效保护，就极易吸收空气中的氢，从而产生气孔，射线检测的结果也很好地验证了这一点。

3. 焊接气孔的工艺防止措施

影响船用铝镁合金 MIG 焊气孔生成的工艺因素主要有焊接电流、电压和速度，保护气体的种类、纯度和流量，焊缝的形状和位置等。经过焊接工艺试验，应在以下几个方面采取措施加以控制。

首先，清理板材上的氧化皮、油污和灰尘等杂质。在实际生产中，铝合金的清理方式一般采用机械清理，可用不锈钢丝刷、风动角磨机等将焊缝区域的氧化膜和毛刺去除，使焊缝区露出金属光泽，为了避免焊缝处因油脂污染而影响焊接质量，必须在焊缝处用丙酮溶液进行除油处理。对接焊双面焊，单面堆满后，反面根部不允许碳刨，只可使用清根机、角磨机等机械加工工具进行清根处理。处理好的焊缝区域要注意保护，防止再度污染，并尽早进行焊接，否则会有新的氧化膜生成。如果清洁后超过 4 h 未焊接，则应重新清理。

其次，焊接结构中如需开坡口，应尽量将坡口开大至 80°左右，以使得氩气可以很好地保护焊接熔池，但也不要过大，坡口过大不但会增加焊缝金属的用量，还会增加热输入，使焊件产生变形等。另外，在焊接过程中，应通过工装把焊缝摆成平焊位进行焊接，尽量避免横焊操作。如果横焊操作无法避免，应适当采取一些辅助的方法，如加挡气板、储气罩等，以减少气孔的产生。施焊时，应采取左向焊法，因为右向焊法非常容易导致焊缝发黑，产生气孔。此外，铝合金 MIG 焊时产生气孔的原因很复杂，空气流动的影响、环境空气湿度、温度的影响等都有可能会导致气孔的产生，在焊接过程中也要严格控制。

4. 实际生产应用与检验

试验完成之后，将以下措施应用于模拟分段的建造过程中。

(1)焊前准备

厚度大于4 mm的铝合金板材开坡口，坡口角度为80°左右；铝合金板接头附近30 mm内用丙酮清洗表面油污等杂质，用不锈钢钢丝刷去除表面的氧化膜，最后用干抹布擦干净；焊丝使用前仔细检查：检查焊丝是否受潮、表面是否有油脂或脏物、盘装焊丝是否均匀缠绕；焊接前适当空放氩气，以去除焊枪气管内的空气和水分；在气温较低时，焊前用火焰将接头及其附近进行预热至50 ℃左右，将水分烘干。

(2)装配定位

对接焊缝接头的定位焊间距约为50 mm，定位焊长度为10~15 mm。定位焊不可以焊在坡口内侧。角接缝接头的定位焊间距要根据工件的焊接要求来决定，如果工件是间断的，定位焊要定在间断焊缝的始端或尾端，长度为20~30 mm；如果工件是连续的，间距约为200 mm，长度为20~30 mm。

(3)施焊

焊接设备采用肯倍公司生产的Fast MIG™ Pulse 350焊接系统；为控制焊接变形，尽量采用自动焊机进行焊接；对于需要双面焊的铝合金板，在正面焊完后，要对反面进行清根后再进行焊接。焊缝背面清根要用专用铝合金清根机，并辅以低速角磨机将根部清理均匀，对于清根机清不到的地方要用低速角磨机完成清根工作。以6 mm板为例，反面需清根3 mm左右；焊后缺陷的修补必须采取与正式焊接时相同的工艺，返修范围一般应分别向缺陷两头扩展50 mm；施焊场地应尽量安排在室内，采取防潮、防尘、防风措施，风速大于2 m/s时必须采用挡风措施，以确保氩气保护效果和焊接质量。通过严格按照上述要求对焊件进行清理和焊接，模拟分段的焊缝成形美观，焊缝气孔得到了有效控制。

任务1.3　焊接缺陷的识别

问题导入

船舶焊接质量是保证船舶的整体密闭性和强度、安全航行、生产效率的决定因素。焊接存在缺陷，有可能导致船毁人亡这样的灾难性事故。本任务对常见焊接缺陷的特征进行介绍，使学生进一步熟悉焊接缺陷的外观形貌，对质量检验工作具有重要的指导意义。

1.3.1　常见焊接缺陷的特征

船体焊接质量的好坏对船舶建造质量非常重要，船体焊接是船舶钢结构制造的最后一道工序，它除了体现船体结构制造质量的高低外，还考核船体放样、号料、下料、装配等几道工序的质量，因此在船舶建造中焊接质量是重点验收工作之一。国家标准明确规定焊缝必须进行外观检查，外板对接焊缝必须进行内部检查，船体焊缝内部检查可采用射线探伤与超声探伤等办法，射线探伤能直接判断船体焊缝中存在的缺陷的种类大小、部位及分布情况，直观可靠，重复性好，容易保存。

1. 固体夹杂

在焊缝金属中残留的固体杂物称为固体夹杂，它包括以下几类：

(1)夹渣

焊后残留在焊缝中的熔渣称为夹渣。其形状比较复杂，可呈线状、长条状、颗粒状或其他形式，主要发生在坡口边缘和每层焊道之间圆滑过渡的部位、焊道形状发生突变的部位或存在深沟的部位，如图 1-4 所示。在横焊、立焊或仰焊时产生的夹渣比平焊多。

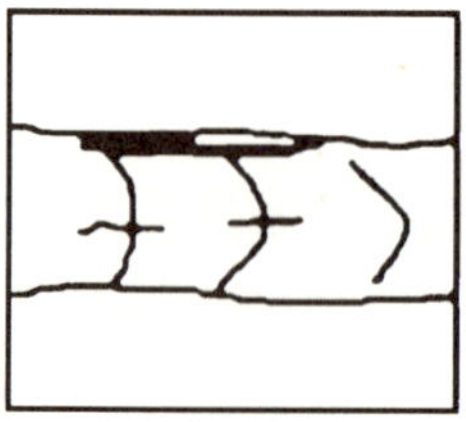
(a)线状夹渣

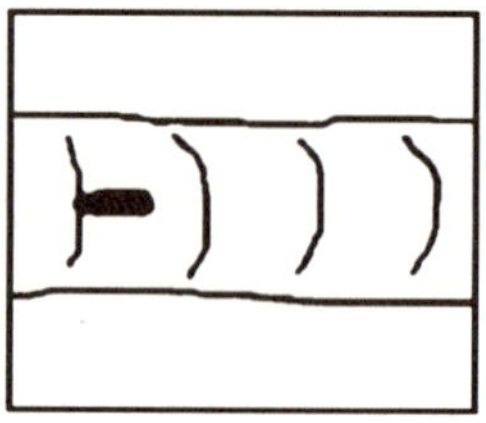
(b)孤立夹渣

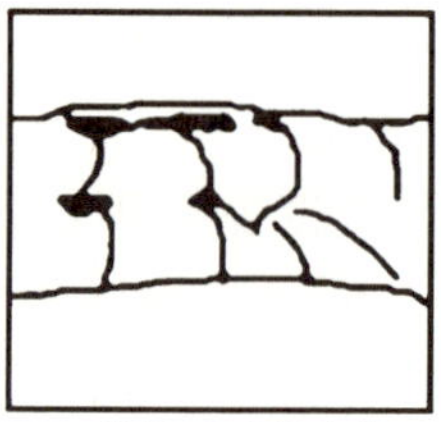
(c)其他形式的夹渣

图 1-4　焊缝中的夹渣

(2)焊剂夹渣

残留在焊缝金属中的焊剂夹渣一般呈长条状、线状、颗粒状或其他形式。

(3)氧化物夹杂

这类夹杂是由凝固时残留在焊缝金属中的金属氧化物所产生的。

(4)皱褶

皱褶是在某些情况下(如铝合金焊接时)，因焊接熔池保护不善和紊流的双重影响而产生大量的氧化膜所引起的。

(5)金属夹杂

来自外部的金属颗粒残留在焊缝金属中所引起的夹杂即金属夹杂。这种金属颗粒可能是钨、铜或其他金属。

2. 未熔合及未焊透

(1)未熔合

在焊缝金属和母材之间或焊道金属与焊道金属之间未完全熔化结合的部分称为未熔合。其常出现在坡口侧壁、多层焊的层间及焊缝根部。这种缺陷有时间隙很大，与熔渣难以区别；有时虽然结合紧密但未焊合，往往从其末端产生裂纹。未熔合有以下三种形式：侧壁未熔合、层间未熔合和焊根未熔合，如图 1-5 所示。

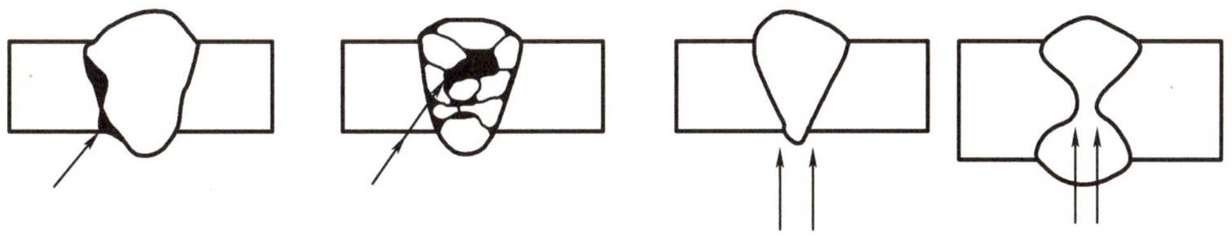

图 1-5 焊缝未熔合

(2)未焊透

焊接时,母材金属之间未被电弧熔合而留下的空隙称为未焊透。其多出现在单面焊的坡口根部、双面焊的坡口钝边之间。未焊透会造成较大的应力集中,往往从其末端产生裂纹。

3. 气孔类型及特征

根据产生气孔的气体种类,焊缝中的气孔主要有 H_2 气孔、N_2 气孔和 CO 气孔。由于产生气孔的气体不同,因而气孔的形态和特征也不同。

(1)H_2 气孔

对于低碳钢和低合金钢焊接接头,大多数情况下 H_2 气孔出现在焊缝表面上,气孔的断面形状如同螺钉状,在焊缝表面上形成喇叭口形,而气孔的四周有光滑的内壁。这类气孔在特殊情况下也会出现在焊缝内部。如焊条药皮中含有较多的结晶水,使焊缝中的含氢量过高,在凝固时来不及上浮而残存在焊缝内部。

铝镁合金焊接接头的 H_2 气孔常出现在焊缝内部。高温时,H_2 在熔池和焊缝金属中的溶解度很高,熔池中吸收了大量的 H_2。焊接熔池冷却时,H_2 在金属中的溶解度急剧下降,H_2 来不及逸出时,就会在焊缝中产生气孔。

(2)N_2 气孔

N_2 气孔也较多集中在焊缝表面,但多数情况下是成堆出现,形似蜂窝状。在焊接生产中由 N_2 引起的气孔较少。N_2 的来源,主要是由焊接过程保护不良,有较多的空气侵入熔池所致。

(3)CO 气孔

这类气孔主要是焊接碳钢时,由于冶金反应产生了大量的 CO。CO 不溶于金属,在高温阶段产生的 CO 会以气泡的形式从熔池中高速逸出,并不会形成气孔。

根据气孔的分布形态,可分为均布气孔、密集气孔、链状气孔。均布气孔在焊缝中分布均匀,密集气孔则是许多气孔聚集在一起形成气孔群,链状气孔与焊缝轴线平行成串。

根据气孔的形状,又可分为球形气孔、长条形气孔、虫形气孔等。不同形状的气孔在焊缝中的分布形态如图 1-6 所示。球形气孔在焊缝中的形态是近似球形的孔穴;长条形气孔是长度方向与焊缝轴线近似平行的非球形长气孔;虫形气孔是由于气孔在焊缝金属中上浮而引起的管状孔穴,其位置和形状取决于焊缝金属的凝固形式和气体的来源,通常成群出现并呈“人”字形分布。

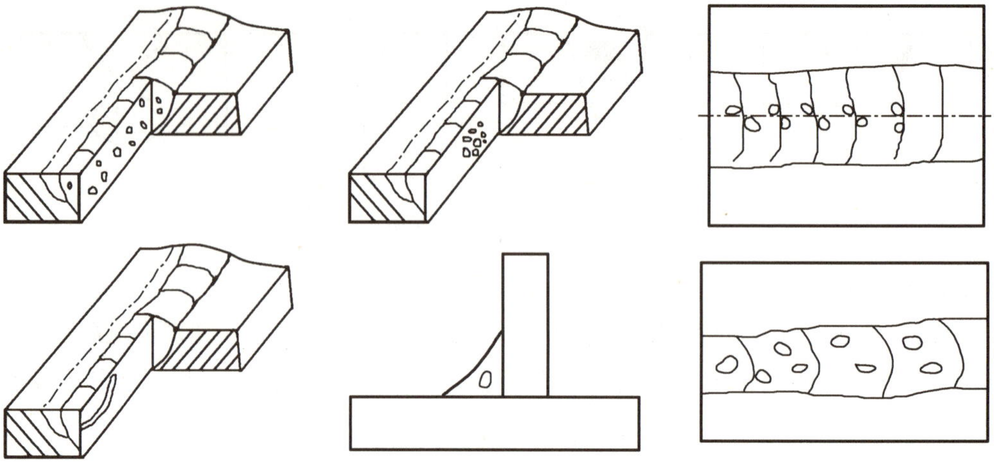

图 1-6　不同形状的气孔在焊缝中的分布形态

4. 焊接裂纹的特征

焊接裂纹是指在焊接应力及其他致脆因素共同作用下，焊接接头中局部金属原子结合力遭到破坏而形成的新界面所产生的缝隙。它具有尖锐的缺口，且具有长宽比大的特性，是各类缺陷中最危险的缺陷。

(1)按裂纹的外观形态和产生部位分类

按照裂纹的外观形态和产生部位，各种裂纹的外观形貌如图 1-7 所示。

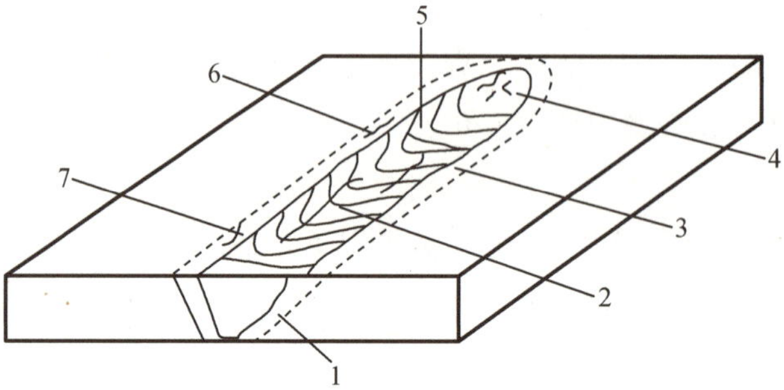

1—热影响区裂纹；2—纵向裂纹；3—间断裂纹；4—弧坑裂纹；5—横向裂纹；6—枝状裂纹；7—放射状裂纹。

图 1-7　各种裂纹的外观形貌

(2)按裂纹的形成温度分类

按裂纹的形成温度不同，焊接裂纹可分为热裂纹、冷裂纹和再热裂纹三种。

①热裂纹

热裂纹是在固相线附近的高温区形成的裂纹，主要分布在焊缝表面或内部的晶界处。由于热裂纹形成的温度较高，与空气接触的表面开口部位有强烈的氧化特征，呈蓝色或天蓝色，这是其与冷裂纹的主要区别。根据形成裂纹的机理不同，热裂纹可分为结晶裂纹、液化裂纹和高温失塑裂纹。

②冷裂纹

冷裂纹是指在焊接完成,焊接接头冷却至马氏体转变温度 M_s 点以下才会产生的裂纹,一般是在焊接完成一段时间后出现,又叫作延迟裂纹,其特点是表面光亮,无氧化特征。冷裂纹主要发生在焊接热影响区,但在某些合金成分多的高强度钢中,也可能发生在焊缝金属中。常见的冷裂纹可分为氢致裂纹、淬火裂纹及层状撕裂。

③再热裂纹

工件焊接后,若再次被加热(如消除应力热处理、多层焊或使用过程中被加热)到一定的温度而产生的裂纹称为再热裂纹。再热裂纹多发生在含 Cr、Mo、V 的低合金结构钢中,其断口有被氧化的颜色。

(3)层状撕裂

层状撕裂主要是在大厚度板焊接热影响区中产生的。在一般光学显微镜下观察,容易对层状撕裂做出判断,因为它的特征极为明显,裂纹在夹杂物处萌生,并沿夹杂物呈阶梯形扩展(有时阶梯形不太明显,这时要配合夹杂物分析和断口分析),裂纹方向与母材的轧制方向一致,并从母材带状组织中穿过铁素体晶粒。相邻两条裂纹的首尾,由直立的缝隙连通起来,形成台阶状。

(4)应力腐蚀裂纹

应力腐蚀裂纹的特征更为明显,几乎只在显微镜下观察就可以做出判断。从焊缝外观看无明显的均匀腐蚀痕迹,所观察到的应力腐蚀裂纹呈龟裂形式,断断续续,而且以近似横向的裂纹占多数。

1.3.2 焊接缺陷的识别

现场验船师对焊缝的外观及规格进行检验,焊缝的内部质量检测全部由经船舶检验中心认可的船舶无损检测机构完成。船舶焊缝无损检测机构作为从事船舶焊缝内部质量检测的机构,应经中国船舶检验局或中国船级社(CCS)评价合格,根据相关法规、规范的要求,与验船师、船厂协商对船舶的焊缝质量进行无损探伤,并出具真实可靠的无损检测报告。无损检测机构出具的检验报告的真实性、准确性直接影响船检部门对该船舶质量的评价。根据《钢熔化焊焊工技能评定》(GB/T 15169—2003)和《熔化焊接缺陷质量分级》ISO 5817—2003 标准相关规定,对试件进行检测。

1. 测试训练所用设备器材及工具

(1)量具:钢直尺、角尺、焊接检验尺;

(2)焊接试件,如图 1-8 所示。

2. 学生分组

学生每 2~4 人一组。必须分组、分工,协作共同完成学习任务,制订工作计划,做好记录,各小组选派代表展示学习结果,评议各小组展示的学习成果。

(a) 焊接试件正面成形

(b) 焊接试件背面成形

图 1-8　焊接试件

3. 焊接缺陷检查内容和评分标准(表 1-12)

表 1-12　焊接缺陷检查内容和评分标准

缺陷名称及考核项目	允许程度	得分标准
裂纹	不允许	3
表面单个气孔　正/背	$l \leqslant 0.3s$,且 max 3 mm	1.5/1.5(无) 1/1(1 个) 0(1 个以上)
弧坑未填满	$h \leqslant 0.2t$,且 max 2 mm	1
未熔合	不允许	3
咬边	$h \leqslant 0.2t$,且 max 1 mm	3(任何 100 内≤25) 2(>25)
焊缝余高　正/背	$h \leqslant 1+0.25b$,且 max 10 mm	2/1.5
高低差及表面成形	≤3	2/1.5(≤1 光滑) 1.5/1(≤2 一般) 1/0.5(>2 差)
夹渣	$h \leqslant 0.4s$,且 max 4 mm,$l \leqslant s$	3(短缺陷),长缺陷不允许
焊瘤	$h \leqslant 0.2b$	3(短缺陷),长缺陷不允许
焊穿	不允许	3
角变形	$\theta \leqslant 3°$	2(≤1°)　1(≤3°)
错边	$h \leqslant 0.25t$,且 max 5 mm	3(0)　2(≤1)　1(>1)
未焊透	$h \leqslant 0.2t$,且 max 2 mm	3(短缺陷),长缺陷不允许
焊缝增宽单侧	≤2.5 mm	1.5(0.5~<1.5),1(1.5~≤2.5)

表 1-12(续)

缺陷名称及考核项目	允许程度	得分标准
总差	≤5 mm	1.5(≤2),1(≤3)
射线探伤 GB/T 3323	得分 40	一级无缺陷 40 一级有缺陷 32 二级 24 三级 8 四级 0
执行 WPS(焊接工艺规程)	得分 10	焊前未阅读 WPS,未做准备调试工作　每项-1.5~2 主要参数超标 10%,未按 WPS 内容操作　每项-2~2.5
安全文明	得分 10	有安全事故　-5~10 有飞溅,电弧擦伤或焊渣　每项-1~1.5 场地欠清洁,防护用品欠缺各　每项-1~1.5

注:s—熔深;t—板厚;b—焊缝理论宽度;l—缺陷长。

60 分为合格,100 分为满分,凡有不允许的缺陷视作不合格。

4. 焊缝缺陷的识别

(1)咬边

咬边会使母材金属的有效截面减小,从而减弱焊接接头的强度,同时在咬边处容易应力集中,承载后有可能在咬边处产生裂纹,甚至产生结构的破坏。咬边如图 1-9 所示。

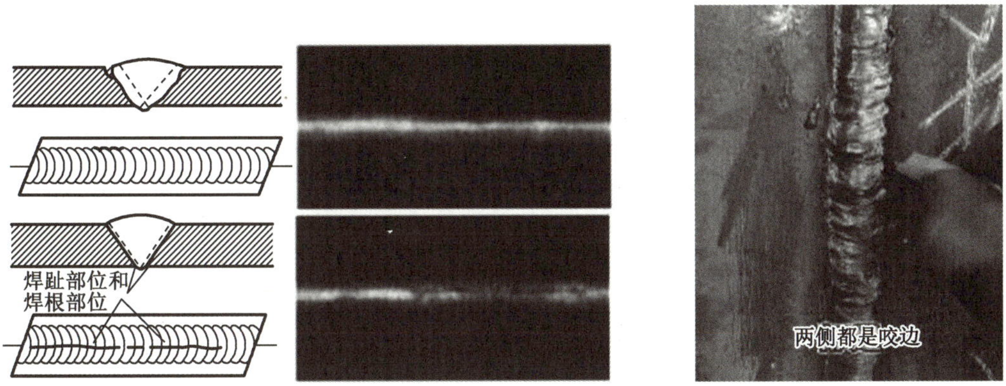

(a) 咬边射线探伤形貌　　(b) 咬边实际形貌图

图 1-9　焊接咬边缺陷图

(2)气孔

气孔对焊缝的性能有较大的影响,它不仅使焊缝的有效面积减小,使焊缝的机械性能下降,而且破坏了焊缝的致密性,容易造成泄漏。气孔如图 1-10 所示。

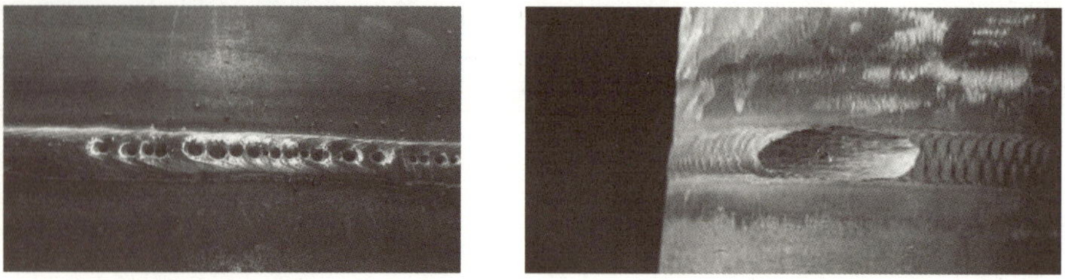

(a) 表面气孔实际形貌图　　(b) 内部气孔实际形貌图

图 1-10　焊接气孔缺陷图

(3) 未熔合

未熔合如图 1-11 所示。

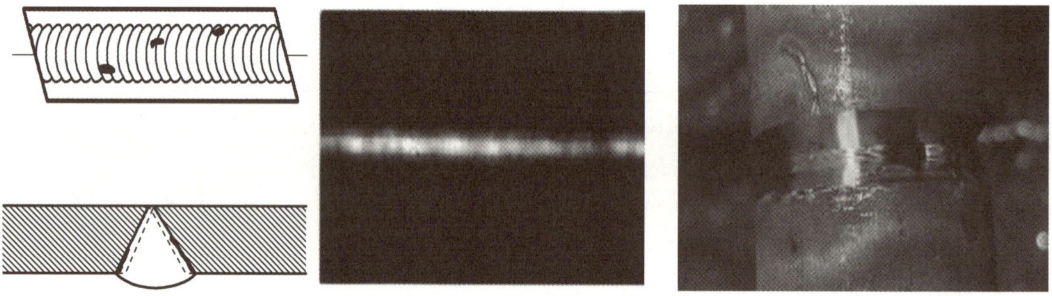

(a) 未熔合射线探伤形貌　　(b) 未熔合实际形貌图

图 1-11　焊接未熔合缺陷图

(4) 未焊透

未焊透如图 1-12 所示。

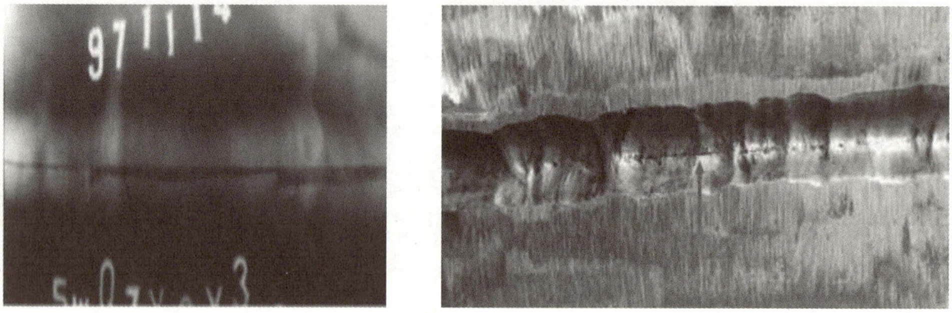

(a) 未焊透射线探伤形貌　　(b) 未焊透实际形貌图

图 1-12　焊接未焊透缺陷图

(5) 夹渣与夹钨

固体夹杂是残留在焊缝金属中的非金属固体夹杂物，包括夹渣和夹钨，如图 1-13 所示。

(a) 夹钨射线探伤形貌　　(b) 夹渣实际形貌图

图 1-13　焊接夹渣与夹钨缺陷图

(6)焊接裂纹

焊接裂纹如图 1-14 所示。

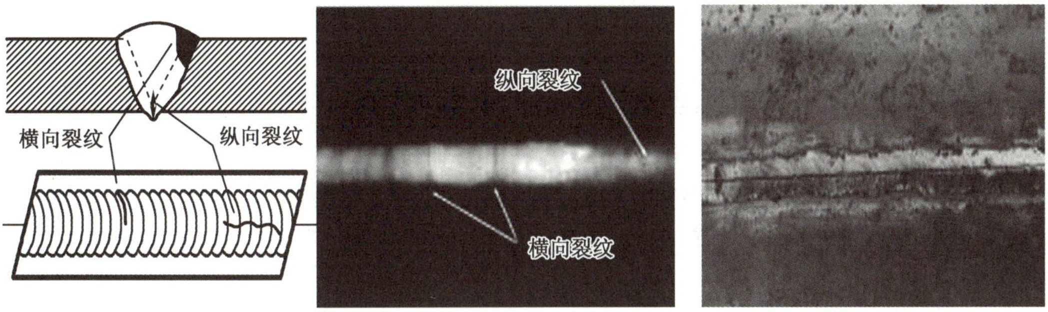

(a) 裂纹射线探伤形貌　　(b) 裂纹实际形貌图

图 1-14　焊接裂纹缺陷图

5. 记录与报告

(1)焊接检验尺的使用

①会使用焊接检验尺进行焊件余高、宽度和错变量的测定。

②会使用焊接检验尺进行焊角、焊缝厚度、角度和间隙的测量。

③会使用焊接检验尺进行咬边深度的测量。

(2)记录主要内容

①委托单位、被检工件基本信息(包括材质、板厚、焊接方法、坡口形式、表面状态、处理状况、部位示意图、焊后时间等)。

②检测机构名称、检测人员、审核人员及其资格等级。

③设备和器材、检测标准和验收要求。

④缺陷的类型及尺寸、检测地点和日期。

思考与练习

一、名词解释

气孔　　未熔合　　未焊透　　热裂纹　　冷裂纹　　咬边

二、选择题

1. 下面一定是外部焊接缺陷的是(　　)。

A. 未焊透　　B. 焊瘤　　C. 性能恶化　　D. 未熔合

2. (　　)是焊接生产中比较常见而且十分危险的一种焊接缺陷。

A. 焊接裂纹　　B. 气孔　　C. 固体夹杂　　D. 烧穿

3. 焊接过程中，焊缝和热影响区金属冷却到固相线附近高温区产生的裂纹称为(　　)。

A. 热裂纹　　B. 冷裂纹　　C. 再热裂纹　　D. 层状撕裂

4. 咬边出现在焊缝(　　)。

A. 内部　　B. 上表面　　C. 与母材交界处　　D. 任何位置

5. 焊接缺陷气孔出现在焊缝(　　)。

A. 内部　　B. 表面　　C. 任何位置　　D. 不确定

三、判断题

1. 按标准规定，外观及断口宏观检验使用放大镜的倍数应不低于 5 倍。(　　)

2. 未熔合和未焊透是焊接形状和尺寸不良缺陷。(　　)

3. 按缺陷在焊缝中的位置，把缺陷分为内部缺陷和外部缺陷两类。(　　)

4. 根据缺陷的分布形态和特性，将金属熔化焊接头中焊接缺陷分为裂纹、气孔、固体夹杂、未熔合、飞溅以及咬边等六大类。(　　)

5. 焊接缺陷出现时，产品必须经过返修合格后才能使用，否则就是废品。(　　)

6. 焊接生产中，焊接缺欠和焊接缺陷相同，二者之间没有本质区别。(　　)

四、问答题

1. 简述气孔产生的原因及防止措施。

2. 简述焊接热裂纹产生的原因及防止措施。

3. 简述焊接冷裂纹产生的原因及防止措施。

4. 简述焊接缺陷分类及影响因素。

5. 简述咬边原因及防止措施。

6. 简述未熔合及未焊透的原因及防止措施。

7. 简述焊缝夹渣的原因及防止措施。

项目2

焊缝的外观质量检测

问题导入

船舶焊接结构(件)的外观质量检测是针对其焊缝质量检测的第一步。只有焊缝外观质量检查合格的焊接结构才会实施相应的后续内部质量检测;对于某些船舶焊接结构来说,外观质量检测既是最初的质量检测项目,也是最终的质量检测项目。因此,实施船舶焊接结构上相应焊缝的外观质量检查是焊接生产质量控制的关键一步。

任务2.1　焊接质量检测概述

2.1.1　焊接质量检测的职能与依据

焊接质量检测必须按照焊接结构的设计说明书进行,或者按照合同的约定进行,通过焊接质量检测才能保证生产正常进行,确定焊接产品的合格性。

1. 焊接质量检测的步骤

焊接质量检测是一个细致的过程,一般包括以下几个步骤:

(1)明确质量要求

依据焊接建造技术标准和焊接生产工艺的考核指标,确定检测项目和各个项目的建造质量标准,确定检测人员的职责,使检测人员熟悉相关检测项目。

(2)进行项目质量检测

选用一定方法和手段测试被检测的对象或产品,得到质量特性值和结果。

(3)评定检测结果

将质量检测得到的结果同质量要求比较,确定检验对象或产品的级别,并判断其合格与否。

(4)报告质量检测结果

产品无论合格与否,都要以书面或标记形式做出检测结论。

2. 焊接质量检测的职能

(1)质量保证职能

质量保证的职能也就是质量把关的职能。通过对焊接原材料、工序、半成品和成品的检测,做到不合格原材料不投入生产,不合格的工序和半成品不流转到下一道工序,不合格的成品不出厂。

(2) 缺陷防御职能

焊接质量检测所获得的质量信息和数据是质量控制的依据,进而发生在焊接生产过程中的质量问题,都能通过检测及早发现质量问题,找出原因并及时纠正、预防或减少不合格焊接产品的生产。

(3)结果报告职能

在产品的测试检测过程中,可获得各种检测数据和记录;经过分析,形成一定形式的书面报告存档备查;同时把对这些检测数据和记录所做的分析和评价结果,报告有关部门,为进一步改进焊接工艺,改善检测手段,加强检测力量,完善检测过程的标准化工作提供依据。

3. 焊接质量检测的依据

(1)焊接结构设计说明书

根据焊接结构设计说明书,对产品在制造中焊接接头的各项技术要求,如接头的等级要求、力学性能指标、焊接参数等进行必要的检测。

(2)焊接技术标准

焊接技术标准规定了焊接产品质量要求和质量评定方法,是从事质量检测的指导性文件。

(3)工艺文件

工艺文件包括焊接质量检测工艺规程、焊接质量检测工艺卡等,它们具体规定检测方法和检测程序,是指导现场检测人员进行检测工作的基本依据。

(4)订货合同

用户对焊接产品的焊接质量要求在合同中明确给出,可作为焊接图样和相关技术文件的补充规定。

(5)焊接施工图样

焊接施工图样是最为简便的检验文件,尤其是工序检验。

(6)焊接质量管理制度

焊接质量管理制度是指为规范焊接工作,确保焊接质量符合相关规定和技术标准,保障焊接结构安全可靠的一套管理制度,它可以直接或者间接作为焊接质量检测的依据。

4. 常见焊接结构类型及其焊缝质量等级

常见焊接结构类型及其焊缝质量等级见表 2-1。

表 2-1　常见焊接结构类型及其焊缝质量等级

焊接结构类型	实例				焊缝质量等级
	名称	工作参数	接头形式	检测方法	
核容器、航空航天器件、化工设备中的重要构件	核工业用的储运六氟化铀、三氟化氯、氟化氢等的容器	工作压力：40 Pa~1.6 MPa 工作温度：-196~200 ℃	对接	1. 外观检测 2. 射线检测 3. 液压试验 4. 气压试验或密性试验	Ⅰ级
锅炉、压力容器、球罐、化工机械、采油平台、起重机械等	钢制球形储罐	工作压力：≤4 MPa	对接 角接	1. 外观检测 2. 射线或超声波检测 3. 磁粉或渗透检测 4. 液压试验 5. 气压试验或密性试验	Ⅱ级
船体、钢制桥梁、液化气钢瓶	海洋船壳体		对接 角接	1. 外观检测 2. 射线或超声波检测 3. 致密性试验	Ⅲ级
普通焊接结构	钢制门、窗、围栏等		对接 角接 搭接	外观检测	Ⅳ级

2.1.2　焊接质量检测方法

焊接质量检测方法很多，一般可按下述方法进行分类。

1. 按焊接质量检测数量进行分类

(1) 抽检

在焊接质量比较稳定的情况下，例如自动焊、摩擦焊、氩弧焊等，当工艺参数调整好后，在焊接过程中质量变化不大，比较稳定，可以对焊接接头质量进行抽查检测（简称抽检）。因此，抽查检测焊缝的质量，不能完全反映所有焊缝的质量，只能相对比较和评价焊接质量。抽查检测的数量，一般用百分比表示，依据同类焊缝或者同类产品的缺陷率确定。

(2) 全检

全检是指对所有的焊缝或者产品进行 100% 的检测。

2. 按焊接质量检测方法进行分类

(1)破坏性检测

破坏性检测包括拉伸试验、硬度试验、弯曲试验、疲劳试验、冲击试验等力学性能检测。

(2)化学分析试验

化学分析试验包括化学成分分析、腐蚀试验等。

(3)金相检验

金相检验包括宏观检验、微观检验等。

(4)非破坏性检测

①外观质量检测

外观质量检测包括焊缝尺寸检测、焊缝几何形状检测、焊缝外表伤痕检测等。

②耐压试验

耐压试验包括水压试验及气体试验等。

③密性试验

密性试验包括气密性试验、载水试验、沉水试验、煤油试验等。

(5)无损检测

无损检测包括射线探伤、超声波探伤、磁力探伤、渗透探伤等,它是目前船舶焊接结构质量检测的主流形式。

任务2.2　焊缝的外观质量检测及要求

问题导入

焊接结构施焊完工后,应对所有焊缝进行外观质量检测。焊缝表面应成形均匀、平顺地向母材过渡,无过大的余高,不应有裂纹、未熔合、单面焊根部未焊透等超标缺陷存在,表面气孔、夹渣和咬边等应控制在允许范围以内。

2.2.1　焊缝的外观质量检测

焊缝的外观质量检测可用肉眼及借助低倍放大镜进行检测,主要检测焊接接头的成形情况和焊缝尺寸,检测过程中可使用焊接检验尺和量规。

1. 目视检测

检测人员可接近被检焊缝检测区域,用眼睛直接观察分辨焊缝表面缺陷。

(1)目视检测的方法

目视检测工作容易进行,并且直观、方便、效率高。因此,应对焊接结构的所有可见焊缝进行目视检测。对于结构庞大,焊缝种类或形式较多的焊接结构,为避免目视检测时遗漏,可按焊缝的种类或形式分为区、块、段逐次检测。

①直接目视检测,也称为近距离目视检测,这种检测用于眼睛能充分接近被检物体,直接观察和分辨缺陷形态的场合。一般情况下,目视距离约为 600 mm,眼睛与被检工件表面所成的视角不小于 30°。

②远距离目视检测,用于眼睛不能接近被检物体,必须借助望远镜、内孔管道镜、照相机等进行观察的场合。

(2)目视检测的项目

①焊接后清理质量。所有焊缝及边缘,应无焊渣、飞溅及阻碍外观检查附着物。

②焊接缺陷检测。在整条焊缝和热影响区附近应无裂纹、夹渣、焊瘤、烧穿等缺陷,气孔、咬边应符合有关标准规定。

③几何形状检查。重点检查焊缝与母材连接处及焊缝形状和尺寸急剧变化部位。

④焊接的伤痕补焊。重点检查装配拉筋板拆除的部位、勾钉吊卡焊接的部位、母材引弧部位、母材机械划伤部位等。

目视检测中若发现裂纹、夹渣、焊瘤等不允许存在的缺陷,应清除、补焊或修磨,使焊缝表面的质量符合要求。

2. 焊缝外观的尺寸检测

焊缝尺寸检测是按图样标注的尺寸或技术标准规定的尺寸对实物进行测量检查。尺寸测量工作可与目视测量工作同时进行,也可在目视测量之后进行。

(1)对接接头焊缝尺寸的检测

一般情况下,施工图样只标注坡口尺寸,不标明焊后尺寸要求。对接接头尺寸应按有关标准规定或技术要求测量检查。检查对接接头焊缝的尺寸,方法简单,可直接用直尺或焊接检验尺(常用焊接检验尺结构如图 2-1 所示)测量出焊缝余高和焊缝宽度,如图 2-2、图 2-3 所示。

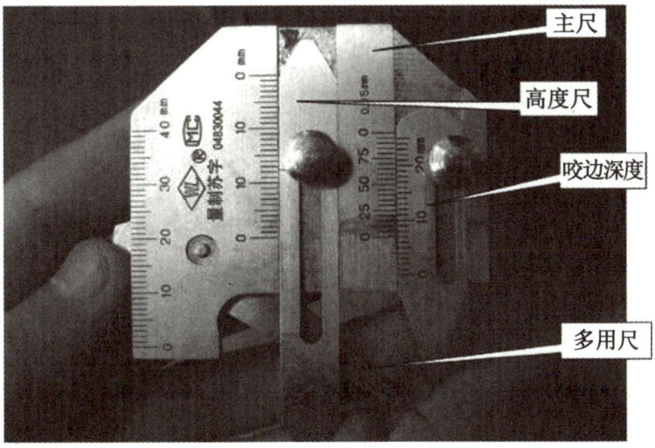

图 2-1　常用焊接检验尺结构

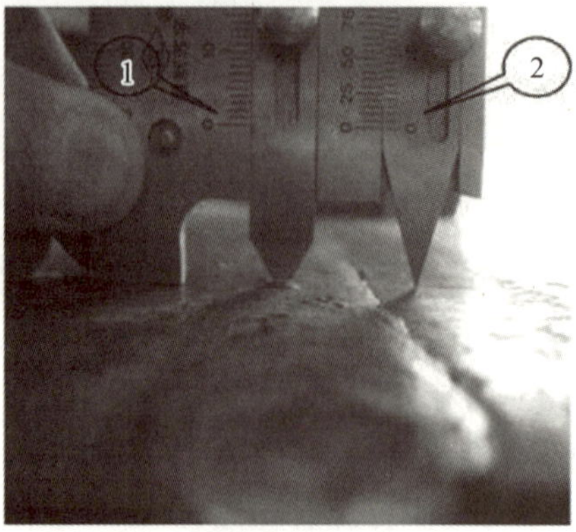

图 2-2　检测平对接焊缝余高

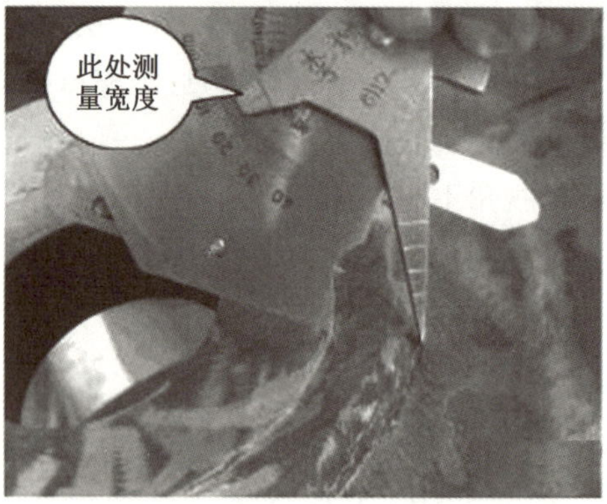

图 2-3　检测平对接焊缝宽度

当组装焊件存在错边时，测量焊缝的余高应以表面较高的一侧母材为基准进行计算。当组装焊件厚度不同时，测量焊缝余高也应以较高的一侧母材为基础进行计算，或保证两母材之间焊缝呈圆滑过渡。

(2)角焊缝尺寸的检测

角焊缝尺寸包括焊缝的计算厚度、焊角尺寸、凸度和凹度等。测量角焊缝的尺寸，主要是测量焊角的尺寸 K_1、K_2 和角焊缝厚度。如图 2-4、图 2-5 所示。

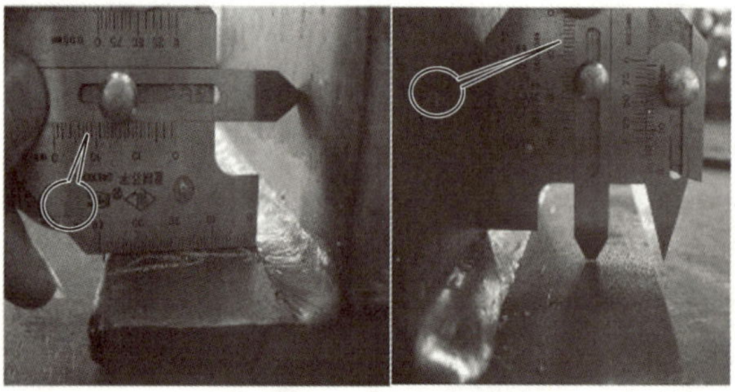

图 2-4　检测角焊缝的高度(焊角尺寸)

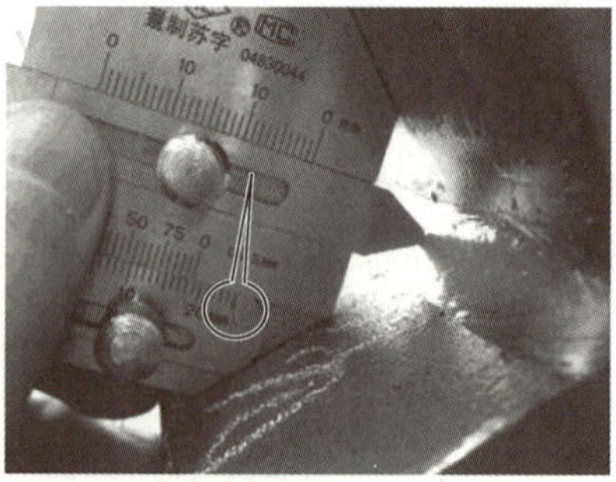

图 2-5　检测角焊缝的厚度

一般对于角焊缝检测，首先要对最小尺寸部位进行测量，同时对其他部位进行外观检测，如焊缝坡口应填满金属，并使其圆滑过渡、外形美观、无缺陷。检查时应注意更换焊条的接头部位，有严重的凸度和凹度时，应及时修磨或补焊。

对于外观检测中所发现的缺陷，通常要在后续无损检测之前修补完毕；其中的表面微小缺陷可直接用砂轮磨平。

2.2.2　船舶焊接结构外观质量检测要求

1. 基本要求

(1)焊缝外观质量检测前，其焊缝及两侧必须清理熔渣、飞溅及其他污染物。

(2)所有船体焊缝应先进行外观质量检测，合格后才能进行其他检测。

(3)焊缝外观质量检测，主要用肉眼及焊缝检验尺进行，必要时可借助放大镜进行检测。

(4)船舶焊接结构外观质量检测参照标准:《船体焊缝表面质量检验要求》(CB/T 3802—2019)。

2. 检测项目及质量要求

(1)焊缝外观尺寸检测

①焊缝外形应均匀,焊道与焊道、焊道与基体金属之间应平缓过渡,不得有截面的突然变化。

②焊缝的侧面角 θ 不小于 90°,如图 2-6 所示。

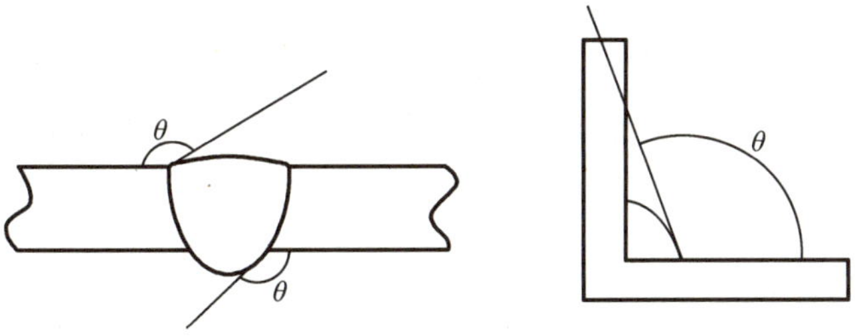

图 2-6　不同接头的焊缝侧面角

③对接焊缝中,焊缝余高 h 和焊缝宽度 b 应遵循表 2-2 的要求。

表 2-2　对接焊缝的焊缝余高 h 和焊缝宽度 b 应满足的要求

焊接方法	焊缝形式	焊缝宽度/mm	焊缝余高/mm
埋弧焊	I 形焊缝	b+8～b+28	0～3
	非 I 形焊缝	g+4～g+14	
手工电弧焊及气体保护焊	I 形焊缝	b+4～b+8	平焊:0～3
	非 I 形焊缝	g+4～g+14	其他:0～3

注:1. 表中 b 为坡口间隙尺寸,g 为坡口宽度。
2. b 应符合 CB/T 3190 标准中要求的实际装配值。

④角焊缝尺寸。焊缝尺寸大,不但焊接量大,而且焊接变形也大。角焊缝的焊角每增加 1 mm,其焊材用量就要明显增加。故在保证焊接质量要求的前提下,按照板的厚度来选取工艺上可能的最小角焊缝尺寸,在熔焊时,角焊缝尺寸选取参照在建船舶的《焊角规范表》。

⑤在整个焊缝长度内,焊缝最大宽度与最小宽度之间的差不大于 5 mm。

⑥在任意 300 mm 连续焊缝长度内,焊缝边缘沿焊缝轴向的直线度 f 应符合表 2-3 的要求。

表 2-3　不同焊接方法时的焊缝边缘直线度

焊接方法	焊缝边缘直线度 f/mm
埋弧焊	≤4
手工电弧焊及气体保护焊	≤3

⑦多道焊缝，其焊缝表面焊道间凹槽深度 d 值不大于 1.5 mm，如图 2-7 所示。

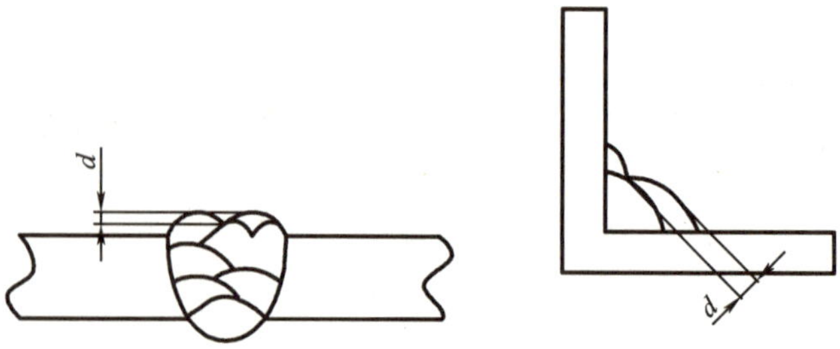

图 2-7　多道焊缝时焊缝表面焊道间凹槽深度 d 值

⑧焊缝表面凹凸，在焊道长度 25 mm 范围内，焊缝的高低差不得大于 2 mm。

⑨角焊缝焊角尺寸 K_0 必须大于 $0.9K$，K 为焊角尺寸。内凹时，角焊缝的焊缝计算厚度 S_0 必须大于等于 $0.9S$，S 为焊缝厚度。

(2)焊缝表面缺陷检测

①焊缝不得存在任何表面裂纹、烧穿、未熔合和夹渣等缺陷。

②弧坑应填满，不允许有弧坑缩孔和弧坑裂纹存在。

③焊缝表面不允许存在焊瘤。如熔化金属淌挂在焊缝上，应不高于 2 mm。

④船舯 $0.6L$ 区域内，主结构的对接焊缝如船壳板、甲板纵桁等咬边深度不大于 0.5 mm，其他结构不大于 0.8 mm。

⑤船体内部架构的角焊缝允许咬边深度为 0.8～1 mm，连续长度小于 30 mm 的咬边存在。

⑥咬边深度为 0.5～0.8 mm 时，如有尖锐咬边，即使咬边角度大于 90°，也要修正；角焊缝包头如有尖锐咬边形状，要修正。

⑦船体外板、强力甲板和舱口围板等重要部位的对接焊缝以及要求水密的焊缝，不允许有表面气孔。

⑧其他部位的焊缝，1 mm 长度范围内允许存在 2 个气孔，气孔的最大直径允许值为：

(a)当构件的板厚 $\delta \leqslant 10$ mm 时，为 1 mm。

(b)当构件的板厚 $\delta > 10$ mm 时，为 1.5 mm。

⑨船体外板、强力甲板正面、上层建筑外板等暴露的焊缝及周围不应有明显的飞溅，飞溅金属应全部清除干净。

⑩其他内部焊缝在 100 mm 长度两侧，其明显的飞溅不应多于 4 个，飞溅颗粒直径不得大于 1.5 mm。

(3)焊缝表面缺陷清理

焊缝表面缺陷如超出标准规定时，应按《焊缝返修通用工艺》进行修磨或者局部补焊，返修后应符合本标准的规定，且补焊的焊缝应与母材间保持平滑过渡。

2.2.3　焊缝的外观质量检测实作

1. 训练目的

(1)训练学生学会观察、找出相关焊缝上的表面缺陷。

(2)训练学生熟练操作使用焊接检验尺等常规焊缝尺寸检测工具、器材。

(3)训练学生掌握基本的外观质量检测相关数据的记录,会根据标准判断外观质量是否合格的结论。

2. 训练所用工具、器材

(1)对接、角接焊接试板若干。

(2)焊接检验尺、5 倍放大镜若干。

3. 学生分组训练

(1)学生分组分别进行对接、角接焊接试板的外观质量检测。

(2)把检测数据记入表 2-4 中。

表 2-4　焊缝外观质量检测记录表

<table>
<tr><td rowspan="4">被检工件
基本信息</td><td colspan="2">工程名称</td><td colspan="2"></td><td colspan="2">工程编号</td><td colspan="3"></td></tr>
<tr><td colspan="2">构件名称</td><td colspan="2"></td><td colspan="2">构件材质</td><td colspan="3"></td></tr>
<tr><td colspan="2">焊接方法</td><td colspan="2"></td><td colspan="2">工件规格</td><td colspan="3"></td></tr>
<tr><td colspan="2">坡口形式</td><td colspan="2"></td><td colspan="2">表面状态</td><td colspan="3"></td></tr>
<tr><td>检测工具器材</td><td colspan="9"></td></tr>
<tr><td>技术
要求</td><td colspan="9">检测标准:
检测比例:</td></tr>
<tr><td rowspan="2">焊缝编号</td><td colspan="9">检测项目</td></tr>
<tr><td>表面
裂纹</td><td>焊瘤</td><td>咬边</td><td>表面
夹渣</td><td>焊缝
余高</td><td>焊缝
宽度</td><td>焊角
尺寸</td><td>角焊缝
厚度</td><td>结论</td></tr>
<tr><td>1</td><td></td><td></td><td></td><td></td><td></td><td></td><td></td><td></td><td></td></tr>
<tr><td>2</td><td></td><td></td><td></td><td></td><td></td><td></td><td></td><td></td><td></td></tr>
<tr><td>3</td><td></td><td></td><td></td><td></td><td></td><td></td><td></td><td></td><td></td></tr>
<tr><td>4</td><td></td><td></td><td></td><td></td><td></td><td></td><td></td><td></td><td></td></tr>
<tr><td colspan="5">检测人员:
日期:</td><td colspan="5">审核人员:
日期:</td></tr>
</table>

注:检测中发现有超出标准的缺陷,及时在焊缝相应位置做出标记,便于后续进行处理。

4. 给出焊缝的外观质量检测结论

根据《船体焊缝表面质量检验要求》(CB/T 3802—2019),对被检焊缝给出外观质量检测结论,并对超标缺陷进行标记。

思考与练习

一、名词解释

目视检测　　抽检　　全检　　破坏性检测

二、问答题

1. 简述焊接质量检测职能。
2. 简述焊接质量检测的依据。
3. 简述焊接质量检测的步骤。
4. 简述焊接质量检测的基本依据。

项目3

船舶焊接质量的渗透检测

问题导入

渗透检测是对焊接结构,特别是对船舶焊接结构实施无损检测的主要技术手段。在渗透检测中如何清晰显示缺陷并获得一定的检测灵敏度是广大无损检测技术人员十分关心的问题。本项目主要针对渗透检测的原理和方法进行学习,并熟练掌握典型船舶焊接结构渗透检测工艺文件编制及常用的几种渗透检测方法和应用。

任务3.1 渗透检测的原理与方法

渗透检测是在被检工件上侵蚀带有荧光的或红色的染料的渗透剂,利用渗透剂的渗透作用,来显示表面缺陷痕迹的一种无损检测方法。该方法操作简单,成本低廉,广泛应用于各种金属材料和非金属材料构件的表面开口缺陷的无损检测。

3.1.1 渗透检测原理

当检验工件表面涂覆了带有颜色或荧光物质且具有高度渗透能力的渗透剂时,在液体对固体表面的湿润作用和毛细作用下,渗透剂渗透入被检焊件表面开口型缺陷中,然后将被检焊件表面多余的渗透剂清洗干净,注意保留渗透到缺陷的渗透剂,再在被检焊件表面涂上一层显像剂,使缺陷中的渗透剂在毛细作用下重新被吸附到被检焊件表面,从而形成缺陷的痕迹,通过直接目视或特殊的灯具,观察缺陷痕迹颜色或荧光图像对缺陷性质进行评定,这就是渗透检测的基本原理。

渗透检测技术已经成为制造业和维修领域中不可缺少的重要组成部分,广泛应用到现代工业的各个领域,是评价工程材料、零部件和产品的完整性、连续性的重要技术方法,也是实现质量管理、节约原材料、改进工艺、提高生产率的重要手段。该技术在车辆制造、造船生产、特种设备制造以及钢结构建造等行业的构件质量检测中获得了广泛的应用。

但渗透检测也存在一定的局限性。例如渗透检测不适于检查多孔性或疏松材料制成的工件或表面粗糙的工件,因为:①检测多孔性材料时,会使整个表面呈现强的荧光背景,以致掩盖缺陷显示,而工件表面太粗糙时,易造成假象,降低检测效果;②渗透检测只能检出零部件的表面开口缺陷,被污染物堵塞或经机械处理(如喷丸、抛光和研磨等)后开口被封闭的缺陷则不能被有效检出;③渗透检测只能检出缺陷的表面分布,难以确定缺陷的实际深度,因而很难对缺陷做出定量评价。

渗透检测利用的是液体的表面张力和毛细现象,而工件表面开口型缺陷可以看作毛细管或者毛细缝隙,使渗透剂进入缺陷内成为可能。由于使用的渗透剂具有良好的渗透能力,能润湿工件表面,因此渗透剂在毛细作用下能进入工件表面开口型缺陷中,使缺陷附近的工件表面有所不同。如图 3-1 所示。

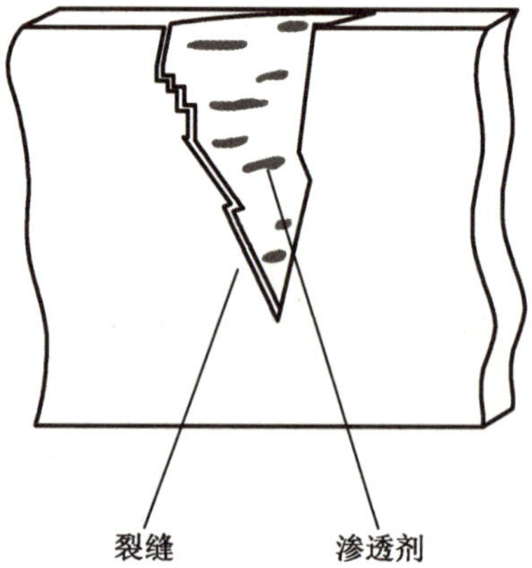

图 3-1　渗透剂进入工件表面裂纹中的示意图

此时,可以直接进行肉眼或者借助低倍放大镜观察缺陷情况。目前的渗透检测中利用的是显像剂观察,其具有更好的检测灵敏度。

显像剂中的主要成分是一种细微粉末,在细微粉末之间可以形成很多半径很小的毛细管,且这种细微粉末能被渗透剂所润湿。在清洗完工件表面多余的渗透剂后,再在工件表面铺撒一层很薄的显像剂,利用显像剂对渗透剂的吸附作用,把裂纹中的渗透剂重新吸附到工件表面,就可以显示相应的缺陷痕迹。如图 3-2 所示。

渗透检测的光学基础知识如下。

1. 紫外光

渗透检测时,缺陷的显示痕迹一般是通过肉眼进行观察的。有两种观察方式:一种是在白光下观察;另一种是在紫外光的照射下,缺陷显示痕迹发出明亮的荧光,通过肉眼观察。紫外光是一种波长比可见光波长更短的不可见光。荧光法渗透检测时所用的紫外光的波长为 330~390 nm,其中心波长约为 365 nm。紫外光也俗称黑光。

2. 荧光

原来在白光下不发光的物质,在紫外线等外辐射源的作用下能够发光,这种现象称光致发光。不同的物质受辐射后发光的时间不同,有些物质在辐射源停止作用后,经过极短的时间就消失了,这种发光称为荧光。外辐射源停止作用后,立即停止发光的物质叫荧光物质。荧光法渗透检测时所用的发光物质就是荧光物质。

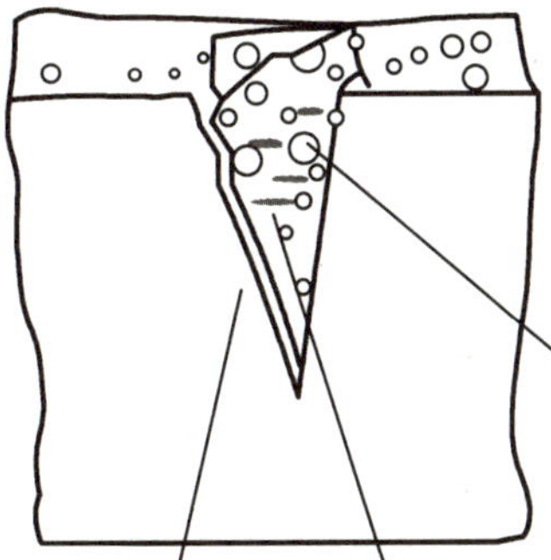

图 3-2　显像剂与渗透剂的相互作用示意图

3. 可见度与对比度

(1)可见度

渗透检测时缺陷的显示痕迹能否被清楚观察到,要用可见度来衡量。可见度是观察者相对于背景、外部光等条件下看到显示痕迹的一种特征。人的眼睛在强白光下对光强度的微小差别不敏感,对颜色的对比度差别判别能力很强;在光线很暗的环境中,辨别颜色对比度的能力很差,但能看见微弱的光源,黄绿色光具有最好的可见度。渗透检测采用荧光渗透液时,在暗室中用紫外线照射下,荧光渗透液能发出黄绿色的荧光,因而荧光法渗透检测具有最好的可见度。

(2)对比度

某个显示与围绕这个显示的背景之间的亮度和颜色之差,称为对比度。对比度可用这个显示和围绕这个显示的背景之间反射或者发射光的相对量来表示,这个相对量称为对比率。在采用普通渗透检测(着色渗透检测)时,红色染料显示和白色粉末显像剂背景之间的最高对比率约为 6:1。采用荧光渗透检测时,即使周围环境不可避免有些微弱的白光存在,荧光显示与不发荧光的背景之间的对比率仍然可达 300:1,甚至可达 1 000:1。因此在其他条件相同的情况下,荧光渗透检测比着色渗透检测具有更高的检测灵敏度。

3.1.2　渗透检测的常用方法

根据渗透检测中所采用的不同显像方式、不同的渗透剂及显像剂类型等差异,常用的渗透检测方法有如下几种。

1. 着色渗透检测法

着色渗透检测法是将带有彩色染料的渗透剂渗入被检测工件表面开口型缺陷中,保持足够的渗透时间后再清洗工件表面多余的渗透剂,干燥后在工件表面喷洒显像剂,使缺陷内的彩色油液渗至表面,根据色斑点或条纹痕迹来发现和判断缺陷的方法。

这种检测方法使用的渗透剂中含有颜色深的着色物质,通常由红色染料及溶解着色剂的有机溶剂所组成;而显像剂则由含有吸附性强的白色颗粒状的悬浮液组成。这一方法能直观地反映出缺陷的部位、形态及数量。

2. 荧光渗透检测法

荧光渗透检测法是使用含有荧光物质的渗透剂渗入被检测工件表面上的开口型缺陷中，保持足够的渗透时间，经清洗后保留在缺陷中的渗透剂被显像剂吸附出来。用紫外光源照射，使荧光物质产生波长较长的可见光，在暗室中对着色后的焊件表面进行观察，通过显现的荧光图像来判断缺陷的大小、位置及形态等信息。

3. 水洗型渗透检测法

这种探伤方法基本与其他渗透检测方法相同，但此方法以水作为清洗剂，渗透剂以水为溶剂，或者在渗透剂中加乳化剂，使非水溶性的渗透剂发生乳化作用而具有水溶性。

4. 溶剂去除型渗透检测法

直乳化型渗透剂有灵敏度不足的缺点，使用有机溶剂作为清洗剂可避免上述问题。由于清洗使用的溶剂主要是各种有机物，它们具有较小的表面张力系数，对固体表面有很好的润湿作用，因此有很强的渗透能力。但如清洗操作不当，很容易浸入缺陷的内部，将缺陷中的渗透剂冲洗出来，或者降低了着色物的浓度，使图像色彩对比度不足而造成缺陷漏检。

5. 干式显像渗透检测法

这种检测方法主要用于荧光渗透检测，用经干燥后的细颗粒干粉可获得很薄的粉膜，其对荧光显像有利，可提高探伤灵敏度。

6. 湿式显像渗透检测法

湿式显像渗透检测法采用湿式显像剂。湿式显像剂是在具有高挥发性的有机溶剂中加入起吸附作用的白色粉末配制而成的，这些白色粉末并不溶解于有机溶剂中，而是呈悬浮状态，使用前必须摇晃均匀。为改善显像剂的性能，还要加入一些增加黏度的成分，以限制有机溶剂在吸附渗透剂到试件表面后扩散，防止显像的图像比实际缺陷扩大的假象；同时为了尽快进行观察，常常采用吹风机进行热风烘吹加以干燥。

实际探伤时经常将上述几种不同的方法综合应用。例如水洗型、溶剂去除型渗透剂组合，既可以使用干式显像也可以选用湿式显像。

任务3.2 渗透检测器材

问题导入

渗透检测器材是渗透检测的物质技术基础，它包括渗透检测试剂和渗透检测装置。本次任务主要熟悉常用的渗透检测装置、渗透检测试剂及性能要求，为后续渗透检测工作实施奠定物质基础；也是了解今后渗透检测新工艺发展、新技术进步的前提。

3.2.1　渗透检测试剂

渗透检测试剂是渗透剂、乳化剂、清洗剂和显像剂的总称。由于渗透检测的方法不同,对检测试剂的要求各不相同,因而检测试剂的成分也不同。需要特别指出的是各种渗透检测试剂要配套使用,不能相互交叉代替。某种渗透剂只适合于与某种乳化剂、清洗剂和显像剂配合使用。目前大部分渗透检测试剂只包含渗透剂、清洗剂和显像剂;采用水洗型中的后乳化型渗透检测时才需要用到乳化剂。

图 3-3 所示为工件渗透检测中常用的某品牌渗透剂、清洗剂和显像剂。

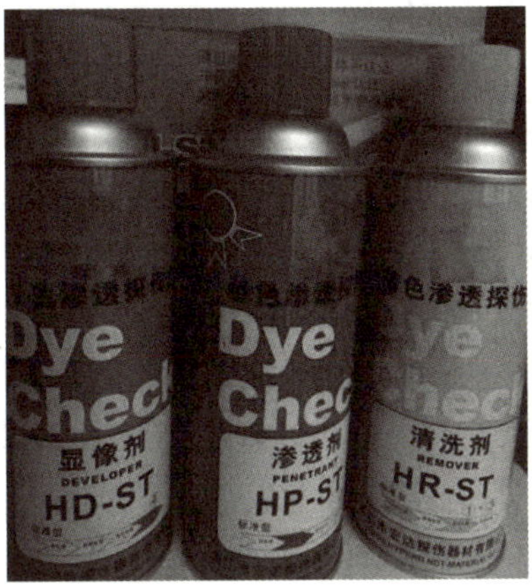

图 3-3　某品牌渗透剂、清洗剂和显像剂

1. 渗透剂

渗透剂是一种含有红色染料或者荧光物质且具有很强渗透能力的溶液。渗透剂能渗入工件表面开口型缺陷中并能被显像剂重新吸附到工件表面,从而显示缺陷的痕迹。渗透检测中所使用的渗透剂有荧光渗透剂和着色渗透剂两种。每一类又可分为水洗型、后乳化型和溶剂去除型。此外还有一些具有特殊性能的渗透剂,例如反应型渗透剂、高温型渗透剂等。下面主要介绍常用的着色渗透剂和荧光渗透剂的基本要求。

由于显像方式不同,着色渗透检测和荧光渗透检测的渗透剂中起主导作用的成分也不相同,前者要求颜色醒目,着色强度高。除此之外,它们都有一些共同的要求:

(1)渗透性能好

这是对渗透剂的最基本要求。由于液体的渗透性在相当程度上取决于它的表面张力系数,因此作为渗透剂主体的溶剂应选用表面张力系数低的液体,如苯、煤油、甲苯、乙醇、松节油、乙酸、乙酯等。水的表面张力系数较大,因而渗透性较差,当用水作为着色剂和荧光剂的溶剂时,应加入一些降低表面张力系数的表面活性剂以提高渗透性。

(2)溶解性能好

渗透检测的显像作用是清楚呈现鲜艳的红色染料和能发荧光的物质,这些物质应能充分溶解于溶剂中,否则会出现沉淀而显像不明显。如果着色剂或荧光剂在某种溶剂中溶解度不高,或环境温度下降会使溶解度迅速降低,则应考虑在渗透剂配方中加入助溶剂以提高其溶解度。

(3)洗涤性能好

渗透处理后,表面总会残留多余的渗透剂,必须在清洗处理中清洗掉,否则残留的渗透剂在后续显像中容易被判读缺陷(实际是伪缺陷)。水洗型渗透剂对水有很好的溶解性,直接用水可以很容易清洗掉,溶剂去除型的渗透剂,只有与其配套使用的有机溶剂才有较好的洗涤性。

(4)挥发性不高

渗透剂中的有机溶剂多为低沸点有机溶剂,易于挥发,其在缺陷上停留时间过短,甚至未及显像即自行干涸,同样也降低了检测灵敏度,因此在渗透剂成分调配中应适度考虑一些沸点相对较高的组成,以减少其挥发性。

2. 乳化剂

乳化剂主要作用是乳化不溶于水的渗透剂,使其便于用水清洗。它的成分主要是表面活性剂。乳化剂一般分为亲水型乳化剂和亲油型乳化剂两大类。

油性物质是不能溶解于水的,当加入乳化剂后,油能变成极微小的颗粒而均匀地分布在水中,形成了"水包油"的匀质状态,即使在静止状态下,油也不会聚在一起而造成油水分层的情况,这一现象称为乳化现象,具有这一现象的物质称为乳化剂。若在渗透剂中直接加入乳化剂,而使渗透剂具有水溶性,则这种渗透剂称为自乳化剂渗透剂。

乳化剂选择时主要考虑其具有良好的洗涤性能。进行选择时可根据"相似相溶"原理,选择和被乳化物有相近的亲憎平衡值(H. L. B 值)。

3. 清洗剂

渗透检测中,用来去除工件表面多余的渗透剂的溶剂叫清洗剂。常用的清洗剂有水、乙醇、丙酮、酒精、三氯乙烯等。对清洗剂的要求是对渗透剂中红色染料有较大的溶解度,对渗透剂有良好的互溶性,且不与渗透剂发生化学反应。对水洗型渗透剂用水作为清洗剂;对后乳化型渗透剂用乳化剂和水作为清洗剂;对溶剂去除型渗透剂用乙醇、丙酮、酒精、三氯乙烯等有机溶剂作为清洗剂。

4. 显像剂

显像剂的作用是将缺陷中的渗透剂吸附到工件表面,形成缺陷显示痕迹并加以放大,同时提供与缺陷显示有较大反差的背景,从而提高渗透检测灵敏度。根据显像剂的使用方式不同,常用显像剂一般分为干式显像剂和湿式显像剂两大类。

为了使显像剂能容易被缺陷处微量的渗透剂所润湿,使渗透剂能渗出,显像剂应具有良好的吸水、吸油性;同时能容易吸附在干燥的工件表面,并形成一层显像粉薄膜。

显像剂中的白色粉末的颗粒应细小,作为白色粉末的载体应易于挥发,载体通常是各种低沸点的有机溶剂,如乙醇、丙酮、苯等。也可以用水作为载体,但干燥较慢。涂刷后的溶剂应尽快蒸发,从而使白色粉末尽快形成多空隙的薄层,便于吸附缺陷中的渗透液。在有的显像剂配方中还添加一些黏度较大的成分,如火棉胶、过氯乙烯树脂等,限制显像的扩大,以防止缺陷显示痕迹比缺陷实际尺寸大的假象产生。因此性能比较完善的显像剂通常是由白色粉末的吸附剂、悬浮白色粉末的溶剂以及限制痕迹扩大的限制剂等多种成分组合而成。

3.2.2　渗透检测装置

渗透检测装置一般可分为四类，即固定式、便携式、自动化及专业化渗透检验装置。下面简要介绍前两种渗透检测装置。

1. 固定式渗透检检测装置

固定式渗透检测装置包括渗透槽、乳化槽、干燥箱、显像槽及检查台等。根据被检工件的大小、数量和现场情况，可把上述各个单元都固定在一个统一体内(称为整体型)或者根据需要变更其配置进行重新组合(称为分离型)。整体型渗透检测装置如图 3-4 所示，适用于小型工件的渗透检测；分离型渗透检测装置如图 3-5 所示，适用于大型工件的渗透检测。

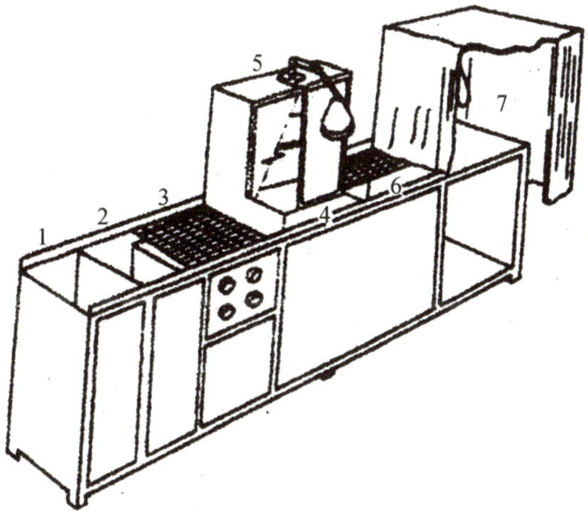

1—渗透；2—乳化；3—滴落；4—水洗；5—干燥；6—显像；7—检验。

图 3-4　整体型渗透检测装置

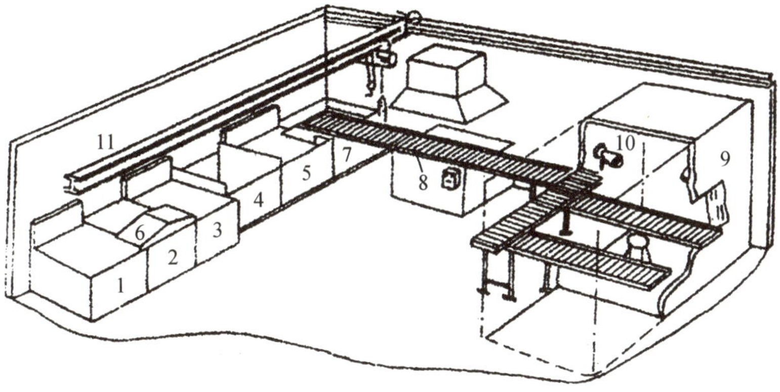

1—渗透槽；2—滴落槽；3—乳化槽；4—水洗槽；5—显像槽；6，7—滴落板；
8—传输带；9—观察室；10—黑光灯；11—吊轨。

图 3-5　分离型渗透检测装置

2. 便携式渗透检测装置

在无固定式渗透检测装置或者需要对大型工件进行局部检测时，可采用便携式渗透检测装置。该装置实际上是一个装有渗透检测试剂及各类工具的箱子。由于其体积小、质量轻、便于携带,故适用于小型焊接结构或零部件的现场批量检验。

任务3.3 渗透检测工艺

问题导入

渗透检测工艺是保证现代造船企业生产现场对船舶焊接结构实施渗透检测的技术基础,也是指导渗透检测技术人员编制渗透检测工艺规程、渗透检测工艺卡的重要技术保证。本次任务对渗透检测工艺规程制订依据和要求、渗透检测缺陷痕迹分类和评级、渗透检测工艺卡的编制格式和内容等做出具体规定,是渗透检测技术人员完成渗透检测工艺文件编制的重要参照依据。

3.3.1 渗透检测工艺过程

渗透检测工艺规程是用于指导渗透检测工程技术人员及实际操作人员进行渗透检测工作、处理渗透检测结果、对受检工件进行质量评定,并最终做出是否验收、拒收或返修的结论,从而完成渗透检测任务的技术文件。

采用不同类型的渗透剂、不同的清洗剂与不同的显像方式,可以组合成多种渗透检测方法。无论采用哪种方法,渗透检测的基本工艺步骤都包括预清洗、渗透处理、中间清洗、干燥、显像处理、缺陷显示痕迹观察、检验与后处理等;其中采用后乳化型渗透剂时,还有乳化处理步骤。

1. 探伤前的预清洗

探伤前的预清洗是向被检焊件表面涂覆渗透剂前的一项准备工作,其目的是彻底清除焊件表面妨碍渗透液渗入缺陷的油脂、涂料、铁锈、氧化皮和污物等附着物。经预清洗后残余的溶剂、清洗剂和水分应充分干燥,并尽快进行下一步操作。如图 3-6 所示。

2. 工件表面的渗透处理

渗透处理应根据被检工件的数量、尺寸、形状以及渗透剂的种类选择渗透方法,并保证有足够的渗透时间。

(1)渗透方法的选择

①浸渍法。浸渍法是将焊件直接浸没在已调配好的渗透液槽中,渗透效果好,省时省工,对小型批量的零件适用,但一次配制的渗透剂量大。

②喷涂法。喷涂法是用气泵将渗透液雾化成微小的液体颗粒后,通过喷雾器喷洒在焊件被检部位上。由于渗透液喷出时有一定速度,这将有利于渗透作用,因此渗透效果较浸渍法好。目前市场上也有灌装的配制好的渗透剂出售,由于罐内装有压缩气体,有直喷性能,所以使用十分方便。喷涂法应在敞开的环境或通风良好的场所中采用。

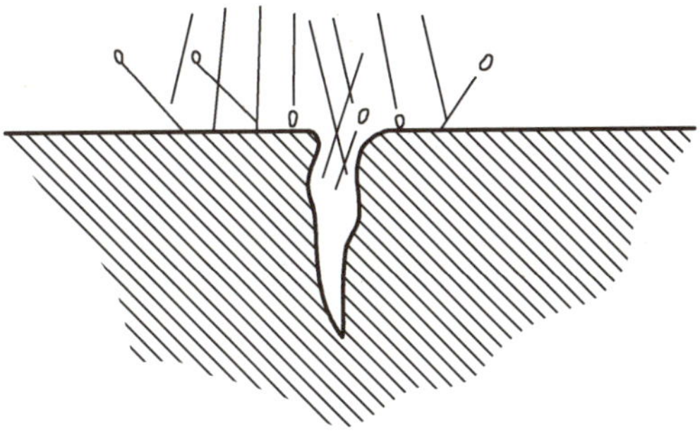

图 3-6　探伤前的预清洗

(2)渗透时间的确定

渗透所需时间按渗透种类、被检工件的材质、缺陷本身的性质以及被检工件和渗透液的温度而定。对水洗型渗透剂,无论是水基的还是自乳化型的,由于渗透性能较差,需要的渗透时间就长一些。对后乳化型和溶剂去除型的渗透剂,因有降低表面张力、增加润湿作用的成分,故有极好的渗透性能,所需时间较短。

适宜的渗透温度为 15~50 ℃。探伤时,切忌采用加热的方法提高渗透剂的温度,因为它所含的各种成分多为低沸点的易燃物,极易引燃。通常只要将渗透剂移至室温较高的环境下即可。

被检工件本身的温度也会影响渗透效果。当工件温度较高时,因为缺陷中的空气在较高温度下受热膨胀而密度变小,当温度相对较低的渗透剂涂抹在工件表面时,会使缝隙内的空气冷却而收缩,有利于吸附渗透过程的进行。

由于渗透时间受多种因素制约,很难统一明确规定具体数值,渗透时间可以根据上述定性分析的情况,在 5~10 min 范围内调整选用。渗透处理如图 3-7 所示。

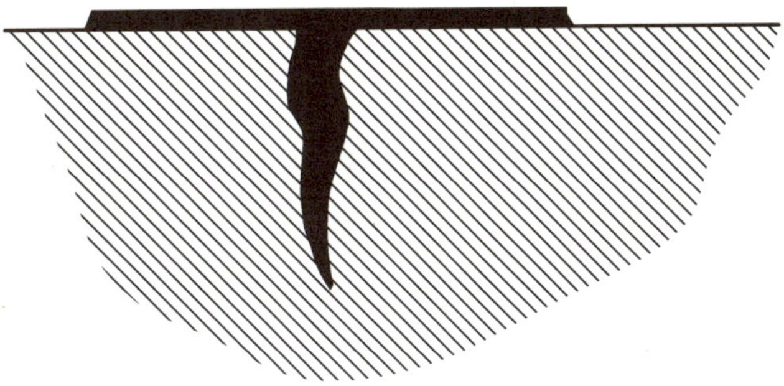

图 3-7　渗透处理

3. 被检工件的乳化处理

这一操作仅对采用后乳化型渗透剂时才必要。因为渗透剂中大多以不溶于水的有机物作为着色剂的溶剂,所以无法直接用水进行清洗,如果用水清洗,则必须先做乳化处理。

乳化剂的使用方法基本上与渗透处理相同,可采用浸渍、浇注、喷洒等方法。一般情况下应当避免刷涂,因为毛刷的搅拌作用不均匀,要么使乳化作用不足,要么因反复来回刷涂使乳化剂与缺陷中存留的渗透剂起了乳化作用,造成在下一步的清洗处理时被清洗掉,因此恰当的乳化处理是一步比较关键的操作，小型工件可直接浸渍于乳化剂中，局部探伤则可向被检表面浇注乳化剂。施加乳化剂后不再做其他处理，只是根据渗透剂、乳化剂的性质和被检物表面粗糙情况保持 2~5 min 即可。

4. 工件的中间清洗处理

无论采用何种类型的渗透剂，清洗处理都是必不可少的步骤。其目的是去除附着在被检工件表面上多余的渗透剂，在处理过程中，既要防止清洗处理不足而造成对缺陷识别的困难；同时也要防止清洗处理过度而使渗入缺陷中的渗透剂也被洗去。用荧光渗透剂时，可在紫外线照射下边观察处理程度边进行操作。

清洗处理（图 3-8）在渗透探伤中是至关重要的一步。对于水洗型和后乳化型渗透剂可用水进行清洗，水的压力及喷射的角度、喷嘴距焊件的表面距离都很重要。清洗程度以局部检测面看不到渗透剂的色彩为适度。如工件表面较粗糙时，在基本冲洗干净后，可从不同方向再适度冲洗，以防止在局部死角还残留少量渗透剂。

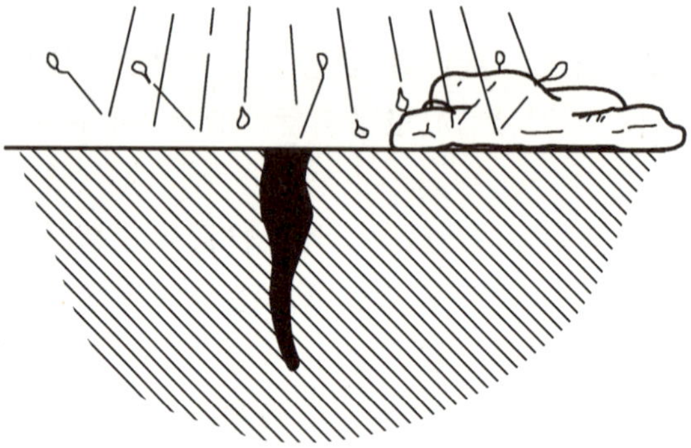

图 3-8　清洗处理

在清洗处理中，特别应防止清洗水压过大、垂直于工件表面冲洗以及冲洗时间过长，否则容易将缺陷内的渗透液冲洗掉，而使该显像的缺陷漏检。

用溶剂清洗比用水清洗相对要简单一些，操作时一般先用棉花或纤维纺织品将多余的渗透液吸掉，然后再用清洗剂进行擦拭。清洗时要尽量避免反复擦拭造成清洗过度。同时，不要将擦拭物长时间在焊件表面停留，因为擦拭物本身纤维的毛细管作用，会吸附缺陷中的渗透液。

对于使用荧光显像的渗透探伤，由于观察必须在暗室中进行，所以应将焊件先移至暗室内，在暗室中操作清洗处理。

5. 工件清洗后的干燥处理

干燥有自然干燥和人工干燥两种方式。对于自然干燥，主要控制干燥时间不宜太长。对于人工干燥，则应控制干燥温度，以免蒸发掉缺陷内的渗透剂，降低检验质量。对于用水进行清洗处理的应在清洗之后就进行干燥。用溶剂清洗的由于溶剂挥发很快，而且多为易燃物，所以无干燥的必要，但应该防止局部凹处积留残液。显像之后是否干燥则视显像剂及显像方式而定，一般只有湿式显像法才需要干燥处理。

6. 工件表面的显像处理

显像过程是指在被检工件表面施加显像剂,利用显像剂的吸附作用和毛细作用原理将缺陷中的渗透剂回渗到工件表面,从而形成清晰可见的缺陷显示痕迹(图像)的过程。

根据显像剂的使用方式不同,显像处理的操作方式也不同。荧光渗透检测可直接使用经干燥后的细颗粒氧化镁粉作为显像剂,喷洒在被检面上,即干式显像法。对小型工件也可埋入氧化镁粉中,保留一定时间,让显像剂充分吸附缺陷中的渗透剂,最后用压力比较低的压缩空气吹拂掉多余的显像剂即可。

湿式显像法多用于着色渗透检测。使用方法与渗透处理相同,采用浸渍、喷洒、涂刷均可。但注意显像剂涂层要薄而均匀,要注意防止聚集流淌,否则可能在局部表面积聚较厚的显像剂,掩盖一些小缺陷。刷涂法工具简单,但工效低,不易涂抹均匀,操作技术稍难。

湿式显像法经适宜的显像时间后要及时进行干燥处理。保持足够的显像时间是为了使显像剂充分吸附缺陷中的渗透剂,时间不足,这一过程就进行得不充分,缺陷将难以全部显现。但显现时间过长,就会使被吸附表面的红色渗液在显像剂中扩散,造成显现的彩色图像和缺陷的真实形状大小不符。显像时间取决于所采用的配方,一般在 7 min 之内就要进行干燥。显像处理如图 3-9 所示。

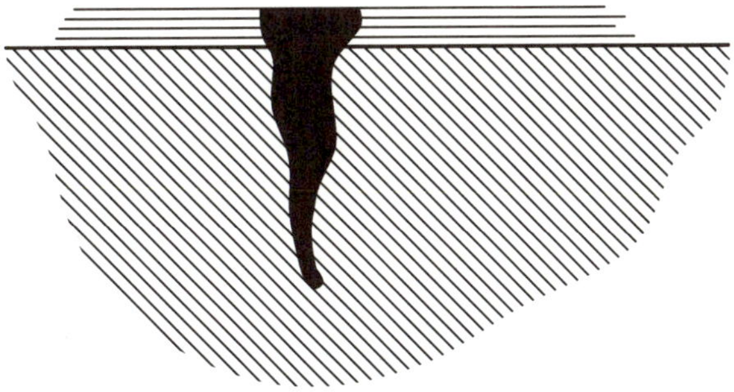

图 3-9　显像处理

7. 缺陷显像痕迹观察

渗透检测缺陷痕迹的观察是在显像处理之后进行的,主要依靠检测人员目视或辅以 5~10 倍的放大镜去观察,因此要求无损检测人员的矫正视力在 1.0 以上。对于着色渗透检测,检测区照度不低于 500 lx。对于荧光渗透探伤,观察人员应该先在暗室中至少停留 5 min,以适应环境,被检测物表面的照度不低于 50 lx。缺陷痕迹观察如图 3-10 所示。

对于显像的缺陷痕迹,可用示意图或透明胶纸描绘复制的方式图记录其所在位置、形状及大小。对于着色渗透检测,在有条件时用照相的方法记录亦可。

8. 渗透检测后工件的处理

如果残留在工件上的显像剂或渗透剂影响工件以后的加工、使用,或要求重新检测时,应将被检表面冲洗干净。

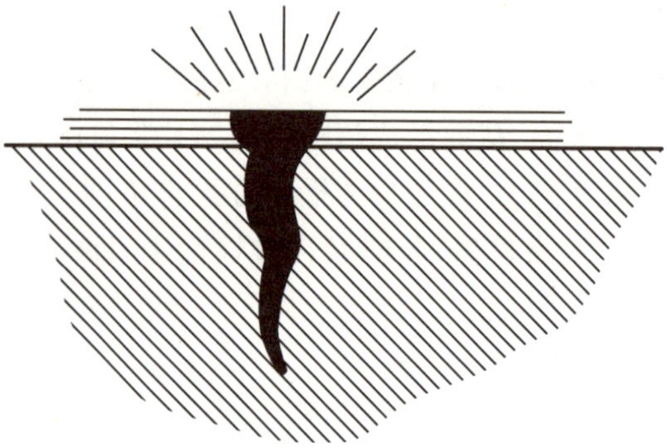

图 3-10 缺陷痕迹观察

3.3.2 渗透检测缺陷显示痕迹的解释与评定

1. 显示痕迹的解释和分类

渗透检测缺陷显示痕迹的解释是指对肉眼所见的着色或者荧光痕迹显示进行观察和分析,确定显示痕迹产生的原因及性质。

显示痕迹一般分为三种类型:由真实缺陷引起的相关显示痕迹、由工件结构等原因引起的非相关显示痕迹、由表面未清洗干净而残留的渗透剂引起的虚假显示痕迹。

(1)相关显示痕迹

相关显示痕迹是指从裂纹、气孔、夹杂、疏松、折叠、分层等真实缺陷中的渗透剂所形成的显示痕迹,它们是判断是否存在缺陷的标志。

(2)非相关显示痕迹

非相关显示痕迹不是由真实缺陷引起的,而是由工件加工工艺、工件结构的外形、工件表面状态等所引起的。非相关显示痕迹引起的原因通常可以通过肉眼目视检测来证实,不将其作为渗透检测质量验收的依据。

(3)虚假显示痕迹

虚假显示痕迹不是由缺陷或者组织不连续引起的,也不是工件结构外形或者加工引起的,而是由工件表面渗透剂污染引起的。

渗透检测时,要避免虚假显示痕迹的产生,就要尽量避免渗透剂的污染现象出现。判断显示痕迹是不是虚假显示痕迹,可以用酒精沾湿的棉球擦拭显示痕迹,如果擦拭后不再显示,即为虚假显示痕迹。

2. 缺陷的评定

缺陷的评定是指渗透检测痕迹,经过解释分析,确定显示痕迹的类型(性质)后,如果是相关显示痕迹,再根据对缺陷的严重程度、相关指定的质量验收标准、合格级别,最终给出合格与否的结论。

(1)缺陷显示痕迹的分类

缺陷显示痕迹的分类一般根据其形状、尺寸和分布状况进行。不同的工件其渗透检测的质量验收标准不同,对缺陷显示痕迹的分类也不同。常见的缺陷显示痕迹的分类是根据显示痕迹的形状和分布状态进行的。

焊接缺陷的显示痕迹分为线状显示痕迹和圆状显示痕迹。

①线状显示痕迹

线状显示痕迹指长度大于或等于3倍宽度的显示痕迹，根据缺陷的形式不同，痕迹的形态也不同，通常反映的焊接缺陷有裂纹、未熔合、分层、条状夹杂等。这些痕迹有可能表现为比较整齐的连续直线；在缺陷全部扩展到表面时，可能为同一直线的延长线上断续呈现；也有可能显像为参差不齐的、略为曲折的线段，或长宽比不大的不规则痕迹。

如果两个或者两个以上的缺陷显示痕迹大致在一条直线上，且相邻的两个缺陷显示痕迹的间距不大于2 mm时，则称为断续线状显示痕迹，其长度为各个缺陷显示痕迹的长度和相邻显示痕迹的间距长度的总和。

②圆状显示痕迹

圆状显示痕迹指长度小于3倍宽度的痕迹，可能呈圆形、扁圆形或不规则形状。圆状显示痕迹通常是由焊接表面气孔、弧坑缩孔、点状夹杂等形成的缺陷而形成的。

根据痕迹形状来判断缺陷类型在相当程度上依靠检测人员的经验，虽然有一般的规律可遵行，例如在检测焊缝时，根部未焊透通常表现为连续或断续的直线段；裂纹则为宽度不大的不规则的线段；条状夹杂则为长宽比相对来说不大的不规则痕迹，表面气孔多呈圆形显示。这是一般规律而言，较为准确的结论还要依据显像的位置特征、材料的特征等因素综合判断。对于缺陷的深度判断更为困难，着色渗透检测则依据显示痕迹色彩的深浅大体定性地对比确定缺陷的深度。

③分散显示痕迹和密集显示痕迹

在一定的面积范围内，存在几个缺陷的显示痕迹为分散显示痕迹。如果缺陷显示痕迹最短长度小于2 mm，间距又小于显示痕迹时，则可看作是密集显示痕迹；如果缺陷显示痕迹中的最短长度小于2 mm，间距又大于显示痕迹时，则可看作是单独的缺陷显示痕迹。

④纵(横)的缺陷显示痕迹

当缺陷显示痕迹的长轴方向与工件轴线或母线的夹角大于或者等于30°时，按照横向缺陷处理；其他按照纵向缺陷处理。

(2)常见缺陷显示痕迹特征

常见的焊接缺陷在渗透检测时显示特征是不同的。常见的几种表面缺陷及其显示特征见表3-1。

表3-1 渗透检测常见的表面缺陷及显示特征

缺陷名称	显示特征
焊接热裂纹	一般呈现曲折的波浪线或锯齿状红色(或明亮的黄绿色)
焊接冷裂纹	一般呈现直线状红色(或明亮的黄绿色)细线条，中部稍宽、两端尖细，颜色逐渐变淡
淬火裂纹	通常呈现红色(或明亮的黄绿色)的细线条，呈线状、网状或树枝状，裂纹起源处宽度较宽，延伸方向逐渐变细

表 3-1(续)

缺陷名称	显示特征
疲劳裂纹	呈现红色(或明亮的黄绿色)光滑线条
应力腐蚀裂纹	一般呈现线状、曲线状显示,随延伸方向逐渐变得尖细
焊接气孔	呈现圆形、椭圆形或长圆条形,红色亮点(或黄绿色荧光亮点),并均匀向边缘减淡
未熔合	坡口未熔合延伸至表面时,显示为直线状或椭圆形的条状

(3)缺陷显示痕迹的等级评定

不同的技术标准对分级的划分也不同,目前有《渗透探伤法》和《压力容器着色探伤》两项标准的分级方法。

①《渗透探伤法》标准对缺陷显示痕迹的等级分类

这一标准将缺陷分为按圆状和线状痕迹划分的等级分类和按分散状痕迹划分的等级分类两种情况。分散状缺陷显示痕迹是指在一定区域内存在几个缺陷显示痕迹。这个区域为 2 500 mm^2 的矩形面积(矩形最大边长 150 mm)。

上述两种情况等级分类见表 3-2。

表 3-2 缺陷显示痕迹的等级分类

等级分类	线状和圆状缺陷显示痕迹长度/mm	分散状缺陷显示痕迹长度/mm
1 级	$1 \leqslant L<2$	$2 \leqslant L<4$
2 级	$2 \leqslant L<4$	$4 \leqslant L<8$
3 级	$4 \leqslant L<8$	$8 \leqslant L<16$
4 级	$8 \leqslant L<16$	$16 \leqslant L<32$
5 级	$16 \leqslant L<32$	$32 \leqslant L<64$
6 级	$32 \leqslant L<64$	$64 \leqslant L<128$
7 级	$L \geqslant 64$	$L \geqslant 128$

在判定痕迹时,如果有 2 个或 2 个以上缺陷显示痕迹大致在同一条直线上,同时间距又小于 2 mm,则应看作是一个连续的线状缺陷显示痕迹,其长度为痕迹长度与间距之和。如果缺陷显示痕迹中最短长度小于 2 mm,而间距又大于显示痕迹时,则可看作单个的缺陷显示痕迹,间距小于显示痕迹时,则可看作密集型的缺陷显示痕迹。可按分散状缺陷显示痕迹总长度来定级。分散缺陷显示痕迹总长度指在 2 500 mm^2 面积内,长度超过 1 mm 的缺陷显示痕迹的总和。

②《压力容器着色探伤》标准对缺陷显示痕迹的等级分类

这项标准对缺陷显示按线状和圆状各分为三级,各级允许存在的缺陷尺寸与材料厚度有关,具体数值见表 3-3。

凡是出现以下情况之一的均为不合格:

(a)任何表面裂纹分层。

(b)大于表3-2中规定的单个缺陷。

(c)在一条直线上有4个或4个以上间隙排列的缺陷显示，且每个缺陷之间的距离小于2 mm。

(d)在任何一块150 mm×25 mm表面上存在10个或10个以上的缺陷显示。

产品的合格级别由设计部门根据压力容器有关标准规范决定。

表3-3　最大允许存在的缺陷尺寸(mm)

材料厚度 t/mm	线状显示			圆状显示		
	Ⅰ级	Ⅱ级	Ⅲ级	Ⅰ级	Ⅱ级	Ⅲ级
$t<16$	0	≤1.6	≤2.4	0	≤3.2	≤4.8
$16\leq t\leq 50$	0	≤1.6	≤3.2	0	≤4.8	≤6.4
$T>50$	0	≤1.6	≤4.8	0	—	—

3. 渗透检测缺陷的记录和检测报告

(1)渗透检测结果的标识

经渗透检测后确定认为合格时，应在被检物表面做出标记，表明该工件已被检并确认合格，如表面有缺陷显示，也应在有缺陷的部位用涂料表明其位置，供返修时寻找。如有需要，还要用照明、示意图或描绘等方法做出记录备查，或作为填写检测报告时的依据。

(2)渗透检测报告

渗透检测的结果最终以检测报告的形式做出评定结论。渗透检测报告应综合反映实际的探伤方法、工艺及操作情况，并经有任职资格的探伤人员审核后签发存档，作为焊接结构的合同的确立或者合格的证明资料，见表3-4。

表3-4　渗透检测报告

工程编号：		工程名称：		结构名称：	
渗透剂牌号：		检测标准：		合格级别：	
渗透时间：		显像时间：		钢号：	
检测温度：		表面状态：		数量：	
焊缝编号	缺陷位置	缺陷尺寸	缺陷数量	缺陷性质	级别
缺陷部位示意图					
检测结论：			检测日期：		
检验人：					

一份完整的渗透检测报告应包括下列内容:

①焊接工程名称、编号、形状及尺寸、表面及热处理状态、探伤部位等。

②操作条件,包括渗透湿度和渗透时间、显像时间等。

③探伤结论。

④缺陷部位示意图。

⑤渗透检测日期、探伤人员姓名等。

3.3.3 渗透检测工艺文件编制

1. 渗透检测通用工艺规程

(1)渗透检测通用工艺规程的基本内容

①工艺规程的适用范围:指明该渗透检测工艺规程(工艺卡)的适用对象。

②受检工件的受检状态:指明受检工件的名称、形状、尺寸、表面状态、热处理状态等。

③渗透检测所用的设备器材及材料:渗透剂、清洗剂、显像剂的种类、型号等。

④渗透检测的工艺参数:渗透剂的施加方法,清洗或除去方法、干燥方法;渗透时间及显像时间;水洗时用的水压、水温、水流流量;干燥时间及温度等。

⑤渗透检测方法标准:指明渗透检测工艺应遵循的渗透检测方法、标准。

⑥质量验收标准:明确渗透检测的验收标准。

(2)渗透检测通用工艺规程编制的依据

渗透检测通用工艺规程应根据相关法规、安全技术规范、产品制造技术标准、有关的技术文件,以及《承压设备无损检测 第5部分:渗透检测》(NB/T 47013.5—2005)要求,并针对本单位的相关受检产品(或检测对象)的结构特点和检测条件进行编制。

2. 典型工件渗透检测工艺卡

渗透检测工艺卡是针对某一具体产品或者产品上的某一部件,以通用工艺规程和被检工件的技术要求为依据而专门制订的有关渗透检测技术细节和具体参数条件,用于指导渗透检测人员进行渗透检测工作,处理渗透检测结果,进行质量评定并做出合格与否的结论,从而完成渗透检测任务的技术文件。

渗透检测工艺卡(表3-5)一般以表格的形式提供,具有一定的针对性、实用性和指导性,至少应包括以下内容:

(1)被检结构(部位)基本信息。如工程名称、工程编号、结构名称、规格尺寸等。

(2)检测设备、器材、材料。如检测所用的对比试块类型、渗透试剂牌号、各种渗透试剂型号等。

(3)检测工艺。如检测方法、检测工艺参数、操作步骤等。

(4)检测技术要求。如执行的检测标准、检测比列、合格级别等。

(5)检测部位示意图。

(6)工艺卡编制人及日期、审核人及日期。

表 3-5　渗透检测工艺卡

<table>
<tr><td colspan="2">工程编号：</td><td>工程名称：</td><td>结构名称：</td></tr>
<tr><td colspan="2">检测方法：</td><td>对比试块类型：</td><td>渗透试剂牌号：</td></tr>
<tr><td colspan="2">检测标准：</td><td>合格级别：</td><td>检测比例：</td></tr>
<tr><td colspan="2">渗透剂型号：</td><td>清洗剂型号：</td><td>显像剂型号：</td></tr>
<tr><td colspan="2">渗透时间：</td><td>显像时间：</td><td>材料牌号：</td></tr>
<tr><td colspan="2">检测温度：</td><td>表面状态：</td><td>数量：</td></tr>
<tr><td colspan="4">焊缝编号：</td></tr>
<tr><td rowspan="8">操作步骤</td><td colspan="3">预清洗</td></tr>
<tr><td colspan="3">渗透处理</td></tr>
<tr><td colspan="3">中间清洗</td></tr>
<tr><td colspan="3">干燥处理</td></tr>
<tr><td colspan="3">显像处理</td></tr>
<tr><td colspan="3">观察</td></tr>
<tr><td colspan="3">记录</td></tr>
<tr><td colspan="3">后处理</td></tr>
<tr><td colspan="4">技术要求
1. 检验标准
2. 检测比例
3. 合格级别</td></tr>
<tr><td colspan="4">产品示意图</td></tr>
</table>

编制人：	审核人：
日期：	日期：

3.3.4 渗透检测新技术简介

渗透检测技术必将随着渗透检测设备器材、渗透检测材料的技术进步而不断发展,以适应现代工件(或者焊接件)对渗透检测技术的更高要求。目前渗透检测新技术在以下几个方面取得了新的进展。

1. 发展高灵敏度渗透检测试剂

用于焊缝检测的高灵敏度水洗型渗透检测试剂克服了普通水洗型因大量冲水而造成过洗的缺点,大大提高了检测灵敏度。

2. 特种渗透检测试剂

(1)反应型着色渗透检测试剂

该试剂首先由日本油脂株式会社研制成功。它是一种无色透明或颜色极浅的透明液体,与显像剂相遇起化学反应显现鲜艳的红色,其中有些成分在紫外光下发出金黄色的荧光。与普通着色渗透检测相比,反应型着色渗透检测的特点有:

①显示缺陷清晰。

②由于无色或颜色极淡,对工件表面、缝隙、台阶的沟槽及操作者不会造成污染。

③缺陷的鉴别率高。

(2)高温型渗透探伤试剂

该试剂适用于在高温下进行渗透探伤。我国研制的探伤试剂适宜温度为5~180 ℃。

(3)不燃型渗透检测试剂

国产的不燃型渗透检测试剂耐温上限为230 ℃。

3. 自动化渗透检测装置

发展自动化的渗透检测装置,有利于提升小型工件批量渗透检测效率,同时可进一步提升检测工作质量。

任务3.4 典型焊接结构渗透检测实作

问题导入

利用前面所学的渗透检测设备器材、渗透检测工艺,借用渗透检测对比试块完成渗透检测基本操作训练;以评价渗透检测理论与实践结合程度,加深对渗透检测技术与操作的掌握。通过对典型焊接结构的渗透检测实例分析,来进一步熟悉如何把渗透检测理论、技术与渗透检测工程实践结合、应用。

3.4.1 渗透检测的基本操作训练

1. 渗透检测工艺评定中的对比试块

在渗透检测生产中，为了对渗透检测试剂的性能与渗透检测灵敏度进行评价，一般采用相应的对比试块。对比试块是具有人造缺陷的试块。

(1)镀铬对比试块的制作及应用

取 1Cr18Ni9Ti 或其他适当的不锈钢材料，制作成尺寸为 4 mm×40 mm×130 mm 的长方形试块，单面镀镍(30±1.5) μm，在镀镍层上再镀铬 0.5 μm，镀后退火。从未镀面以直径 10 mm 的钢球，用布氏硬度法按 750 kgf[①]、1 000 kgf、1 250 kgf 负荷打三点硬度，使在镀层上形成三处辐射状裂纹。如图 3-11 所示。

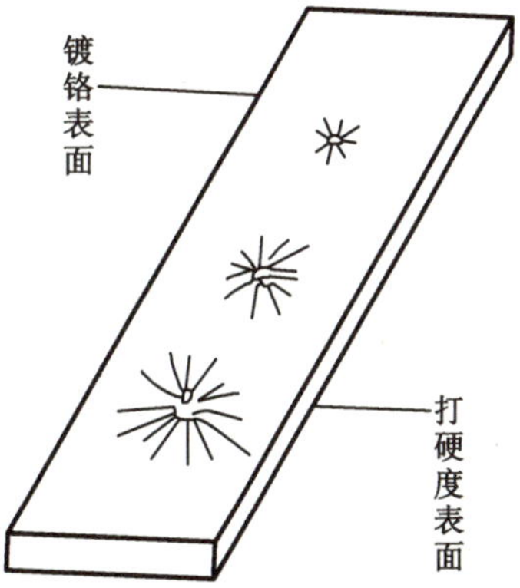

图 3-11 镀铬对比试块

镀铬对比试块主要用于校验操作方法和工艺系统灵敏度。使用前，应将其拍摄成照片或用塑料制成复制品，以供渗透检测时对照使用。

试验时，先将该试块按正常工序进行处理，最后观察辐射状裂纹显示情况。如果与照片或复制品一致，则可认为设备和材料以及探伤工艺正常。

(2)铝合金对比试块的制作及应用

从 8~10 mm 厚的铝合金(LY-12、淬火)板材上切取一块大小为 50 mm×75 mm 的试块，用喷灯在中心部位加热至适当温度(510~530 ℃)，然后在冷水中淬火，从而在铝块中产生天然的裂纹。再沿 75 mm 方向的中心位置开一个 1.5 mm×1.5 mm 的沟槽，从而完成一块铝合金对比试块的制作。如图 3-12 所示。

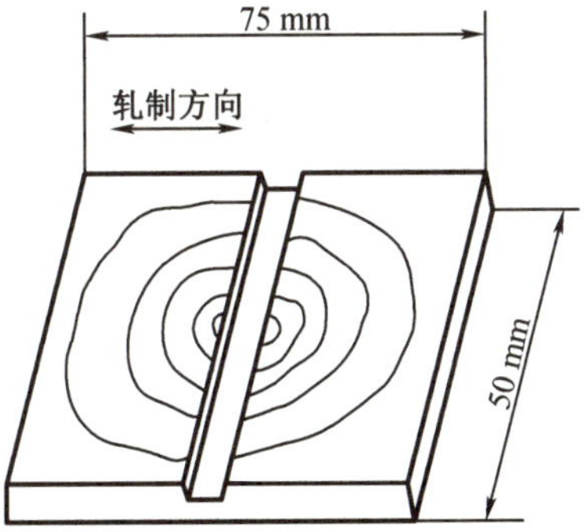

图 3-12 铝合金对比试块

① 注：1 kgf=9.8 N。

铝合金对比试块中间有一道沟槽,试块被分成两半,因此适用于两种不同的渗透检测试剂在互不影响的情况下进行灵敏度对比试验;也适用于同一种渗透剂在不同的工艺操作下进行灵敏度的对比试验。

由于试块上提供各种近似自然缺陷的裂纹,故适用于对检测试剂进行综合性能比较。但由于其裂纹尺寸往往较大,故对高灵敏度检测试剂的性能鉴别有困难。

2. 利用对比试块进行渗透检测基本操作训练

(1)操作工具及试剂

①镀铬对比试块若干个。

②某品牌渗透检测试剂四组。

③塑料布若干块。

(2)学生分组

把班级学生进行分组操作训练。一般每 2~3 人为一组。

(3)操作步骤

①将镀铬对比试块放在实验台上,将其正面(有表面裂纹的一面)朝上,并进行表面预清洗。

②对预清洗的镀铬对比试块进行干燥处理。

③把普通型渗透剂均匀喷涂到镀铬对比试块上,进行渗透处理;渗透时间保持 8~12 min(依据环境温度而定)。

④利用渗透剂配套的清洗剂进行中间清洗。清洗过程中既要防止清洗不足,也要防止清洗过度,确保清洗质量。

⑤干燥处理。清洗完毕后可采用自然干燥或者人工干燥的方式,保证镀铬对比试块表面无肉眼可见的清洗剂痕迹。切忌采用直接加热的方式来加速干燥。

⑥干燥处理结束后,立即进行显像处理,采用湿式显像方法。用喷洒的方式在镀铬对比试块表面涂覆一层很薄很均匀的显像剂,并保持显像时间为 3~10 min。

⑦观察与记录。对显像完毕后的镀铬对比试块进行观察,记录所显示的缺陷痕迹。并与标准样片上的缺陷痕迹进行对比,以评价本次渗透检测实作的结果。

正常情况下,显示的三处放射状裂纹痕迹的尺寸依次由小到大,如图 3-13 所示。

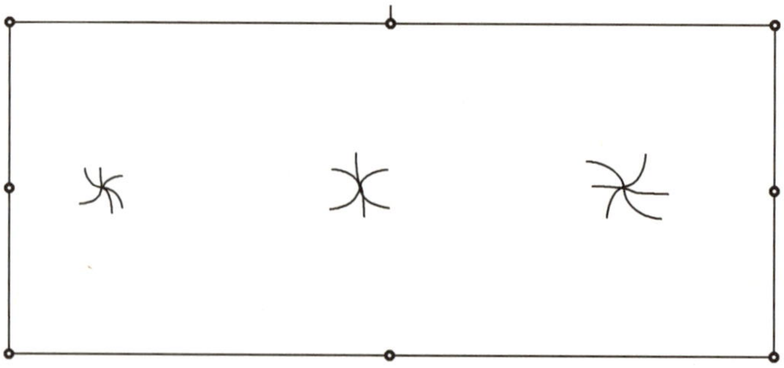

图 3-13　显示的三处放射状裂纹痕迹示意图

⑧后处理。渗透检测完毕后,整理好渗透检测现场,清洗干净镀铬对比试块,放回专用保管盒中,以便下次继续使用。

3. 检验结果的分析与处理

(1)与样片比较显像结果。

(2)分析、比较影响检验结果的因素有哪些。

渗透检测基本操作训练

3.4.2　渗透检验实例——大型球罐的渗透检测

1. 大型球罐的制作及可能存在的缺陷

球罐为400 m^3 的储氨容器,材质为16MnR,板厚为44 mm。由于焊接工艺复杂,现场焊接条件差,易产生表面裂纹,必须进行表面探伤。

2. 探伤方法的选择

(1)内外表面的外观质量检查。

(2)由于支柱和接管处不易用磁粉检测,一般采用溶剂除去型渗透检测,其灵敏度较高,设备简单,操作方便,适用性好。

3. 球罐渗透检测的特殊问题

在渗透检测中,渗透时间与渗透剂的温度有很大关系。为满足检测要求,一般都在15~40 ℃进行。但是冬季气温较低时,特别是在北方,渗透性能下降,因此如何保证渗透试剂的渗透能力是冬季实施户外渗透检测的关键。渗透剂与清洗剂是易燃物,不能与明火接触,因此采用罐内加热法来提升被检工件的温度,确保渗透检测的技术要求。

(1)工频加热法

将工频加热器固定在探测面的内壁,调整电流控制探测面温度在30 ℃左右,但设备较为复杂。

(2)煤气喷嘴加热

把喷嘴置于罐内,对受检部位加热,通过调节气体流量和喷嘴与受检表面的距离,使探测面温度为30 ℃左右,但其设备也复杂。

(3)气焊枪加热

用气焊枪在球罐内表面对被检区域进行加热,调节气枪与球罐受检面的距离和火焰的大小来控制温度。由于钢铁传热快,以手背触摸检测区表面,以不烫手为宜。虽然温度控制不准,但设备简单、容易操作,适合于接管等局部焊缝的渗透检测。

4. 做对比试验

(1)制作试板

采用与球罐材料相同的材料制作焊接试板,规格为30 mm×150 mm×44 mm。用异种钢焊条缠绕细铜丝焊接试板,使之产生裂纹。

(2)试验过程

首先在室外低温(-7 ℃)进行探伤,在清洗过的焊缝表面喷涂渗透剂,渗透10 min,然后清洗,再显像10 min。结果没有发现裂纹。

再对试板进行彻底清洗,放在室内(室温为 25 ℃)用同样的条件进行渗透检测,结果发现焊缝背面裂纹密布。再次彻底清洗,用气焊枪在试板背面加热(不烫手即可),用同样方法进行检测,结果显示情况与室内一样。

5. 球罐焊缝的渗透检测工艺

(1)预清洗。

(2)加热受检区。

(3)渗透处理。控制渗透时间在 15 min 左右,保证渗透处理质量。

(4)中间清洗。

(5)显像处理。显像 15 min 后观察渗透检测缺陷痕迹。

(6)记录和评定。记录渗透检测结果,根据检测标准,完成检测报告。

6. 探伤结果分析

(1)分析本次渗透检测工艺规程与普通渗透检测工艺规程的主要差异。

(2)能否对渗透试剂进行直接加热,为什么?

思考与练习

一、名词解释

对比度　　可见度　　对比试块　　渗透检测工艺规程　　渗透检测工艺卡

二、问答题

1. 渗透检测方法有哪些?
2. 对渗透剂的性能有哪些要求?
3. 影响渗透时间的因素有哪些?
4. 渗透检测中所用的对比试块有哪几种,各有什么作用?
5. 渗透检测时,缺陷显示痕迹分为哪几类?
6. 简述渗透检测基本工艺流程。
7. 简述渗透检测新技术发展方向。

三、单项选择题

1. 下列渗透检测环节中,最为关键的环节是(　　)。

A. 渗透处理　　B. 中间干燥处理　　C. 清洗处理　　D. 显像处理

2. 下列无损检测方法代号中属于渗透检测的是(　　)。

A. UT　　B. MT　　C. RT　　D. PT

3. 适宜的渗透处理温度范围是(　　)。

A. 0~5 ℃　　B. 5~15 ℃　　C. 15~50 ℃　　D. 50~70 ℃

4. 渗透试剂一般包括(　　)。

A. 渗透剂　　B. 清洗剂　　C. 显像剂　　D. 以上都是

项目4

船舶焊接质量的磁粉检测

问题导入

磁粉检测是对焊接结构特别是对船舶焊接结构实施无损检测的主要技术手段之一。在磁粉检测中如何清晰显示缺陷并获得一定的检测灵敏度是广大无损检测技术人员十分关心的问题。本次任务主要针对磁粉检测的原理、设备和工艺进行学习，并熟练掌握磁粉检测基本操作步骤，完成检测结果的分析处理并提交磁粉检测报告。

任务4.1 磁力检测的原理与方法

1922年，霍克（W. F. Hoke）在加工装在磁性夹头上的钢件时，观察到铁粉被吸附在金属裂缝上的现象，由此而发展出磁力检测的方法，并获得专利。这种方法于1923年开始用于生产，此后又逐渐发展出多种不同的无损检测方法。

4.1.1 磁力检测的原理与方法

1. 磁力检测的原理

磁力检测是通过对铁磁性材料进行磁化所产生的漏磁场，来发现其表面或近表面缺陷的无损检测方法。磁力检测包括磁粉检测法、磁敏探头检测法和录磁检测法。其中磁粉检测法是一种相对比较成熟的磁力检测方法，至今已有近百年的应用历史，并且由于其设备简单，操作方便，检验灵敏度高，故得到广泛应用。

2. 磁力检测的方法

磁力检测的关键是磁化后在被检工件表面形成足够强的漏磁场，其本质是漏磁场检测的方法之一。而漏磁场的检测根据检测方法和磁场显示特征不同，分为磁粉检测和检测元件检测。它们的主要区别如下。

磁粉检测是利用铁磁性粉末——磁粉，作为磁场的传感器，即利用漏磁场吸附磁粉形成的磁痕（磁粉聚集形成的图像）来显示被检工件局部不连续性（如缺陷）的位置、大小、形状和严重程度等相关信息。

检测元件检测是利用磁带、霍尔元件、磁敏二极管或感应线圈作为磁场的传感器，检测被检工件局部不连续性处漏磁场的位置、大小和方向，相应的方法有录磁检测法、感应线圈检测法、霍尔元件检测法、磁敏二极管检测法。实践中应用较多的主要有录磁检测法和磁敏二极管检测法。

(1)录磁检测法

录磁检测法也称中间存储漏磁检测法。其中以磁带记录方法为最主要方法。探伤时，将磁带覆盖在已磁化的工件表面，缺陷的漏磁场就在磁带上产生局部磁化作用，然后用磁敏探头测出磁带录下的漏磁场，从而确定被检工件表面缺陷的位置、大小、形状等相关信息。这种方法在焊缝检验中正得到越来越广泛的应用。

(2)磁敏二极管检测法

磁敏二极管检测法也简称磁敏探头检测法。它是指利用合适的磁敏探头探测被检工件表面，把对被检工件磁化后所形成的漏磁场转换成电信号，再经过放大、信号处理和储存，最后经光电指示器加以显示的漏磁场(缺陷)的一种磁力检测方法。

磁力探伤可用于铁磁性材料制成的板材、管材、型材、锻造毛坯等原材料和半成品的检测，也可用于相关锻件、焊件、铸件、机械加工件的工序和成品检查，还可用于飞机、火车、拖拉机等的维修以及机械设备、高压容器、石油贮罐等重要设备的定期检查。它可以发现裂纹、发纹、折叠、白点、分层、气孔、夹杂等缺陷。

4.1.2 磁粉检测的原理与特点

在20世纪50年代初，我国陆续引进苏联、欧美国家的磁粉检测技术，制订出了我国的标准规范；经过几十年的磁粉检测应用发展，已形成比较完善的磁粉检测技术标准，开发了比较先进的磁粉检测设备、器材，满足了日益增长的相关行业无损检测需求。

1. 磁粉检测原理

当利用外加电场对被检工件进行磁化时，工件中就有磁力线通过。如果被检工件本身没有缺陷，则磁力线在其内部是均匀连续分布的。但是，当被检工件内部存在缺陷时，如裂纹、夹杂、气孔等非铁磁性物质，其磁阻非常大，磁导率低，必将引起磁力线的分布发生变化。缺陷处的磁力线不能通过，磁力线将产生一定程度的弯曲。当缺陷位于或接近被检工件表面时，则磁力线不但在工件内部产生弯曲，而且还会穿过工件表面泄漏到缺陷附近的空气中形成一个微细的漏磁场，如图4-1所示。漏磁场会吸附施加在被检工件表面上的磁粉进行聚集，从而形成一定形状、大小的磁痕，如图4-2所示。最终通过对磁痕的观察分析实现对缺陷的检测。

2. 影响漏磁场强度的因素

磁粉检测中获得的漏磁场强度越大，吸附的磁粉越多，聚集效果越明显，最终会导致磁痕显示越清晰，缺陷越容易被检测出来。

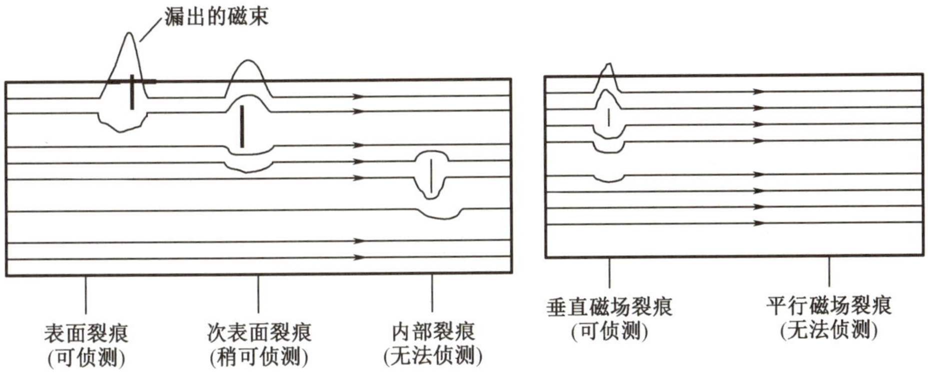

图 4-1　工件的表面及近表面的漏磁场

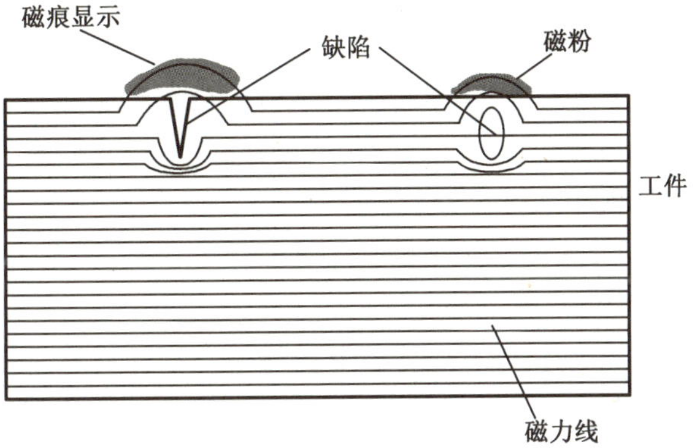

图 4-2　工件不连续处的漏磁场和磁痕显示

影响漏磁场的因素主要有以下几种:

(1)外加磁场强度

对铁磁材料磁化时所施加的外加磁场强度大时,在材料中产生的磁感应强度也大,这样,表面缺陷阻挡的磁力线也较多,形成的漏磁场强度也随之增加。

(2)材料磁导率

材料磁导率大的工件易被磁化,在一定的外加磁场强度下,在材料中产生的磁感应强度正比于材料的磁导率。漏磁场强度随着磁导率的增加而增加。

(3)缺陷埋藏深度

当材料中的缺陷越接近表面,被弯曲溢出材料表面的磁力线越多。随着缺陷埋藏的深度的增加,漏磁场深度加大。

(4)缺陷方向

当缺陷长度方向和磁力线方向垂直时,磁力线弯曲严重,形成漏磁场强度较大。随着缺陷长度方向与磁力线夹角减小,漏磁场强度减小,如果缺陷长度方向平行于磁力线方向时,漏磁场强度最小。

(5)缺陷磁导率

如材料中的缺陷内部含有铁磁性材料(如镍、铁),即使缺陷在理想的方向和位置上,也会在磁场的作用下被磁化,则缺陷不会形成漏磁场。缺陷的磁导率与材料的磁导率对漏磁场的影响刚好相反，即缺陷磁导率越高，产生漏磁场强度越低。

(6)缺陷大小和形状

缺陷在垂直磁力线方向上的尺寸越大，阻挡的磁力线越多，越容易形成漏磁场且其强度越大。缺陷的形状为圆形时，如气孔等，漏磁场强度小，当缺陷为线形时，容易形成漏磁场。

影响漏磁场的几大因素中，有些是可以进行人为控制的，这也是检测人员编制磁粉检测工艺时必须面对和思考的问题。

3. 磁粉检测的特点和应用范围

(1)磁粉检测的特点

①磁粉检测的优点

(a)能直观地显示缺陷的位置、形状、大小和严重程度，可大致确定缺陷的性质。

(b)具有很高的检测灵敏度，磁粉在缺陷聚集而形成的缺陷显示有放大作用。

(c)不受零件大小和几何形状的限制，采用多种磁化方法能检测工件的各个部位。检测速度快、工艺简单、费用低廉。

(d)检测缺陷的重复性好。

(e)检测效率较高。

②磁粉检测的缺点

(a)只能用于检测铁磁性材料，不能检测奥氏体不锈钢材料和用奥氏体不锈钢焊条焊接的焊缝，也不能检测铜、铝、镁、钛等非磁性材料；并且只能用来检测铁磁性材料的表面和近表面缺陷，一般深度不超过 2 mm(直流电检测时深度可大一些)。

(b)检测灵敏度与磁化方向有很大关系。如果缺陷方向与磁化方向平行，或与工件表面夹角小于 20°，缺陷就难以被发现。另外，表面浅的划伤、埋藏较深的孔洞及锻造重皮也不容易被检测出来。

(c)工件若有覆盖层、漆层、喷丸层等会影响检测灵敏度，覆盖层越厚，影响越大。

(d)直接通电法磁化容易产生火花损伤工件，电极和工件接触处容易产生较大的电阻热，导致工件局部灼伤，严重时局部熔化；有需要时，磁粉检测后产生的剩磁需进行退磁处理。

(2)磁粉检测的应用

①磁粉检测适用于检测铁磁性材料表面和近表面尺寸很小、间隙极窄(如可检测出长 0.1 mm、宽为微米级的裂纹)、目视难以看出的缺陷。

②磁粉检测可对原材料、半成品、成品工件和在役的零部件检测探伤，还可对板材、型材、管材、棒材、焊接件、铸钢件及锻钢件进行检测。

③马氏体不锈钢和沉淀硬化不锈钢(如 1Cr17Ni7)具有磁性，可进行磁粉检测(MT)。

④磁粉检测可发现裂纹、夹杂、发纹、白点、折叠、冷隔和疏松等缺陷。

磁粉检测广泛应用于机械制造、冶金化工、航空航天、电力与铁路、造船行业等。其中在船舶业的磁粉检测对象主要是：船体重要结构、发动机零部件(轴毂、舵叶、舵钮)、船舶主机(曲轴、连杆、螺旋桨)等大型铸锻件。

任务4.2　磁粉检测设备与器材

问题导入

磁粉检测设备与器材是磁粉检测的物质技术基础。它包括磁粉检测设备和磁粉检测器材两部分。本次任务主要熟悉常用的磁粉检测装置、磁粉检测材料及性能要求，为后续磁粉检测工作实施奠定物质基础，也是了解今后磁粉检测新工艺发展、新技术进步的前提。

4.2.1　磁粉检测设备

1. 国产磁粉检测设备型号编制

磁粉检测设备种类有很多，不同分类有不同类别。根据国家专业标准 ZBN70001 的规定，磁粉探伤机应按以下方式进行型号编制：

C　×　×　——　×
↓　↓　↓　　　　↓
1　2　3　　　　4

第 1 部分 C：代表磁粉探伤机；

第 2 部分字母：代表磁粉探伤机的磁化方式；

第 3 部分字母：代表磁粉探伤机的结构形式；

第 4 部分数字或字母：代表磁粉探伤机的最大磁化电流或探头形式。如表 4-1 所示。

表 4-1　国产磁粉探伤机型号编制规定

第 1 个字母	第 2 个字母	第 3 个字母	第 4 个数字或字母	字母所代表含义
C				磁粉探伤机
	J			交流
	D			多功能
	E			交直流
	Z			直流
	X			旋转磁场
	B			半波脉冲直流
	Q			全波脉冲直流
		X		携带式
		D		移动式

表 4-1(续)

第 1 个字母	第 2 个字母	第 3 个字母	第 4 个数字或字母	字母所代表含义
		W		固定式
		E		磁轭式
		G		荧光磁粉探伤
		Q		超低频退磁
			如 1 000	周向磁化电流为 1 000 A

如 CJW-4000 型,为交流固定式磁粉探伤机,最大周向磁化电流为 4 000 A;CZQ-6000 型,为超低频退磁直流磁粉探伤机,最大周向磁化电流为 6 000 A;CEE-1 型,为交直流磁轭磁粉探伤机,形式为第 1 类。

2. 常用磁粉检测设备(磁粉探伤机)

生产中一般根据磁粉探伤机的质量或移动的方便程度的不同,把磁粉探伤机分为固定式、移动式和携带式三种,这是磁粉探伤机最常见的分类方法。

(1)固定式磁粉探伤机

其体积和质量都比较大,额定磁化电流一般为 1 000~10 000 A。能进行通电法、中心导体法、感应电流法、线圈法、磁轭法整体磁化或复合磁化等,并带有照明装置、退磁装置、磁悬液搅拌和喷洒装置以及夹持工件的磁化夹头和放置工件的工作台及格栅,适用于中小型工件的检测。此外,固定式探伤机还常常备有触头和电缆,以便对搬上工作台有困难的大型工件进行检测。

两磁化卡头间最大距离为 1~4.5 m。该类设备可分别进行交流或直流退磁,或交直流全自动退磁。固定式磁粉探伤机如图 4-3 所示。

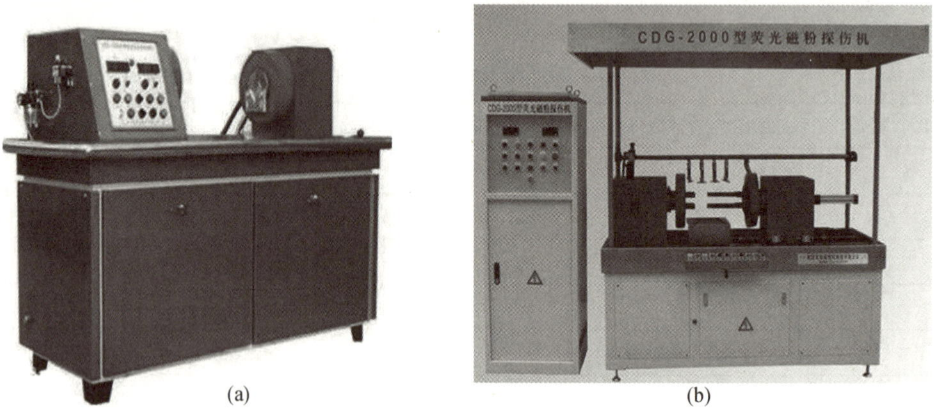

(a)　　(b)

图 4-3　固定式磁粉探伤机

(2)移动式磁粉探伤机

移动式磁粉探伤机的额定磁化电流一般为 500~8 000 A。其组成包括磁化电源、磁化线圈、触头(支杆或夹钳)及线圈(开合式或闭合式)、指示装置、照明装置、退磁装置。与固定式相比,移动式磁粉探伤机少了工件卡持装置、喷洒装置、断电相位控制器三个方面。其能进行触头法磁化，夹钳通电法磁化和线圈法磁化等磁化操作。

常见移动式磁粉探伤机型号有：(3 000~6 000 A) CYD-3000、CYD-5000、CZQ-6000 型直流探伤机、CDG-10000 型多功能探伤机等。

与固定式磁粉探伤机相比，常见移动式磁粉探伤机的特点有：无磁悬液循环和喷洒装置、磁化卡头。由于质量较重，一般装有滚轮，可来回移动。配合使用的附件有支杆触头、夹钳触头、开合式触头和闭合式触头。若使用软电缆，随着电缆的延长，检验部位的电流值会显著降低，若采用触头法，应在手柄上安装微型开关，以控制磁化电流的时间。另外，移动式磁粉探伤机还具备自动退磁功能。CDX-Ⅲ型与 CYD-5000 型磁粉探伤机如图 4-4 和图 4-5 所示。

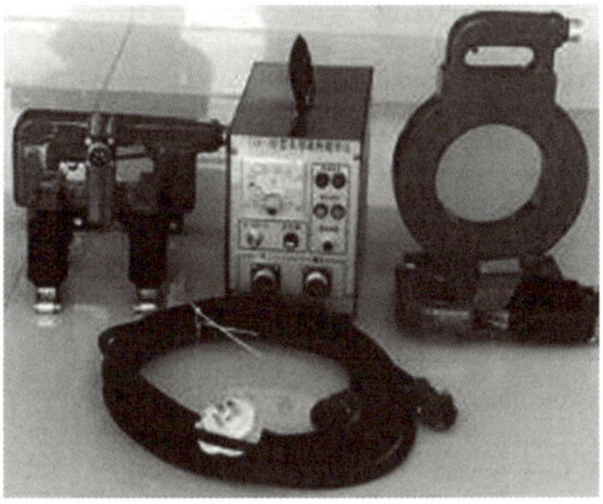

图 4-4　CDX-Ⅲ型多用磁粉探伤机

图 4-5　CYD-5000 型多功能移动式磁粉探伤机

(3) 便携式磁粉探伤机

常见便携式磁粉探伤机的特点：体积小、质量轻、特别适合于野外和高空作业，是特种设备检测的最常用仪器。其额定磁化电流一般为 500~2 000 A。

常见便携式磁粉探伤机(包括小型磁粉探伤机)包括：(500~2 000 A) CYE-3 型(旋转磁场仪)、E 型(旋转磁场仪)、CYE-1 型(电磁轭)、CJE 型(电磁轭)、CY-500 型(支杆)、CY-1000 型(支杆)、CY-2000 型(支杆)等便携式磁粉探伤机，其中电磁轭便携式磁粉探伤机应用较为普遍。常见便携式磁粉探伤机的分类有：

①电磁轭便携式磁粉探伤机(包括交流、直流)：非电接触磁化，磁化时不会产生电弧和烧伤，安全性较好。

②交叉磁轭便携式磁粉探伤机(包括空间交叉、平面交叉)：两个轭状的电磁铁以一定的夹角进行空间交叉或平面交叉组合而成，并由不同相位的两组交流电励磁的磁化装置构成。两个电磁轭产生的两个正弦交变磁场叠加后，会产生一个方向随时间变化的椭圆形旋转磁场，适合检测任意方向分布的缺陷。

③永久磁铁：用于没有电源的探伤场地。

④小型磁粉探伤机：带有支杆触头和电缆，电缆可绕成线圈进行纵向磁化。此探伤机属于小型移动式磁粉探伤机。

常见便携式磁粉探伤机的综合技术要求：主要是考察提升力，当磁轭极间距最大时，交流电磁轭时其提升力要不低于 45 N，直流电磁轭时至少为 177 N，交叉电磁轭至少为 118 N

(间隙为 0.5 mm);提升力至少半年校验一次。

(4)自动磁粉检测装置

自动磁粉检测装置不需任何人工操作,试件自动装卸和定位、自动磁化、与磁化周期对应,自动定时施加磁悬液、对磁痕的自动检测和标记、对工件自动退磁、对显示的自动解释和分选,其中自动磁化由计算机控制磁场方向、励磁电流的种类和大小、磁化时间等。半自动磁粉检测装置仅指全自动装置中的磁痕检测和判断仍由检测人员进行。

自动磁粉检测装置一般包括以下几个主要组成部分:

①磁化电源

磁化电源是磁粉探伤机的核心部分,用于产生磁场,磁化工件。断电相位控制器:利用逻辑电路控制触发器,保证交流电一定在 π 或 2π 相位处断电,从而使剩磁稳定。

②工件夹持装置

夹持工件使其通过电流的电极或通过磁场的磁极。要防止打火和烧伤工件。

③指示和控制装置

指示和控制装置是指指示磁化电流大小的仪表及有关工作状态的指示灯。有电流表、电压表、磁通量表和磁场强度表等。

④磁粉和磁悬液施加装置

磁粉和磁悬液施加装置由磁悬液槽、电动泵、软管和喷嘴等组成。

⑤照明装置

白光灯(波长范围 400~760 nm)要求:照度要求大于 1 000 lx;黑光灯(波长范围 330~390 nm)要求:辐射照度要求大于 1 000 $\mu W/cm^2$。

⑥退磁装置

保证被磁化工件上的剩磁减小到不妨碍工件后续使用的程度。

4.2.2 磁粉检测器材

1. 磁粉、磁悬液及反差增强剂

磁粉检测根据缺陷显示方式不同可以分为干粉法和湿粉法。干粉法是利用手筛将干燥的磁粉直接洒在被检试件上来显示缺陷磁痕的方法,在使用时,检验人员的劳动条件较差且易污染环境,喷洒不均匀时容易造成缺陷漏检,所以应用较少。湿粉法是利用液体作为载体把磁粉配置成一定浓度的磁悬液,然后把磁悬液喷洒在被检试件上来检验缺陷磁痕的方法,它克服了干粉法的不足,目前应用较为广泛。

(1)磁粉

①磁粉的种类

磁粉检测所用的磁粉是铁的氧化物经研磨后成为细小的颗粒再经筛选而成。对干磁粉,粒度范围为 10~50 μm,最大不超过 150 μm;对湿磁粉,粒度范围为 5~10 μm,最大不超过 50 μm。实际检测中所用的磁粉可分为黑磁粉、红磁粉、白磁粉和荧光磁粉等类型。

黑磁粉是一种黑色的粉末。黑磁粉在浅色工件表面上形成的磁痕清晰,在磁粉探伤中运用最为广泛。

红磁粉是一种铁红色的粉末,具有较高的磁导率。红磁粉在对黑色金属和工件表面颜色呈褐色的状况下进行探伤时,具有较高的反差。

白磁粉是由黑磁粉与铝或氧化镁合成而制作成的一种表面呈银白色的粉末。白磁粉适用于黑色表面工件的磁粉探伤，具有反差大、显示效果好等特点。

荧光磁粉是把荧光物质、磁粉和明胶按一定比例配成的胶体混合物，用机械方法复合制成。这种磁粉在暗室中用紫外线照射能产生较亮的荧光，所以适合于检验工件的表面探伤，具有较高的灵敏度。

②磁粉的性能

磁痕显示的结果不仅与缺陷性质、磁化方法、磁化规范、磁粉施加方式、工件表面状态和照明条件等有关，还与磁粉本身的性能如磁特性、粒度、形状、流动性、密度和识别度等有关。

(a)磁特性

磁粉应具有高磁导率(易被吸附)、低矫顽力(易分散流动)、低剩磁(易分散流动)的特性。如果磁粉的矫顽力和剩磁大，磁化后，磁粉形成磁极，彼此吸引聚集成团不容易分散开，磁粉也会被吸附到工件表面不易去除，形成过度背景，甚至会掩盖相关显示。

度量磁性采用磁性称量法(磁粉称量仪)，湿法磁粉不低于 7 g，干法磁粉不低于 10 g，荧光磁粉不低于 5 g。

(b)粒度

粒度即磁粉颗粒的大小，影响磁粉的悬浮性、吸附力。

粗磁粉的磁导率较细磁粉的高。粒度小，悬浮性好。探伤中为发现工件表面和近表面的缺陷，应使用含有各种粒度的磁粉。一般，湿法用磁粉 300~400 目细磁粉，即 15 μm 以下；干法用磁粉 80~160 目的粗磁粉。目数越大，表示颗粒越小。目数，就是孔数，就是每平方英寸上的筛孔数目。目数越大，孔径越小。一般来说，目数×孔径(微米数)= 15 000。

(c)形状

磁粉的形状要求是：保证好的磁吸附性能和流动性能。

常见的磁粉形状有条形、椭圆形、球形。条形容易磁化形成磁极，易被吸附，但流动性不好。球形流动性好但不易被漏磁场磁化(退磁场的影响)。

理想的磁粉应由一定比例的条形、球形和其他形状的磁粉混合。

(d)流动性

探伤时，磁粉的流动性要好。

湿法检测时，是利用磁悬液的流动带动磁粉向漏磁场流动，故交流电、直流电均可。

干法检测中，是利用微风吹动磁粉，并利用交流电不断换向使磁场也不断换向，或利用单相半波整流电产生的单方向脉冲磁场带动磁粉变换方向促进磁粉流动。故直流电不适于干法检测。

(e)密度

密度是指单位体积的磁粉质量。

湿法用磁粉(黑、红)的密度约为 4.5 g/cm^3，干法用纯铁粉的密度约为 8 g/cm^3，空心球形磁粉的密度为 0.7~2.3 g/cm^3，荧光磁粉的密度除与采用的铁磁粉原料有关，还与磁粉、荧光染料和黏结剂的配比有关。

密度大的磁粉容易沉淀，流动性差，悬浮性差，难以被弱的漏磁场吸附。

(f)识别度

识别度是指磁粉的光学性能，包括颜色、荧光亮度及工件表面颜色的对比度。

对非荧光磁粉：只有磁粉的颜色与工件表面的颜色形成很大的对比度时，磁痕才容易观察到。

对荧光磁粉：在黑光灯下观察时，工件表面呈紫色，只有微弱的可见光本底时，磁痕呈黄绿色，色泽鲜明，能提供最大的对比度和亮度。由于工件的表面覆盖着一层荧光磁悬液时，会产生微弱的荧光本底从而降低对比度，因此，荧光磁悬液的浓度不宜太高，大约为非荧光磁悬液浓度的十分之一。

总之，以上六方面是影响磁粉使用性能的主要因素。这些因素又是相互关联、相互制约的。如磁性称量法只反映了磁粉的磁特性，如果仅以称出的磁粉样品几克为合格而忽略其他影响因素，则测得的结果经实践证明并不是完全可靠。最可靠的办法应该是通过综合性能(工艺系统灵敏度)试验的结果来衡量磁粉的性能。

(2)磁悬液

将磁粉混合在液体介质中形成磁粉的悬浮液，简称磁悬液。用来悬浮磁粉的液体叫分散剂或载液。在磁悬液中，磁粉和载液是按一定比例混合而成的。根据采用的磁粉和载液不同，可将磁悬浮液分为油基磁悬液、水基磁悬液和荧光磁悬液等。

对光亮的工件，应采用黏度和浓度都大一些的磁悬液进行检测。对表面粗糙的工件，应采用黏度和浓度小的磁悬液进行检测。对细牙螺纹根部缺陷的检测，应采用荧光磁粉，磁悬液配制浓度用 0.5 g/L，使用剩磁法检测，检测时应多浇几遍磁悬液，可获得最佳的检测效果。

磁悬液配制：

①油磁悬液配制：先取少量的油基载液与磁粉混合，让磁粉全部润湿，搅拌成均匀的糊状，再按表 4-2 所示比例加入余下的油基载液，搅拌均匀即可。

表 4-2　磁悬液浓度

磁粉种类	配制浓度/(g/L)	沉淀浓度(含固体量)/(mL/100mL)
非荧光磁粉	10~25	1.2~2.4
荧光磁粉	0.5~3.0	0.1~0.4

②水磁悬液配制：将润湿剂与消泡剂加入水中搅拌均匀，并按比例加足水，制成水载液，取少量水载液与磁粉和匀，然后加入余下的水载液。对荧光磁粉而言，不应使荧光磁粉结团、剥离或变质。

③磁膏水磁悬液配制：将磁膏挤入少量水中，搅拌成稀糊状，再按比例加入水后搅拌均匀。

④磁悬液喷：使用时只需轻轻摇动喷罐，将磁悬液搅拌均匀，即可直接喷洒。检测前先用灵敏度试片进行综合性能试验，合格后即可检测。

(3)反差增强剂

检查细小缺陷、应力腐蚀裂纹时，因为工件表面凸凹不平(表面粗糙)以及磁粉颜色与工件表面颜色的对比度很低，容易造成漏检。为了提高缺陷磁痕与工件表面颜色的对比度，检测前，可先在工件表面上涂一层白色薄膜(厚度为 25~45 μm)。这样，工件表面的磁痕就会清晰可见。这层白色薄膜就叫反差剂或反差增强剂。磁粉检测前可根据现场检测条件施加反差增强剂。整个工件检查可用浸涂法，局部检查可用喷涂或刷涂法。

反差增强剂的采用适用于湿法黑磁粉检测及干法黑磁粉检测，不适用于荧光磁粉检测。

2. 磁粉检测器材

(1)标准试片和标准试块

①标准试片(又称灵敏度试片)

(a)用途

ⓐ用于检验磁粉检测设备、磁粉、磁悬液的综合性能(系统灵敏度)。

ⓑ用于了解被检工件表面大致的有效磁场强度和方向以及有效检测区。

ⓒ考察所用的检测工艺规程和操作方法是否妥当。

ⓓ几何形状复杂的工件磁化时，无法用经验公式计算磁化规范，磁场方向也难以估计。这时，将小而柔软的试片贴在复杂工件的不同部位，可大致确定较合适的磁化规范。

(b)分类

我国常用标准试片有：A1、C、D、M1 型四种。试片由超高纯低碳纯铁经轧制而成的薄片。所有试片的型号名称中的分数中，分子表示人工缺陷槽的深度，分母表示试片的厚度，单位为 μm。经退火处理的为 1 或空缺，未经退火处理的为 2。同一类型和灵敏度等级的试片，未经退火处理的比经退火处理的灵敏度约高 1 倍。

M1 型多功能试片是将三个槽深各异而间隔相等的人工刻槽，以同心圆式放在同一试片上，其三种槽深分别与 A1 型试片的三种型号的槽深相同，一片多用，观察磁痕显示差异直观，能更准确地推断出被检工件表面的磁化状态。

常见的标准试片类型、规格和图形见表 4-3。

表 4-3　常见的标准试片类型、规格和图形

类型	规格(人工缺陷槽深/试片厚度)/μm	图形和尺寸/mm
A1 型	A1-7/50	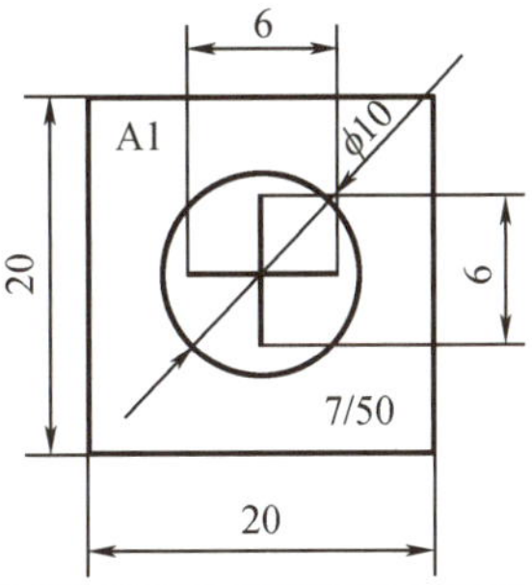
	A1-15/50	
	A1-30/50	
	A1-15/100	
	A1-30/100	
	A1-60/100	
C 型	C-8/50	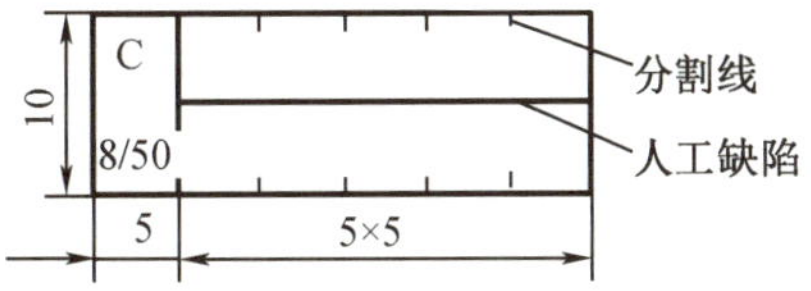
	C-15/50	

表 4-3(续)

<table>
<tr><th>类型</th><th colspan="2">规格(人工缺陷槽深/试片厚度)/μm</th><th>图形和尺寸</th></tr>
<tr><td rowspan="2">D 型</td><td colspan="2">D-7/50</td><td rowspan="2">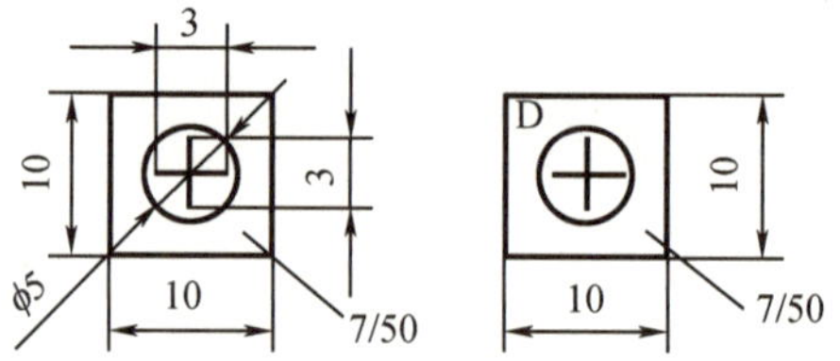
</td></tr>
<tr><td colspan="2">D-15/50</td></tr>
<tr><td rowspan="3">M1 型</td><td>φ12 mm</td><td>7/50</td><td rowspan="3">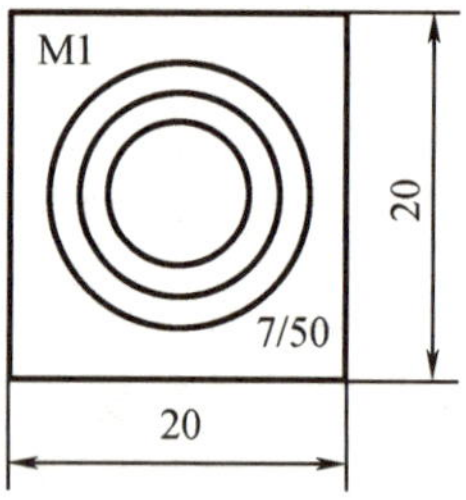
</td></tr>
<tr><td>φ9 mm</td><td>15/50</td></tr>
<tr><td>φ6 mm</td><td>30/50</td></tr>
</table>

注:C 型标准试片可剪成 5 个小试片分别使用。

ⓐA1 型(A2 未退火)试片:由退火电磁软铁制造,磁导率较高,用较小磁场就可磁化;又分为 A1-7/50、A1-15/50、A1-30/50、A1-15/100、A1-30/100、A1-60/100 六种规格,其大小为 20 mm×20 mm。其中 A1-30/100 规格为常用。

ⓑC 型试片:所用材料与 A1 相同,由退火电磁软铁制造;又分为 C-8/50、C-15/50 两种规格。其大小为 10 mm×25 mm(5 mm/块×5 块)。C 试片是当 A1 试片使用不方便时采用的。某种程度上是代替 A1 试片,如焊缝坡口检测。其中 C-15/50 规格为常用。

同厚度标准试片,如果人工缺陷的刻槽浅,则对应的人工缺陷不容易被发现,检测灵敏度就高。

ⓒD 型试片:可认为是小型的 A1 试片,又分为 D-7/50、D-15/50 两种规格。其大小为 10 mm×10 mm。在当 A1 试片使用不方便时为了更准确地推断被检工件表面的磁化状态而使用。

ⓓM1 型试片:属于多功能试片,由三个刻槽深度不同而间隔相等的同心圆人工刻槽组成;观察磁痕显示差异直观;能更准确地推断被检工件表面的磁化状态;又分为 M1-7/50 (φ12 mm)、M1-15/50 (φ12 mm)、M1-30/50 (φ12 mm) 三种规格。其大小为 20 mm×20 mm。

(c)试片使用的注意事项

ⓐ标准试片只适用于连续法检测,不适用于剩磁法检测。

ⓑ根据工件检测面的大小和形状,选取合适的标准试片类型。探伤面大时,可选用 A1 型。探伤面窄小或表面曲率半径小时,可选用 C 型或 D 型,C 型试片可剪成 5 个小试片单独使用。

ⓒ根据工件检测所需的有效磁场强度,选取不同灵敏度的试片。需要有效磁场强度较小时,选用分数值较大的低灵敏度试片;需要有效磁场强度较大时,选用分数值较小的高灵

敏度试片。

ⓓ试片表面锈蚀或有褶纹时，不得继续使用。

ⓔ使用试片前，应用溶剂清洗防锈油。工件表面应磨平，并除去油污。

ⓕ将试片有槽的一面与工件受检面接触，用透明胶纸靠试片边缘贴成“井”字形并贴紧（间隙应小于 0.1 mm），但透明胶纸不得盖住有槽的部位。

ⓖ也可选用多个试片，分别贴在工件上不同的部位，可看出工件磁化后，被检表面不同部位的磁化状态或灵敏度的差异。

ⓗ用完试片后，可用溶剂清洗并擦干。干燥后涂上防锈油，放回原装片袋保存。

②标准试块

（a）用途

ⓐ用于检验磁粉检测设备、磁粉、磁悬液的综合性能（系统灵敏度）。

ⓑ用于考察磁粉检测的试验条件和操作方法是否妥当。

ⓒ用于检测各种磁化电流及磁化电流大小不同时产生的磁场在标准试块上大致的渗入深度。

标准试块不适用于：

ⓐ确定被检工件的磁化规范。

ⓑ考察被检工件表面的磁场方向和有效磁化区。

（b）分类

我国常用试块：B（直流标准环形试块）、E（交流标准环形试块）和自然缺陷标准样件等三种。

ⓐB 型试块（直流标准环形试块）：由铬工具钢钨锰（一般退火的 9CrWMn 钢锻件）制成；硬度 90-95HRB；端面钻有 12 个人工通孔（ϕ1.78 mm）。磁化时，检查应达到灵敏度要求的最少孔数。该试块用于中心导体法、直流磁化、连续法检查。如图 4-6 所示。

ⓑE 型试块（交流标准环形试块）：该试块是个组合件，它由钢环、胶木衬套和铜棒组成。钢环由低碳钢（一般退火的 10#钢锻件）制成。钢环上钻有 3 个 ϕ1 mm 的通孔，使用时，将铜棒夹在交流探伤机的电极夹头间，磁化时观察钢环外表面的磁痕显示。如图 4-7 所示。

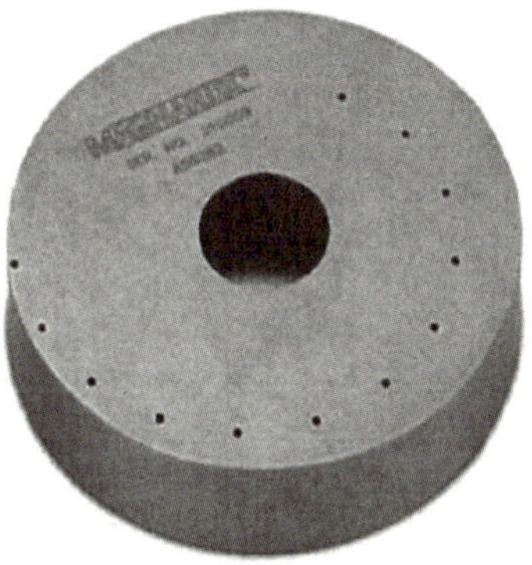

图 4-6　B 型试块

图 4-7　E 型试块

ⓒ自然缺陷标准样件:为了弄清磁粉检测系统是否按照要求的工艺和灵敏度进行工作,直接的途径就是考核磁粉检测工艺系统检出一个或者多个已知缺陷的能力。为此事先选用带有自然缺陷的试件作为试块,该试件(试样)中的缺陷是在以往的磁粉检测中被发现的。自然缺陷标准样件的材料、状态和外形具有代表性。

(2)磁场指示器

磁场指示器(图 4-8)是一种用于表示被检工件表面磁场方向、有效检测区以及磁化方法是否正确的一种粗略的校验工具,但不能作为磁场强度及其分布的定量指示。

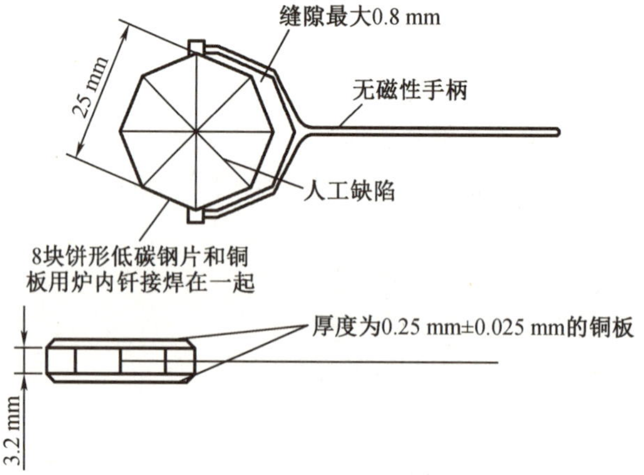

图 4-8 磁场指示器

任务4.3 磁粉检测工艺

问题导入

磁粉检测工艺是保证现代造船企业生产现场对船舶焊接结构实施磁粉检测的技术基础,也是指导磁粉检测技术人员编制磁粉检测工艺规程、磁粉检测工艺卡的重要技术保证。本次任务对磁粉检测工艺规程制订依据和要求、磁粉检测缺陷痕迹分类和评级、磁粉检测工艺卡的编制格式和内容等做出具体规定,是磁粉检测技术人员完成磁粉检测工艺文件编制的重要参照依据。

4.3.1 磁粉检测工艺

磁粉检测的能力(检测灵敏度),取决于所施加的外加磁场大小和缺陷的方向分布,还与缺陷的位置(埋藏深度)、大小和形状等因素有关。因此对被检工件磁化时,当磁场(磁力线)方向与缺陷最大尺寸方向垂直时,此时缺陷处所产生的漏磁场最大,最容易被检测,因而检测灵敏度最高。由于缺陷的位置、方向分布、形状、大小等因素无法人为控制,因而磁粉检测实践中采取合适的磁化方法和磁化工艺是取得一定磁粉检测灵敏度的重要因素。

1. 试件磁化方法

磁粉检测工程实践中,检测人员根据工件的几何形状、尺寸大小和欲发现缺陷方向而在工件上建立的磁场方向,称为磁化方法。实践中根据磁化电流种类、磁化设备及磁化后建立的磁场方向不同有不同的磁化方法。

(1)直流电磁化法和交流电磁化法

①直流电磁化法

焊件被直流电磁化时,采用低电压大电流的直流电源,使被检试件产生方向恒定的电磁场。由于这种磁化方式所获得的磁力线能穿透工件表面的一定深度,能发现距离近表面区较深的缺陷,故其探伤效果较好,但退磁困难。

②交流电磁化法

工件被交流电磁化时,采用低电压大电流的交流电源。由于充磁电流采用频率可变的交流电,所以供电比较方便,而且磁化电流的调整也比较容易,另外,交流电磁化的检测灵敏度比直流电磁化法要高,其退磁运用也比较普遍。

(2)直接通电磁化法与间接通电磁化法

①直接通电磁化法

该法是将被检试件直接通与电流,使试件周围和内部产生周向磁场,适合于检测长条形如棒材或管材等试件。直接通电磁化法的设备比较简单,方法也简便。由于对试件直接通以大电流,所以容易在电极处产生大量的热量使焊件局部过热,导致被检试件材料的内部组织发生变化,影响材料性能,在过热的部位甚至会把被检试件表面烧伤。

②间接通电磁化法

间接通电磁化法就是通过利用探伤仪器等使被检试件自身产生磁场来完成的,这样可以避免直接通电磁化法产生的弊端;同时它可以通过改变线圈的匝数或磁化电流的大小来调整磁化磁场的强度,所以运用比较广泛。

(3)周向磁化法、纵向磁化法、复合磁化法和旋转磁场磁化法

①周向磁化法

周向磁化法又称横向磁化法。磁化后产生的磁力线是在被检试件轴线垂直平面内,而且沿着工件圆周表面分布,磁力线是相互平行的同心圆。这一方法常用来检验被检试件轴线或母线方向平行或夹角小于45°的线性缺陷。常用的周向磁化法有:直接通电法(图4-9)、中心导体法(图4-10)、穿电缆法、触头法(支杆法)(图4-11)等。

②纵向磁化法

被检试件磁化后产生的磁力线与工件的轴线平行。这一方法用来检验与试件或焊缝轴线垂直的缺陷或大于等于45°的线性缺陷。常用的纵向磁化法有:螺线管线圈法、磁轭法(图4-12)等。

③复合磁化法

复合磁化法是一种采用直流电使磁轭产生纵向磁场,用交流电向工件直接通电产生周

向磁场(磁轭中部嵌入一片不导电的绝缘片把磁轭分开),使工件得到有两个互相垂直的磁力线作用而产生的合成磁场的方法;探伤时,必须进行直流纵向磁化,然后进行交流周向磁化,对直流和交流电流进行适当调节,即在工件的每点上,在不同的时间里,得到大小和方向都在变化的磁场强度,从而能发现工件表面上任意方向的缺陷。复合磁化法包括交叉磁轭法(图 4-13)、交叉线圈法和直流线圈与交流磁轭组合等多种方法。

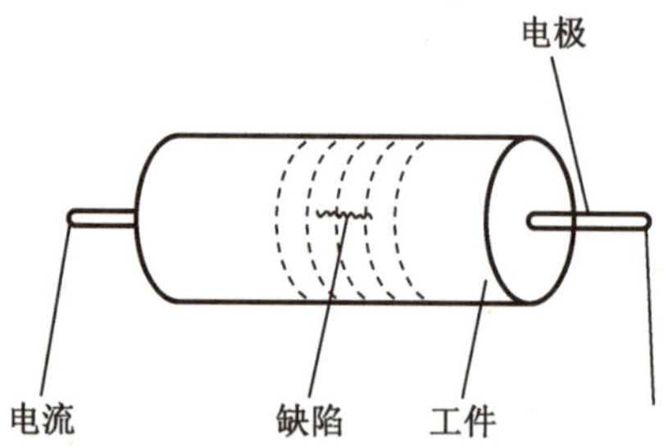

图 4-9　直接通电法

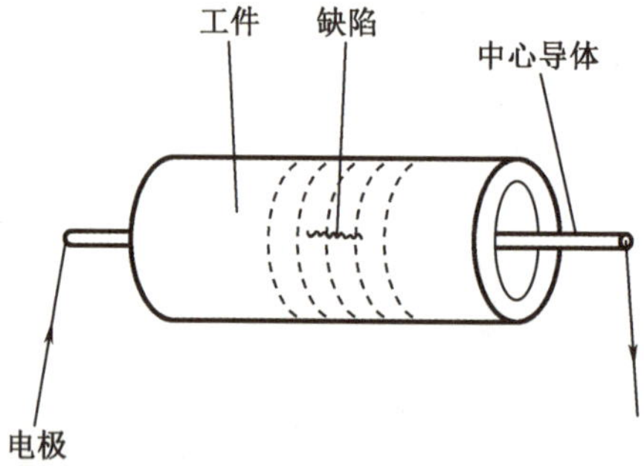

图 4-10　中心导体法

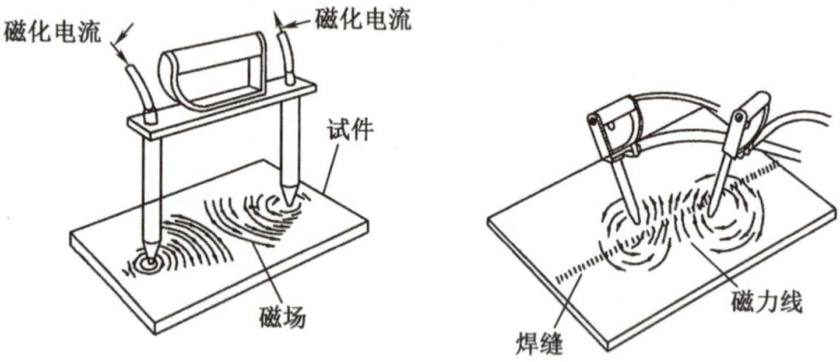

(a)间距固定式触头磁化　(b)间距非固定式触头磁化

图 4-11　触头法

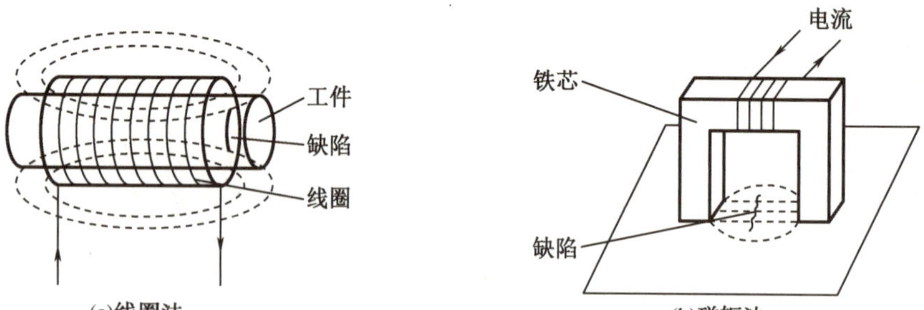

(a)线圈法　(b)磁轭法

图 4-12　线圈法和磁轭法

④旋转磁场磁化法

旋转磁场磁化法是采用相位不同的交流电对工件进行周向和纵向,在工件中就可以产生交流周向磁场和交流纵向磁场。这两个磁场在工件中,产生磁场的叠加后形成复合磁场。由于形成的复合磁场的方向是以一个圆形或椭圆形的轨迹随时间的变化而变化,且磁场的强度保持不变，所以称为旋转磁场。它可以检测被检试件中各种任意方向分布的缺陷。旋转磁场式磁粉探伤机如图4-14所示。

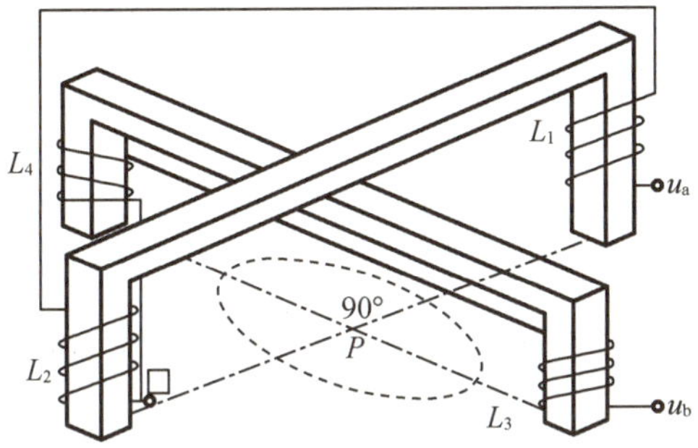

图4-13　交叉磁轭法

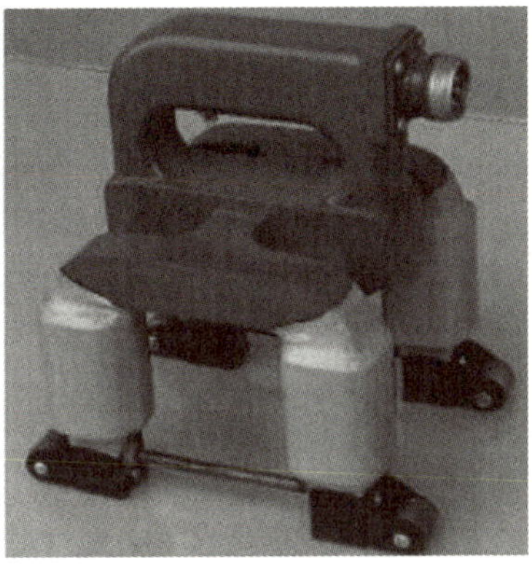

图4-14　旋转磁场式磁粉探伤机

(4)磁化方法的选择

各类被检试件在进行磁粉检测时，应选择合适的磁化方法对被检试件进行磁化。常用的磁化方法有：磁轭法、触头法、线圈法和交叉磁轭法等。具体选择磁化方法时应根据被检试件的结构、大小、缺陷的大致分布等因素综合考虑。

2. 磁化规范的选择

对被检试件进行磁化，选择磁化电流值或磁场强度值所遵循的规则称为磁化规范。磁化规范的正确与否，会直接影响磁粉检测灵敏度。

(1)磁化规范的制订

①制订磁化规范应考虑的因素

首先根据被检工件的材料、热处理状态和磁特性，确定采用连续法还是剩磁法检测，制订相应的磁化规范；还要根据工件的尺寸、形状、表面状态和欲检出缺陷的种类、位置、形状及大小，确定磁化方法、磁化电流种类和有效磁化区，制订出相应的磁化规范。

对每个被检试件制订一个精准的磁化规范进行磁化是困难的。

通过变化磁化电流来调整磁场强度的大小。在确定磁场（磁化电流）大小时，应根据磁化方式、被检焊件本身材料的特点、焊件形状、表面粗糙度情况以及技术条件要求等多方面因素来确定。

②制订磁化规范的方法

(a)磁场测定法

通过磁场测量仪测定是否满足磁化后所建立的磁场大小要求来确定磁化规范是否合适，也可以通过标准试片(或试块)来进行验证。

(b) 计算法

利用被检试件材料的磁特性曲线或者经验公式来确定磁化规范。

(c)磁化背景法

通过现场试验方法：工件磁化饱和状态，表面呈现“苔藓”和“羽毛”状，降低磁场强度使“苔藓”和“羽毛”状消失。

形状复杂的工件，难以用计算法求得磁化规范时，可以把标准试片贴在被磁化工件不同部位，确定大致理想的磁化规范。

(2)常用磁化方法所对应的磁化规范选择

①触头法磁化时的磁化规范

当采用触头法局部磁化工件时，电极间距应控制在 75~200 mm，其检测有效宽度为触头中心线两侧各 1/4 极距。磁化规范选择是根据板厚来计算磁化电流大小。检测时通电时间不应太长，电极与工件之间应保持良好的接触，以免烧伤工件。两次磁化区域间应有不小于 10%的磁化重叠。

磁化电流按表 4-4 进行计算，并经标准试片验证。

表 4-4　触头法磁化时，磁化电流值

工件厚度 T/mm	磁化电流 I/A
<20	(3~4)倍触头间距值
≥20	(4~5)倍触头间距值

注：触头间距以毫米为单位。

②线圈法磁化时的磁化规范

线圈法产生的磁场方向平行于线圈的轴线。其有效磁化区域：低充填因数线圈法为从线圈中心向两侧分别延伸至线圈端外侧各一个线圈半径范围内；中充填因数线圈法为从线圈中心向两侧分别延伸至线圈端外侧各 100 mm 范围内；高充填因数线圈法或缠绕电缆法为从线圈中心向两侧分别延伸至线圈端外侧各 200 mm 范围内。

当偏心放置时，线圈的磁化电流按式(4-1)计算，正中放置时，线圈的磁化电流按式(4-2)进行计算：

$$I=\frac{45\ 000}{N(L/D)}(1\pm0.1) \tag{4-1}$$

$$I=\frac{1\ 720R}{N[6(L/D)-5]}(1\pm0.1) \tag{4-2}$$

式中　I——电流值，单位为安倍(A)；

N——线圈匝数；

L——工件长度的数值，单位为毫米（mm）；

D——工件直径或横截面上最大宽度的数值，单位为毫米（mm）；

R——线圈半径的数值，单位为毫米（mm）。

当采用高充填因数线圈对工件进行磁化时，线圈的磁化电流按式（4-3）进行计算：

$$I=\frac{35\ 000}{N[(L/D)+2]}(1\pm0.1) \tag{4-3}$$

式中所用符号表示的意义与上述相同。

上述式（4-1）、式（4-2）、式（4-3）适用于长径比（L/D）大于等于3的工件。大于长径比小于3的工件，可使用磁极加长块来提高长径比的有效值，或采用灵敏度试片来决定电流值。大于长径比大于10的工件，其长径比取10。线圈法的有效磁化区在线圈内中部，离两端各0.5倍线圈直径的长度范围内。

③磁轭法磁化时的磁化规范

磁轭法磁化时，磁极间距应控制在50～200 mm，检测的有效区域为两极连线两侧各1/4极距的范围内，磁化区域每次应有不少于15 mm的重叠。磁轭法磁化的选择主要是对磁轭提升的选择。一般情况下，当使用直流电磁化时，磁轭至少应有177 N的提升力；使用交流电磁化时，磁轭至少应有45 N的提升力。

采用磁轭法磁化工件时，其磁化规范应经标准试片验证。

（a）磁轭法的提升力

磁轭的提升力大小反映了磁轭对磁化规范的要求，即当磁轭磁感应强度的峰值 B_m 达到一定大小所对应的磁轭吸引力。

对于一定的设备和工件，磁轭的吸引力与铁素体钢板的磁导率、磁极间距、磁极与钢板的间隙及移动情况都有关。

当上述因素不变时，磁感应强度峰值 B_m 与磁轭吸引力有一定的对应关系。但当磁极间距 L 变化时，将使磁感应强度峰值 B_m 随之改变，即讨论提升力大小时必须注明磁极间距。

（b）提升力的测试

用一定质量（重量）的钢板来测试磁轭通电后的电磁提升力。如图4-15所示。

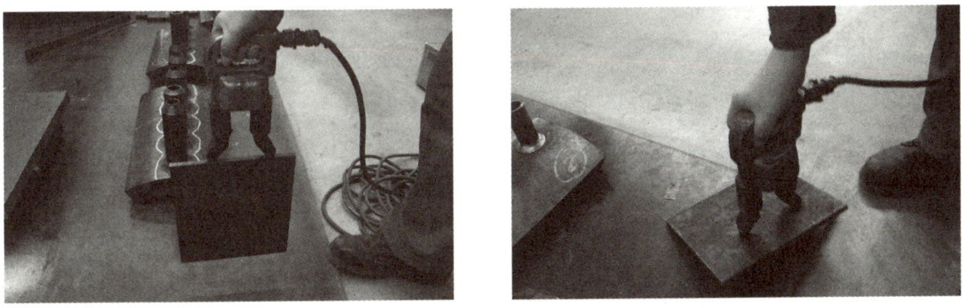

(a)　　(b)

图4-15　电磁提升力测试

当使用磁轭最大间距时，交流电磁轭至少应有 45 N 的提升力；直流电（包括整流电）磁轭或永久性磁轭至少应有 177 N 的提升力；交叉磁轭至少应有 118 N 的提升力（磁极与试件表面间隙为小于等于 0.5 mm）。

3. 磁粉检测过程

磁粉探伤过程包括：预处理、磁化、施加磁粉、检验、记录及退磁等操作过程。

（1）焊件表面的预处理

用机械或化学方法把焊件表面的油污、氧化皮、涂层、焊剂和焊接飞溅物等清理干净以免影响磁粉在焊件表面的流动和漏磁场对磁粉的吸引。在运用干粉法检测时，还应使焊件表面干燥，以免磁粉受潮而无法进行检测。

（2）焊件磁化

首先选择适当的磁化方法及磁化规范，然后，利用磁粉探伤设备使焊件表面带有磁性产生漏磁场准备磁粉探伤。

（3）焊件表面施加磁粉

把磁粉（干粉检验法）或磁悬液（湿粉检验法）均匀地喷洒在焊件表面上。它可分为连续法和剩磁法两种。

①连续法

当焊件开始磁化时就喷洒磁粉或磁悬液，磁化结束后，喷洒磁粉或磁悬液也随之停止，然后进行观察，这种方法称为连续法。

②剩磁法

焊件磁化时不喷洒磁粉或磁悬液，待停止磁化时，立即喷洒磁粉或磁悬液，利用焊件本身残存的剩余磁场检验缺陷，这种方法称为剩磁法。

（4）检验

对磁痕进行观察和分析，非荧光磁粉在明亮的光线下观察，荧光磁粉可在紫外线灯照射下观察。

（5）退磁

使焊件的剩磁为零的过程叫退磁。常用的退磁方法有交流线圈退磁法和直流退磁法两种。

①退磁的必要性

（a）当检测需要多次磁化时，如上一次磁化将会给下一次磁化带来不良影响；

（b）工件的剩磁会对以后的机械加工产生不良影响；

（c）工件的剩磁会对测试或计量装置产生不良影响；

（d）工件的剩磁会对焊接产生不良影响；

（e）其他必要的场合。

②退磁方法

（a）交流线圈退磁法

交流线圈退磁法是利用交流电方向不断发生变化，磁场也随之发生变化并减弱的方法退磁。其具体方法为：

ⓐ把需要退磁的工件放入等于或大于焊件磁化电流的磁化线圈中,利用自动分级开关逐渐减小磁化电流,开关每转一级,电流减少一半,直到电流为零。

ⓑ把焊件放入线圈中,然后缓慢地将焊件从线圈中移出,达到退磁的目的。

(b)直流退磁法

直流退磁法一般采用改变电流的方向(得到反向磁场)及减弱磁化电流的方法来退磁。在直流退磁装置中,反转磁场的频率用时间继电器来调整。磁场频率在0.4~0.6 Hz时,退磁效果较好。在退磁时,必须先减少磁化电流,然后才能反转磁场方向。由于直流磁化比交流磁化穿透得深,因此,直流退磁比交流线圈退磁效果要更好,更完全。

退磁后的焊件要用剩磁测定仪检查退磁效果,或用未被磁化的铁丝或磁粉靠近工件,当不被吸附时,说明退磁效果好。

4.3.2 磁粉检测工艺文件编制

通常磁粉检测工艺文件包括工艺规程和磁粉检测工艺卡。

磁粉检测工艺规程是指包括含磁粉检测的预处理、磁化(选择磁化方法和磁化规范)、施加磁粉或磁悬液、磁痕的观察与记录、缺陷评级、退磁和后处理七个程序的全过程。

1. 磁粉检测工艺规程

(1)适用范围

本磁粉检测工艺规程适用于铁磁性材料制成的船舶结构及其零部件表面、近表面缺陷的无损检测。

(2)编制依据

CB/T 3958—2004《船舶钢焊缝磁粉检测、渗透检测工艺和质量分级》。

(3)人员要求

①磁粉探伤人员应取得国家有关部门颁发的等级资格证书,并从事与其等级相适应的工作。

②探伤人员应无色盲、色弱。近距离视力或矫正后近距离视力不得低于1.0,并且一年检查一次。

(4)检测要求与工艺

①按委托检测单或验收规范确定执行标准

②设备和磁粉

磁粉探伤设备和磁粉必须符合标准的规定。

③检测时机

(a)磁粉探伤应在容易产生缺陷的各道工序(如焊接、热处理、机加工、磨削、矫正和加载试验)以后进行。

(b)对于有产生延迟裂纹倾向的材料,磁粉探伤应安排焊接后24 h进行,对有再热裂纹倾向的焊缝,应在焊后及热处理后各探伤一次。

④表面准备

(a)被检工件的表面粗糙度 *Ra* 不大于12.5 μm。

(b)被检工件表面不得有油脂或其他黏附磁粉的物质。

(c)被检工件上的孔隙在检测后难于清除磁粉时,则应在检测前用无害物质堵塞。

(d)为了防止电弧烧伤工件表面和提高导电性能,必须将工件和电极接触部分清除干净,必要时应在电极上安装接触垫。

⑤磁化规范

根据工件的材料、热处理状态、磁特性、尺寸、形状、表面状态和欲检出缺陷的种类、位置、大小,按标准确定采用连续法还是剩磁法,以及磁化方法、磁化电流种类、有效探伤范围等相关的磁化规范。

⑥施加磁粉

根据工件的磁特性、形状、尺寸、表面状态、磁化方法及探伤环境,按标准选择合适的磁粉和分散剂种类、磁悬液浓度以及施加方法、施加时机。

⑦磁痕的观察

(a)磁痕的观察,必须在磁痕形成后立即进行。

(b)按标准的规定,对缺陷磁痕进行观察、评定记录。

⑧缺陷等级评定

(a)按标准有关规定,对缺陷进行评级。

(b)不合格缺陷应写出返修通知单通知施工方返修。

⑨退磁

(a)当有要求时,工件在检查后应进行退磁。

(b)根据工件的形状、大小按标准选用正确的方法退磁。

⑩复检

当出现下列情况之一时,应进行复检:

(a)检测时,用灵敏度试片验证,检测灵敏度不符合要求。

(b)发现检测过程中操作有误。

(c)合同各方有争议或认为有必要时。

(d)对检测结果有怀疑时。

2. 磁粉检测工艺卡

磁粉检测工艺卡应根据工艺规程的内容和被检工件的检测要求编制操作指导书,其内容除满足CB/T 3958—2004《船舶钢焊缝磁粉检测、渗透检测工艺和质量分级》的要求外,主要考虑并合理选择磁粉探伤方法、工艺参数、检验标准、工件表面状态等。下面给出典型船舶构件(灰罐)磁粉探伤工艺卡的基本格式与内容,如表4-5所示,供实际磁粉检测中参考。

表4-5 灰罐焊缝磁粉检验工艺卡

被检工件	工程名称:灰罐	图号:WSRA159M-13
	工程编号:A159M	规格:$\phi_{外}$ 4 000 mm×5 875 mm
	焊接方法:焊条电弧焊	表面状态:打磨露出金属光泽

表 4-5(续)

探伤器材及参数选择	仪器型号:B310S	灵敏度试片:30/100 的 A 型试片
	检测方法:湿连续法	磁化方法:磁轭法
	磁悬液:黑色水基磁悬液	磁化规范:>45 N
	检测部位:吊耳焊缝及热影响区	检测时机:焊接后 24 h
焊缝编号	DE1、DE2、DE3、DE4	
操作程序	预处理	
	磁化	
	施加磁悬液	
	停止磁化	
	磁痕的观察	
	记录所观察到的磁痕	
	后处理	
技术要求	检测标准:CB/T 3958—2004《船舶钢焊缝磁粉检测、渗透检测工艺和质量分级》	
	合格级别:Ⅰ级合格	
	检测比例:100%	
产品结构示意图	详见探伤清册	
编制人: 日期:		审核人: 日期:

4.3.3 磁粉检测新技术

磁粉检测能直观地显示裂纹、夹杂等缺陷的形状、大小和位置信息,检测灵敏度较高、适应性较好。这种检测方法几乎不受试件大小、几何形状的限制,检测设备相对简单、操作方便、效率高、成本低。但目前磁粉检测技术还存在一些问题:如只能对试件表面和近表面的缺陷进行检测,对于埋藏较深的内部缺陷无法检测;对缺陷的精确定量检测无法实施;直接通电磁化需采用较大的磁化电流,容易灼伤试件且存在磁污染现象;有些试件磁粉检测完成后需要进行退磁处理;检测结果的准确性依赖检测人员的操作技术和经验,目前磁粉检测的结果基本都是由检测人员的人工观测给出缺陷的相关信息,最终检测结果存在误判、漏判的可能性较大;而且不能把现场检测过程进行实时保存等一系列问题。

近年来随着工业自动化技术、通信技术和计算机技术的不断发展,采用先进的图像处理和数据分析技术、更精确的传感器技术,可以更准确地检测出缺陷的相关信息;通过优化结构设计和采用更为先进的集成模块,进一步减轻磁粉检测设备的体积和质量,方便检验人员的携带和操作。综合来看,磁粉检测新技术的发展主要体现在以下几个方面。

1. 磁粉检测数字成像技术

针对目前磁粉检测结果主要依靠检验人员的观察给出评判的事实,可能存在误判、漏判的情况,更不能把现场磁粉检测过程进行实时保存的现状,利用数字成像、图像存储、图像传输、图像处理最新技术，对磁粉检测过程及相关信息进行保存，同时又可以对图像进行处理直接给出检测结果。这一技术对核验检测结果和提高检测效率及准确性有着很大的帮助，对于磁粉检测向着自动化、智能化方向发展有着很大的现实意义。

2. 磁粉检测自动化

一般在进行湿法磁粉检测操作时，检测人员需要一手拿便携式磁粉探伤机进行磁化、一手拿装有磁悬液的喷壶喷洒磁悬液，操作上存在一定的不便且需要随时对喷壶进行摇晃确保磁膏和水混合均匀。采用自动化装置对磁悬液进行配制、搅拌及自动喷洒，利用计算机图像处理软件对自动采集的检测图像进行识别、分析、处理，进而得到准确的检测结果。这可以很大程度上减轻检测人员劳动强度和缺陷漏检率，并提升磁粉检测的效率。

3. 固定式智能磁粉探伤机

对于需要较大磁化电流、外场磁粉探伤的试件，需要把试件放置在固定式磁粉探伤机上进行检测；而目前大多数固定式磁粉探伤机存在功能单一、剩磁不稳定、检测的准确度和灵敏度较低、操作复杂等问题。利用单片机脉冲技术、智能控制技术、数字化技术和 PID 跟踪技术与磁粉检测技术相结合，研制出一种固定式磁粉探伤机，该型磁粉探伤机磁化电流控制精确、剩磁稳定，有效提升了磁粉检测灵敏度并简化了磁粉检测操作步骤，一定程度上满足了对智能磁粉检测的工作要求。

4. 纳米磁性材料

在磁粉检测技术的发展过程中，不仅需要不断改进、提升磁粉检测设备的自动化、智能化水平，而且还需要不断改善磁粉检测材料的性能；其中纳米技术在磁性材料制备中的应用一直在进行发展和创新。目前纳米磁性材料在一些特种试件制造质量的磁粉检测应用还受到其磁特性、粒度、密度、形状和流动性的影响，不能完全应用到实际的磁粉检测实践中，未来随着纳米磁性材料的研制和技术进步，必将推动磁粉检测技术的进步。

总之，随着计算机技术、图像识别处理技术和智能控制技术的发展和进步，磁粉检测及设备、材料和技术也在不断发展和创新，并得到更好的、更为广泛的应用。

任务4.4 船舶焊接质量的磁粉检测实作

问题导入

利用前面所学的磁粉检测原理、磁粉检测设备器材、磁粉检测工艺，借用磁粉检测灵敏度试片完成磁粉检测基本操作训练；以评价磁粉检测理论与实践结合程度，加深对磁粉检测技术与操作技术的掌握。通过对典型焊接结构的磁粉检测实例分析，来进一步熟悉如何把磁粉检测理论、技术与磁粉检测工程实践结合、应用到一起。

4.4.1　磁粉检测基本操作技能训练

磁粉检测目前主要是检测人员通过手工或者半自动操作来实施检测的。因此磁粉检测人员的操作技能及操作中的注意事项对最终的检测结果具有十分重要的指导意义。下面利用灵敏度试片进行磁粉检测基本操作训练，通过训练，磁粉检测人员将进一步熟悉并掌握磁粉检测操作技能、了解其操作注意事项等。

1. 灵敏度试片

为验证被检工件是否达到所要求的探伤灵敏度，应采用灵敏度试片。在灵敏度试片上刻有人工缺陷，能用磁粉显示，显示的磁痕直观，使用简便。用它可以考核磁化方法与磁化规范、磁粉和磁悬液的性能、操作方法正确与否等综合指标。

灵敏度试片有 A、B、C 三种类型。

(1) 灵敏度试片的结构及应用

A 型灵敏度试片如图 4-16 所示，用于零部件的磁粉探伤，在检查中，对几何形状复杂，不同材质的工件，可以正确地选择磁化规范，并可检查探伤设备，磁粉和磁悬液的性能，在磁粉探伤操作过程中，可以避免漏检，正确地知道探伤工作所需的电流峰值和方向，并对显示缺陷的磁场强度有所估量。它是磁粉检测工作者必备的调试工具。其特点是试片用于磁粉显示，图像直观，使用简便。对各类零件(试件)所有方向的磁场，尤其检查形状复杂的零件时，表现出其独特的优点。

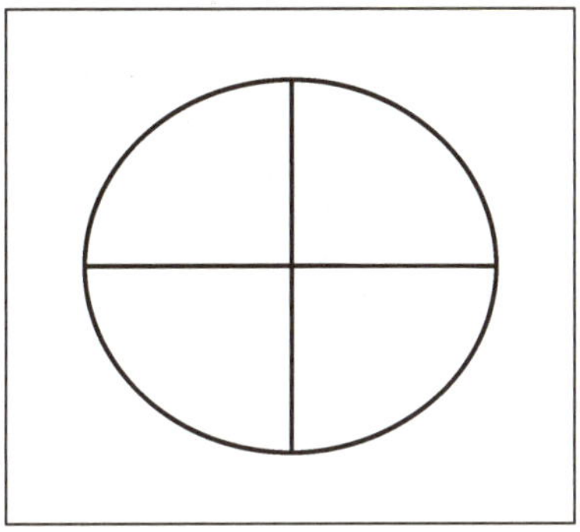

图 4-16　A 型灵敏度试片

试片#1(15/100)适用于高灵敏度探伤，规格为(11-12)D;#2(30/100)适用于中灵敏度探伤，规格为(8-9)D;#3(60/100)适用于低灵敏度探伤，规格为(5-6)D。括号中分子为槽深，分母为试片厚度，单位为微米，D 为工件直径。

(2) 灵敏度试片的使用方法

选择适当灵敏度的试片，将刻有槽的一面用胶带纸紧密地贴在工件上。外加磁场对工件进行磁化，并在试片上浇以磁悬液或喷磁粉(磁化规范由低档逐渐提高，以显示磁痕为界，即是磁化电流)。上述步骤完毕后，贴在工件表面上的试片，即可清楚显示磁痕。

注意事项：

①灵敏度试片使用前，应用溶剂清洗防锈油。工件表面应打磨平，并除去油污。

②将灵敏度试片有槽(人工缺陷)的一面与工件受检面接触,用透明胶纸靠试片边缘贴成“井”字形并贴紧(间隙应小于0.1 mm),但透明胶纸不得盖住有槽的部位。

③也可选用多个灵敏度试片,同时分别贴在工件上不同的部位,可看出工件磁化后,被检表面不同部位的磁化状态或灵敏度的差异。

④用完灵敏度试片后,可用溶剂清洗并擦干。干燥后涂上防锈油,放回原装片袋保存。

⑤灵敏度试片有褶皱不平或破裂,会影响探伤灵敏度,不宜继续使用。

2. 利用A型灵敏度试片实施磁粉检测基本操作训练

(1)检验操作工具及试剂

①A型灵敏度试片若干;

②钢板(10×200 mm×400 mm)若干;

③黑磁粉0.5 kg;

④喷壶若干;

⑤B310S交流磁轭式磁粉探伤机5台,如图4-17所示;

⑥塑料布。

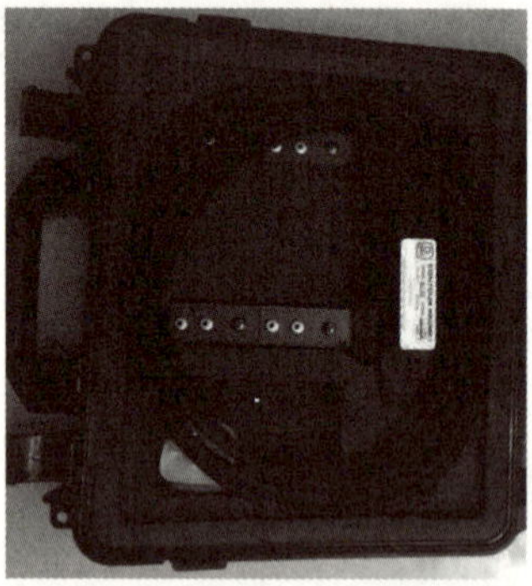

图4-17　B310S交流磁轭式磁粉探伤机

(2)学生分组

学生每4~6人一组,在教师指导下开展分组训练。

(3)操作步骤

①把黑磁膏和水,按比例配制磁悬液;

②将相应规格的灵敏度试片放在钢板上面,反面(没有表面缺陷的一面)朝上,并进行表面清洗,如图4-18所示。

③测试B310S交流磁轭式磁粉探伤机的提升力;分析其是否满足规定的磁化规范要求。

④磁化处理。合理地进行磁化操作,尽可能建立复合磁场,每次磁化的通电时间为0.5~2 s,磁化间歇时间不超过1 s。

图 4-18　放好灵敏度试片并对其检测面进行清洗

⑤采用连续法检测时,可以边磁化边喷洒磁悬液。

⑥磁痕的观察。缺陷磁痕的观察应在磁痕形成后立即进行。

⑦记录磁粉检测相关数据,根据检测标准,给出检测结果,如图 4-19 所示。根据磁痕显示的结果,人工缺陷(灵敏度试片上的圆环和十字)显示清晰、完整;说明本次磁粉检测基本操作训练的设备、器材、磁粉检测工艺及操作符合要求,达到了检测灵敏度的要求。

图 4-19　磁痕显示结果

⑧退磁处理。

⑨后处理。清理好磁粉检测现场,整理好设备和器材。

(4)检验结果的分析与处理

①与完整缺陷比较真实磁痕显示结果。

②分析、比较影响检测结果的因素。

(5)操作安全注意事项

①注意 B310S 交流磁轭式磁粉探伤机的正确接线,注意检查通电电缆的绝缘情况。

②按规范进行操作。

③注意安全防护(手与身体不接触带电体)。

④磁悬液喷洒时注意个人与环境的防护。

4.4.2 船舶焊接结构的磁粉检测

磁粉检测基本操作训练

1. 船舶结构无损检测概述

船舶无损检测主要是针对船体结构和动力装置的检测，包括构件加工质量、船体装配质量和船体焊接质量的检测及密闭性试验等。

检测方法的选用在船舶建造规范中做了原则规定，并在船舶施工设计图纸上有明确的要求。中国船级社(CCS)在许多具体的制造规范(如《材料与焊接规范》《焊接检验指南》等)中对检测时机、检测部位、检测方法及验收要求等都有明确的规定。

分段制造中主要以超声检测为主，大合拢焊缝则以射线检测为主，表面无损检测在各部分检测中都有应用，具体检测方法以目视检测(外观质量检验)、磁粉检测和渗透检测为主。

在船舶建造过程中，验船师和船东有权提出修改相应的无损检测方法，但需与船舶制造企业协商。

2. 船舶焊接结构件的磁粉检测

(1)船舶焊接结构件磁粉检测的内容与检测实例

①磁粉检测内容与范围

磁粉检测内容为焊接接头，包括焊缝、熔合线和热影响区。

②船舶焊接结构件磁粉检测实例

(a)焊前对坡口加工质量检测

焊前对坡口加工质量检测包括坡口面和钝边区域的检测。一般采用触头法检测：利用触头法沿坡口纵长方向通电磁化，最有利于检测与电流方向平行的分层和裂纹。

(b)焊接过程中的检测

焊接过程中的检测包括层间清理质量检测和电弧气刨面质量检测。

层间清理质量检测时，温度太高时不能检测；一般采用湿法磁粉检测或者应用高温磁粉干法检测。

电弧气刨面质量检测(清根和返修时)可采用交叉磁轭法检测。

(c)焊后质量检测

焊后质量检测对象是焊接结构件中相应的焊缝及其热影响区，热影响区的宽度大约为焊缝宽度的一半。因此，要求检测的宽度应为两倍焊缝宽度。焊缝检测的目的主要是检测检验区内是否存在焊接裂纹等焊接缺陷。

船舶焊接结构件如果采用的是自动焊接，由于自动焊焊缝表面光滑，可直接进行磁粉检测；如采用的是手工焊或半自动焊，则焊缝表面较为粗糙，应先进行表面清理再进行磁粉检测。高强度的结构钢，焊后有延迟裂纹倾向的，则在焊后 24 h 或者 2~3 天后再进行磁粉检测，以免造成缺陷漏检。

(d)机械损伤部位的检测

在船舶结构组装过程中，有时往往需要在船舶结构焊接件的某些位置焊上临时性的吊耳和卡具，施焊完毕后要割掉，在这些表面损伤部位有可能产生裂纹，需要安排无损检测。这种损伤部位的面积不大，一般为几平方厘米到十几平方厘米，采用磁粉检测较为方便灵活，且检测效率也较高。

(2)磁粉检测方法选择

大型船舶焊接结构件多使用便携式磁粉检测设备来检测；小型船舶焊接件可用固定式磁粉检测设备来检测。

一般根据焊接件的结构形状、尺寸、检测的内容和范围等具体情况来选择磁粉检测方法。合理采用磁轭法、触头法、绕电缆法、交叉磁轭法来检测。

①常见船舶焊接结构件的磁粉检测

常见船舶焊接结构件可采用磁轭法、触头法、绕电缆法、交叉磁轭法来检测。其中磁轭法是船舶焊接结构件上相应的焊缝磁粉检测中最主要的方法。

(a)如果被检工件的曲率半径太小，采用磁轭法和交叉磁轭法不能保证磁极和工件的良好接触，例如小直径的管子对接焊缝，此时则应采用触头法和电缆缠绕法磁化。

(b)对接焊缝的检测：曲率半径大时，可用磁轭和交叉磁轭，要保证磁极与工件表面良好接触。如图 4-20 所示。

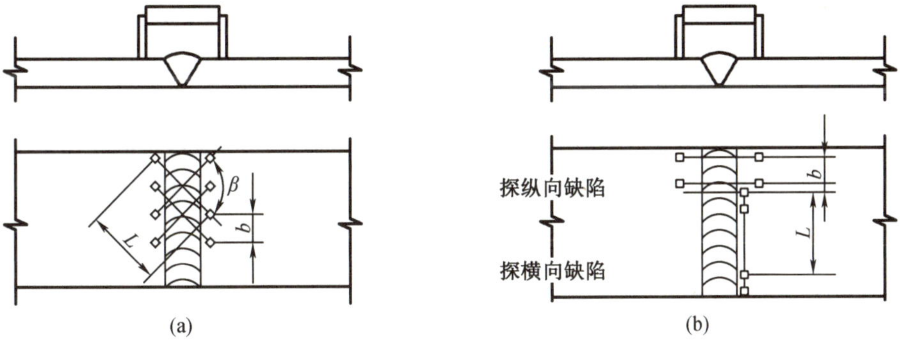

图 4-20　对接焊缝的磁轭法磁化

(c)T 型焊接接头的磁粉检测：可用带有活动关节的电磁轭或触头法磁化。如图 4-21 所示。

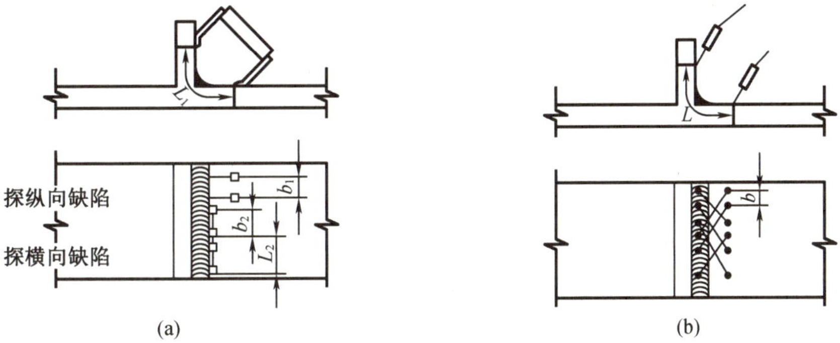

图 4-21　T 型焊接接头的电磁轭或触头法磁化

(d)角接接头的磁粉检测通常采用触头法，应注意工件过热和打火烧伤。当工件曲率半径较大时，可用磁轭法，但要保证接触良好。如图 4-22 所示。

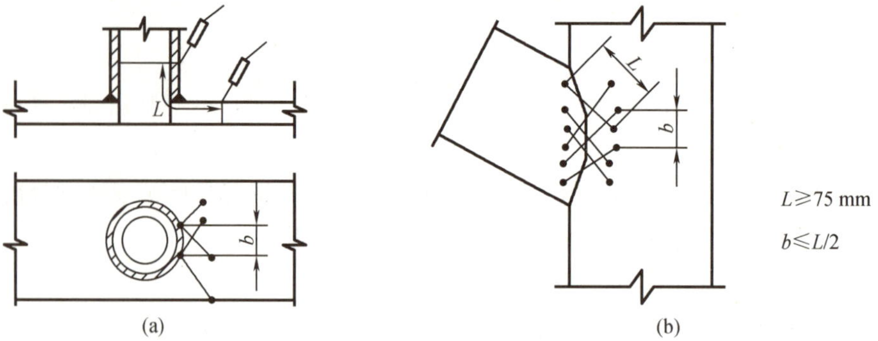

图 4-22　角接接头的磁轭法或触头法磁化

(e)管-板角焊缝和管-管角焊缝的磁粉检测:对于管-板角焊缝和管-管角焊缝的纵向缺陷可用绕电缆法检测,如图 4-23 所示。该方法一次可检测所有的纵向缺陷,并且非电接触,方法简单,灵敏度高。应控制焊缝与电缆之间的间距 a,一般有 20 mm≤a≤50 mm,同时采用标准试片确认磁化规范。

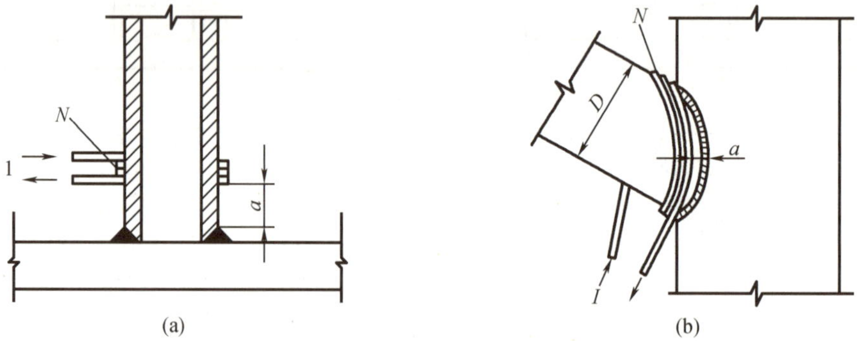

图 4-23　管-板角焊缝和管-管角焊缝的绕电缆法磁化

②使用交叉磁轭时应注意的问题

(a)磁极端面与工件表面的间隙不宜过大。

(b)交叉磁轭的行走速度要适宜;与其他方法不同,使用交叉磁轭时通常是连续行走检测。而从检测效果来说,连续行走检测比固定不动检测不仅效率高,而且可靠性高。只要操作无误,不会造成漏检。

交叉磁轭相对于工件做相对移动,也就是磁化场随着交叉磁轭在工件表面移动。对于在工件表面有效磁化场内的任意一点来说,始终在一个变化着的旋转磁场作用下,因此在被探面上任意方向的裂纹都有与有效磁场最大幅值正交的机会,从而得到最大限度的缺陷漏磁场,这就是使用交叉磁轭旋转磁场探伤的独特之处,是其他磁化方法所不及的。

交叉磁轭行走速度最快不超过 4 m/min,灵敏度和行走速度应根据标准试片上的磁痕显示来确定。

(3)磁悬液的喷洒原则

为了避免磁悬液的流动而冲刷掉缺陷上已经形成的磁痕,并使磁粉有足够时间聚集到缺陷处,喷洒磁悬液的原则是:在检测横缝时,磁悬液应喷洒在行走方向的前上方;在检测纵缝时,磁悬液应喷洒在行走方向的正前方,如图 4-24 所示。

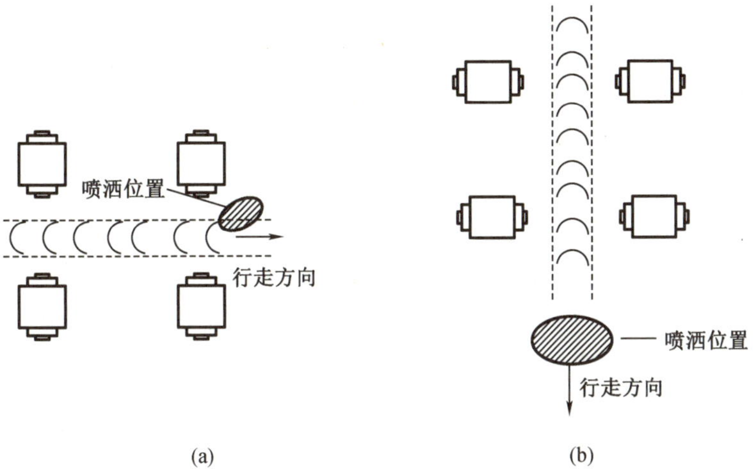

图 4-24 磁悬液的喷洒要求

(4)磁痕的观察

观察磁痕应在磁轭通过后尽快进行。用交叉磁轭检测时通常是在交叉磁轭通过检测部位之后,尽快观察辨认有无缺陷磁痕,以免磁痕显示被破坏。

①缺陷磁痕的观察应在磁痕形成后立即进行。

②非荧光磁粉检测时,缺陷磁痕的评定应在可见光下进行,且工件被检表面可见光照度应大于等于 1 000 lx;现场检测时,由于条件所限可见光照度应不低于 500 lx。

③荧光磁粉检测时,缺陷磁痕的评定应在暗黑区黑光灯激发的黑光下进行,工件被检表面的黑光辐射照度应大于或等于 1 000 $\mu W/cm^2$;暗黑区室或暗处可见光照度应不大于 20 lx。

④检测人员进入暗区至少 5 min 后进行荧光磁粉检测,观察时不应佩戴对检测结果评判有影响的眼镜或滤光镜。

⑤除能确认磁痕是由于工件材料局部磁性不均或操作不当造成的之外,其他磁痕显示均应作为缺陷磁痕处理。为辨认细小的磁痕显示,观察时应辅以 2~10 倍的放大镜。

⑥对于荧光磁粉检测,每次检测前,应采用黑光辐光照度计对被检测表面的黑光辐照度进行核查,采用光照度计对周围环境的白光亮度进行核查;对于非荧光磁粉检测,每次检测前,应采用光照度计对周围环境的白光亮度进行核查。

(5)磁痕的记录

根据磁粉检测实际需要和现场检测条件,可以采用照相、画示意图、描拓和覆膜以及其他记录方法进行缺陷指示的记录。

①书面记录:详细记录磁痕显示的尺寸和位置,绘制零件草图,在草图上标出磁痕显示的情况。

②照相法:磁痕显示和刻度尺一起照相。

③透明胶纸复印法:将透明胶纸贴在磁痕显示处,仔细按压后再揭下,把带有磁痕显示

的胶纸再贴在白纸上。

④覆膜法:将一种涂层材料喷射到零件表面,待涂层干燥后,从零件上剥离下来,膜层就留有磁痕显示并可保留。

(6)船舶焊接结构件磁粉检测工艺流程

①船体焊接结构中所有的焊缝,都需要经外观目视检查合格,再按相应船舶建造规范要求对规定部位进行磁粉检测。

②磁粉检测前的准备:按照相关磁粉检测标准要求,完成磁粉检测前对检测面的处理、磁悬液的配置、磁粉检测设备磁化规范的设置或者校验等相关准备工作。

③磁粉检测操作:按照相关磁粉检测标准要求,结合被检船舶焊接结构件的形状、尺寸、检测面的特点,合理选择磁化方法并进行磁化操作,按规定要求喷洒磁悬液。

④磁痕观察与焊缝质量评定:磁粉检测操作后,立即进行磁痕的观察与记录;按照标准规定,给出被检船舶焊接结构件的质量检测结果。

⑤提交被检船舶焊接结构件相应焊缝的磁粉检测报告。

4.4.3 船舶焊接结构件的磁粉检测结果分析与检测报告

磁粉检测操作之后,检测人员正确地检测和判断磁痕是极为重要的,它直接影响磁粉检测结果的准确性。在磁粉检测实践中,磁粉检测人员根据相关检测标准,对照所检测出的磁痕来分析判别所检出缺陷的性质、大小及数量,最终提交被检船舶焊接试件对应焊缝的磁粉检测报告。对照船舶焊接结构件相关磁粉检测标准:CB/T 3958—2004《船舶钢焊缝磁粉检测、渗透检测工艺和质量分级》,对磁痕的分类、缺陷性质判别及焊缝质量分级进行分析。

1. 磁粉检测质量分级

(1)磁痕分类

①磁痕显示分为相关显示、非相关显示和假显示。

②长度与宽度之比大于 3 的磁痕,按条状缺陷指示;长度与宽度之比不大于 3 的磁痕,按圆形缺陷指示。

③长度小于 0.5 mm 的磁痕不计。

④两条或两条以上磁痕在同一直线上且间距不大于 2 mm 时,按一个缺陷指示处理,其长度为其中各条指示长度之和加间距之和。

⑤缺陷指示长轴方向与工件(轴类或管类)轴线或母线的夹角大于或等于 30°时,按横向缺陷处理,其他按纵向缺陷处理。

⑥长度小于 0.5 mm 的磁痕忽略不计。

(2)磁粉检测中焊接缺陷性质的判断

①裂纹

裂纹的磁痕轮廓角分明,对脆性开裂多呈现为粗而平直,对于塑性开裂多呈现为一条曲折的线条,或者在主裂纹上产生一定的分叉,它可连续分布,也可断续分布,中间宽而两边较尖细。

②发纹

发纹的磁痕呈直线或曲线状短线条。

③条状夹杂

条状夹杂物的分布没有一定规律。其磁痕不分明，具有一定宽度，磁粉堆积比较低而平坦。

④气孔和点状夹杂

气孔和点状夹杂的分布没有一定的规律，可以单独存在也可以密集成链状存在。磁痕的形状与缺陷的形状有关，具有磁粉堆积比较低而平坦的特点。

(3)磁粉检测后对应的焊缝质量分级

①不允许存在下列缺陷

(a)任何裂纹。

(b)任何未熔合。

(c)任何长度大于 3 mm 的线状缺陷指示。

(d)任何单个缺陷长度或者宽度大于或等于 4 mm 的圆形缺陷指示。

②缺陷指示等级的评定

按照表 4-6 进行评定，评定区尺寸为 35 mm×100 mm，评定区选在缺陷指示最密集的部位。

表 4-6　缺陷指示的等级评定

评定区尺寸/mm	等级	缺陷指示累计长度/mm
35×100	Ⅰ	<0.5
	Ⅱ	0.5~2.0
	Ⅲ	>2~4
	Ⅳ	>4~8
	Ⅴ	>8

2. 磁粉检测报告

探伤报告是根据磁粉检测实际操作时所记录的相关内容整理成正式文件，磁粉检测报告除符合 CB/T 3958—2004《船舶钢焊缝磁粉检测、渗透检测工艺和质量分级》的规定外，还应包括以下内容：

(1)委托单位、报告编号

(2)焊接件名称及编号、焊缝尺寸

(3)被检工件草图、被检区域及缺陷记录

(4)焊缝基本情况(母材材质、表面状况、焊接方法、焊缝长度)

(5)执行标准和验收等级

(6)磁粉检测设备(型号、名称)

(7)灵敏度试片

(8)磁化过程

(9)工件磁化方式

(10)磁化电流(交流、直流)

(11)磁场方向

(12)磁场强度(磁场强度、提升力、磁化电流和持续时间)

(13)磁粉种类和浓度

(14)缺陷记录(磁痕评定、缺陷性质)

(15)质量评定结果

(16)检测人员、审核人员等级和签字

(17)检测日期及审核日期

表 4-7 给出通用磁粉检测报告的基本格式与基本内容,仅供参考。

表 4-7　磁粉检测报告

<table>
<tr><td colspan="2">工程编号:</td><td colspan="2">工程名称:</td><td colspan="3">焊件名称:</td></tr>
<tr><td colspan="2">仪器型号:</td><td colspan="2">检测标准:</td><td colspan="3">合格级别:</td></tr>
<tr><td colspan="2">磁化方法:</td><td colspan="2">磁极间距:</td><td colspan="3">磁化时间:</td></tr>
<tr><td colspan="2">磁粉种类:</td><td colspan="2">灵敏度:</td><td colspan="3">钢号:</td></tr>
<tr><td colspan="2">检测温度:</td><td colspan="2">表面状态:</td><td colspan="3">数量:</td></tr>
<tr><td>焊缝编号</td><td>规格/mm</td><td>缺陷位置</td><td>最大缺陷
尺寸/mm</td><td>缺陷数量</td><td>缺陷性质</td><td>级别</td></tr>
<tr><td>1</td><td></td><td></td><td></td><td></td><td></td><td></td></tr>
<tr><td>2</td><td></td><td></td><td></td><td></td><td></td><td></td></tr>
<tr><td></td><td></td><td></td><td></td><td></td><td></td><td></td></tr>
<tr><td></td><td></td><td></td><td></td><td></td><td></td><td></td></tr>
<tr><td>END</td><td></td><td></td><td></td><td></td><td></td><td></td></tr>
<tr><td colspan="7">示意图</td></tr>
<tr><td colspan="7">检测员:</td></tr>
</table>

3. 磁粉检测归档资料的保存

磁粉检测归档资料包括磁粉检测工艺卡、焊件磁粉检测原始记录、磁粉检测报告,其保存期按照如下规定:

①制造委托检验:长期;

②定期检验:检验周期内且不少于 7 年;

③年度检验及其他：不少于 7 年。

思考与练习

一、名词解释

磁力检测　　灵敏度试片　　周向磁化　　磁粉检测工艺规程　　磁粉检测工艺卡

二、问答题

1. 磁粉检测方法有哪些？
2. 焊件的磁化方法有哪些？
3. 影响漏磁场的因素有哪些？
4. 磁粉检测设备有哪几类？其应用有何差别？
5. 磁粉检测时，缺陷显示痕迹（磁痕）分为哪几类？
6. 简述磁粉检测基本工艺流程。
7. 简述磁粉检测新技术发展方向。

三、单项选择题

1. B310S 交流磁轭式磁粉探伤机的最小磁化规范是（　　）N。

A. 45　　B. 55　　C. 65　　D. 75

2. 下列无损检测方法代号中属于磁粉检测的是（　　）。

A. UT　　B. MT　　C. RT　　D. PT

3. 下列操作不属于磁粉检测操作步骤的是（　　）。

A. 磁痕的观察与记录　　B. 退磁处理

C. 中间清洗　　D. 磁化处理

4. 对于钢结构焊缝中的横向裂纹的磁粉检测最好采用（　　）。

A. 周向磁化　　B. 纵向磁化　　C. 复合磁化　　D. 旋转磁场磁化

四、判断题

1. 焊接质量检测之前一定要熟悉所遵循的检验标准。（　　）
2. 所有焊接结构磁粉检测后都需要进行退磁处理。（　　）
3. 磁粉检测工艺卡的编制内容不包括磁粉检测时机的明确。（　　）
4. 磁粉检测主要用于钢制焊接结构表面裂纹的检测。（　　）
5. 磁粉检测中一般使用黑磁粉来配制磁悬液。（　　）

项目5

船舶焊接质量的超声波检测

问题导入

超声波检测是利用超声波在物体中的传播、反射和衰减等物理特性来检测材料内部缺陷的一种无损检测方法，是对焊接结构特别是对船舶焊接结构实施无损检测的主要技术手段，也是当今发展非常迅速的无损检测方法之一。超声波检测可以检验金属材料、部分非金属材料的内部缺陷，如焊缝中的裂纹、未熔合、未焊透、夹渣、气孔等缺陷。超声波检测具有灵敏度高、设备轻巧、操作简便、探测速度快、成本低、对人体无害等优点；但对缺陷进行定性和定量的准确判定比较困难。本次任务主要针对超声波检测的原理、方法及工艺进行学习，初步掌握模拟式超声波检测设备操作、数字式超声波检测设备操作，熟悉典型船舶焊接结构超声波检测工艺文件编制及常用的直接接触法超声波检测方法的应用。

任务5.1 超声波检测的原理与方法

背景介绍

1929 年，苏联的 S. Y. Sokolov 和德国的 Q. Muhlhauser 首先提出用超声波以穿透法来寻找金属中隐藏的不连续性。

20 世纪 60 年代，超声检测仪在灵敏度、分辨率和放大器线性等主要性能上取得了突破性进展，焊缝检测问题得到了很好的解决。脉冲回波技术至今仍是通用性最好、使用最广泛的一种超声检测技术。在此基础上，超声检测发展为一个有效而可靠的无损检测手段，并得到了广泛的工业应用。

20 世纪 70 年代，英国人 M. G. Silk 提出衍射时差法超声检测法(TOFD)。TOFD 是一种利用超声波衍射现象、利用缺陷端点的衍射波信号检测或测定缺陷尺寸的超声检测技术，近几年来在欧美等西方发达国家开始广泛应用。

20 世纪 80 年代以来，超声波检测设备得到快速发展，逐渐发展了自动检测系统，配备了自动报警、记录等装置，发展了B型显示和C型显示。与此同时，对缺陷的定性定量评价的研究得到了较大的进展，利用超声波技术进行材料特性评价也成了重要的研究方向。

随着电子技术和计算机技术的发展，超声检测设备不断向小型化、智能化方向改进，并于20世纪80年代末出现了数字式超声仪器。目前，数字式仪器已日益成熟，正逐渐取代模拟式仪器成为主流产品。超声波检测技术也得到飞速发展，如超生三维成像、导波技术、相控阵超声波检测技术等。

5.1.1　超声波检测的原理

1.超声波检测的物理基础

超声波是频率大于20 000 Hz的声波，属于机械波。在金属检测中适用的超声波，其频率为0.5~10 MHz，其中2~5 MHz为最常用的超声波频率。

(1)机械振动

①机械振动

质点(机械或者部件)不停地在平衡位置附近往复周期性的运动，叫机械振动。

②机械振动的物理量

(a)振动周期 T

振动质点完成一次全振动所需的时间，称为振动周期，单位：秒(s)或微秒(μs)。它是描述质点振动快慢的物理量。

(b)振动频率 f

振动质点在单位时间内完成全振动的次数，称为振动频率，单位：赫兹(Hz)，千赫(kHz)，兆赫(MHz)。

周期和频率互为倒数关系，即 $T=1/f$，也是描述质点振动快慢的物理量。

(c)振幅 A

振动体(或质点)离开平衡位置的最大距离，叫作振动的振幅，用 A 表示。

(2)机械波

①机械波的产生

在弹性介质中的一个质点的振动就会引起邻近质点的振动，邻近质点的振动又会引起较远质点的振动，于是振动就以一定的速度由近及远地向各个方向传播开来，从而就形成了机械波。

振动的传播过程为波。波又分为机械波和电磁波。

(a)机械波是机械振动在弹性介质中的传播过程，如水波、声波、超声波等。

(b)电磁波是交变电磁场在空间的传播过程。

②产生机械波的条件

(a)要有做机械振动的波源。

(b)有能传播机械振动的弹性介质。

③波长、频率和波速

(a)波长 λ：同一波线上相邻两振动相位相同的质点间的距离，用 λ 表示。常用单位为毫米(mm)或米(m)。

(b)频率 f:波动中,任一点在 1 s 内所通过的完整波个数。波动频率在数值上同振动频率,单位为赫兹(Hz)。

(c)波速 C:波动中,波在单位时间内所传播的距离,用 C 表示。常用单位为米/秒(m/s)或千米/秒(km/s)。

(d)三者关系:

$$C=\lambda f \text{ 或 } \lambda=C/f$$

由上式可知,波长与波速成正比,与频率成反比。当频率一定时,波速愈大,波长就愈长;当波速一定时,频率愈低,波长就愈长。

一般认为超声波探伤中能探测到的缺陷尺寸为 $\lambda/2$,显然,要想检测到更小的缺陷,就必须提高超声波的频率。

(3)超声波及其性质

①次声波、声波和超声波

次声波、声波、超声波都是在弹性介质中传播的机械波,同一波型在同一介质中传播的速度相同,它们的区别在于频率不同。次声波、声波和超声波的区分点是频率不同。

(a)能引起听觉的机械波称为声波,频率为 20~20 000 Hz。

(b)频率低于 20 Hz 的机械波称为次声波。

(c)频率高于 20 000 Hz 的机械波称为超声波。

②超声波的性质

(a)方向性好:像光波一样具有良好的方向性,可以定向发射。

(b)能量高:超声波的能量(声强)与频率的平方成正比。

(c)不同的波形:超声波同声波一样,通过介质时,根据介质质点的振动方向与波的传播方向的相互关系的不同,超声波有不同的波型。

ⓐ纵波(L)。

纵波是声波在介质中传播时,质点的振动方向和波的传播方向相同的波。凡能承受拉伸或压缩应力的介质都能传播纵波。所以,纵波可以在固体、液体和气体中传播。其应用最广泛,适合于检测与工件表面平行的不连续性缺陷。

ⓑ横波(S)。

横波是声波在介质中传播时,质点的振动方向和波的传播方向垂直的波。横波只能在固体中传播,不能在液体和气体中传播。其应用广泛,适合于检测与工件表面倾斜的不连续性缺陷。横波声速约为纵波声速的一半。

ⓒ表面波(R)。

仅在固体表面传播且介质表面质点做椭圆运动的声波(椭圆的长轴垂直于声波传播方向,短轴平行于声波传播方向)称之为表面波。表面波只能在固体表面传播。表面波的能量随传播深度的增加而迅速减弱。在实际探伤中,表面波常用来检验焊件表面裂纹及渗碳层或覆盖层的表面质量;一般认为,表面波检测只能发现距工件表面两倍波长深度范围内的缺陷。

ⓓ板波。

在板厚与波长相当的薄板中传播的波,称为板波。根据质点的振动方向不同可将板波分为 SH 波和兰姆波。

板波应用较广泛,主要用于薄板或薄管的分层、裂纹以及复合材料的结合状态检测。

普通船舶焊接件焊缝质量的超声波检测中通常选择横波来进行检测。

表 5-1　各种波的性质对比

波的类型		质点振动特点	传播介质	应用
纵波		质点振动方向平行于波传播方向	固、液、气体	钢板、锻件探伤等
横波		质点振动方向垂直于波传播方向	固体	焊缝、钢管探伤等
表面波		质点做椭圆运动,椭圆长轴垂直于波传播方向,短轴平行于波传播方向	固体表面,且固体的厚度远大于波长	钢管探伤等
板波	对称型(S 型)	上下表面:椭圆运动,中心:纵向振动	固体	厚度为几个波长的薄板
	非对称型(A 型)	上下表面:椭圆运动,中心:横向振动		

(d)穿透能力强

超声波在大多数介质中传播时,能量损失小,传播距离大,穿透能力强,在一些金属材料中穿透能力可达数米,这是其他检测方法无法比拟的。

③超声波在异质界面透射、反射、折射和波型转换

(a)超声波垂直入射异质界面时的透射、反射和绕射

当超声波从一种介质垂直入射到第二种介质时,其能量的一部分被反射而形成与入射波方向相反的反射波,其余能量则透过界面产生与入射波方向相同的透射波。如图 5-1 所示。

超声波垂直入射的声阻抗相差很近的界面时,几乎全透射,无反射。

在焊缝的超声波检测中,母材和填充焊缝金属声阻抗非常接近,若没有任何缺陷,是不会产生界面回波的,全部透射进入第二介质。超声波检测中,探头与工件间如不施加耦合剂,则形成固/气界面,超声波无法进入工件。

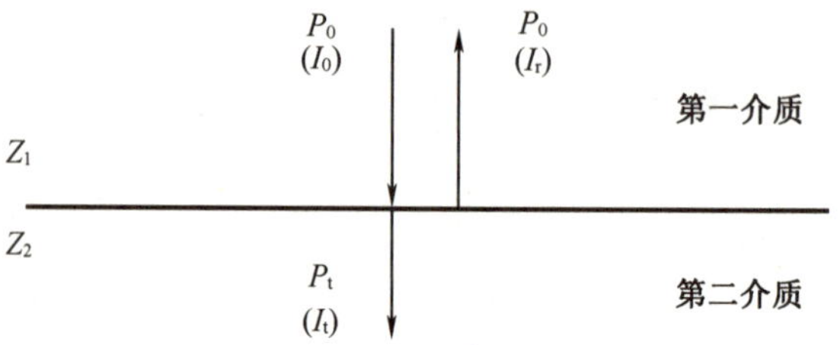

图 5-1　超声波垂直入射时所产生的反射与透射

声压反射率：$r=P_r/P_0$

声压透射率：$t=P_t/P_0$

界面两侧的总声压相等：$P_r+P_0=P_t$

波在传播过程中遇到与波长相当的障碍物时，能绕过障碍物边缘改变方向继续前进的现象，称为波的衍射或波的绕射。波的衍射现象是衍射时差法超声检测（TOFD）的物理基础。

（b）超声波倾斜入射异质界面时的反射、折射及波形转换

波型转换：当超声波斜入射异质界面时，除产生同种类型的反射和折射外，还会产生不同类型的反射和折射。如图 5-2 所示。

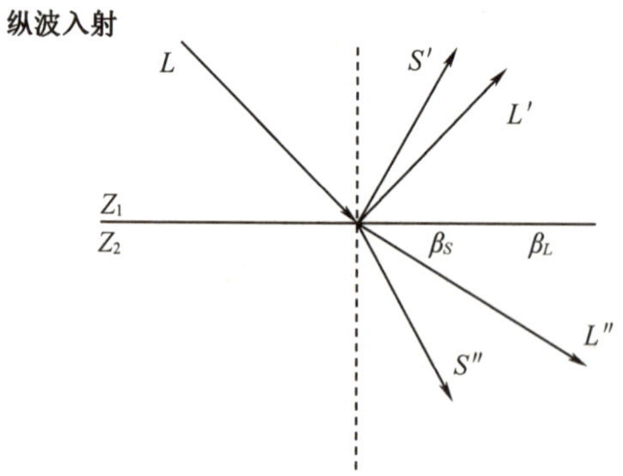

图 5-2　超声波倾斜入射时所产生的反射与透射

根据几何光学三定律：

ⓐ超声波在均匀介质中光线沿直线传播。

ⓑ超声波入射异质界面时，其入射角等于反射角；其入射线、反射线、折射线在同一平面内。

ⓒ入射异质界面时，入射角 α 和折射角 β 满足：$\frac{\sin\alpha}{\sin\beta}=n$，其中折射率 $n=\frac{c_1}{c_2}$。

根据反射、折射定律（斯涅尔定律）：

$$\frac{\sin\alpha_L}{C_{L1}}=\frac{\sin\alpha_L'}{C_{L1}}=\frac{\sin\alpha_S'}{C_{S1}}=\frac{\sin\beta_L}{C_{L2}}=\frac{\sin\beta_S}{C_{S2}}$$

同一介质中纵波的声速不变，因此 $\alpha_L=\alpha_L'$。

同一介质中纵波的声速大于横波的声速，因此 $\alpha_L'>\alpha_S'$，$\beta_L>\beta_S$。

第一临界角 α_{I}：

当 $C_{L2}>C_{L1}$ 时，$\beta_L>\alpha_L$，随着 α_L 增大，β_L 也增大；当入射角为某一数值时，折射角等于 90°，此入射角称第一临界角即 α_{I}。

$$\frac{\sin\alpha_L}{C_{L1}}=\frac{\sin\beta_L}{C_{L2}}\longrightarrow\alpha_{\text{I}}=\arcsin\frac{C_{L1}}{C_{L2}}$$

第二临界角 α_{II}：

当横波折射角为 90°时，所对应的纵波入射角称为第二临界角 α_{II}。

$$\frac{\sin\alpha_L}{C_{L1}}=\frac{\sin\beta_S}{C_{S2}}\longrightarrow\alpha_{\text{II}}=\arcsin\frac{C_{L1}}{C_{S2}}$$

当纵波入射角小于第一临界角时，第二介质中既有纵波又有横波；

当纵波入射角介于第一临界角和第二临界角时，第二介质中只有横波，没有纵波，这就是常用横波斜探头的制作原理。

当纵波入射角大于等于第二临界角时，第二介质中即没有纵波也没有横波，这时其介质的表面存在表面波，这就是常用表面波探头的制作原理。

④超声波的衰减

超声波在介质中传播时，随着距离的增加，超声能量逐渐减弱的现象叫作超声波的衰减。

衰减的类型包括扩散衰减、散射衰减、吸收衰减等。

(a)扩散衰减

扩散衰减是随着超声波声束的扩散，使超声波的能量随距离增加而减弱的现象。超声波的扩散衰减仅取决于波振面的形状，与介质的性质无关。

(b)散射衰减

散射衰减是超声波在介质中传播时，遇到声阻抗不同的界面产生散乱反射而引起的衰减现象。散射衰减与介质的晶粒密切相关即晶粒散射。当材质晶粒度大时，散射衰减严重，被散射的超声波沿复杂的路径传到探头，在示波屏上引起林状回波(又称草波)使信噪比下降，严重时噪声湮没缺陷波。

(c)吸收衰减

吸收衰减是超声波在介质中传播时，由于介质中质点间内摩擦和热传导引起的超声波的衰减。

2. 超声波检测的原理、特点及应用

超声波检测主要是基于超声波在被检工件中的传播特性，如在遇到声阻抗不同的两种介质的界面时会发生反射，声波通过材料时其能量会有一定损失等。

(1)超声波检测的原理

以目前流行的脉冲反射法为例，其原理如下：

①一定频率的机械振动形成声源产生超声波，并通过一定的方式使超声波透射进入工件内(内部缺陷的检测)或者在工件表面传播(表面和近表面缺陷的检测)。

②超声波在工件中传播，遇到声阻抗有差异的界面或缺陷时部分声波被反射，反射回来的超声波被检测一起接收。

③超声波探伤仪把接收到的信号进行放大及相关处理后,以一定的方式显示出来。

④通过分析回波信号的幅度和位置等信息,从而得到被检工件中有无缺陷及缺陷的位置、大小等相关信息,如图 5-3 所示。

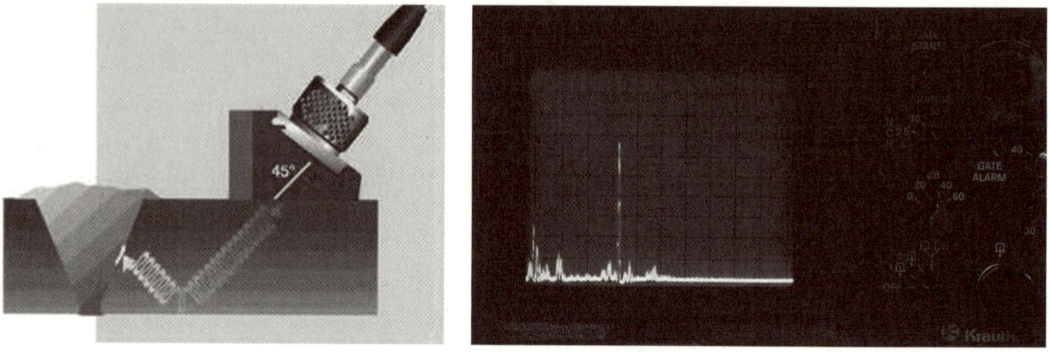

图 5-3　脉冲反射法超声波检测原理

(2)超声波检测的相关参数检测信息

脉冲反射法超声波检测中通常用来发现缺陷和分析的基本信息有:

①是否存在缺陷的回波信号及其幅度;主要用于判别是否存在缺陷及缺陷相对大小的测定。

②入射声波与接收声波之间的传播时间;主要用于测定缺陷的位置坐标。

③超声波通过一定厚度材料以后,其能量的衰减程度;主要用于进一步分析、测定缺陷相对大小,便于更为准确判别被检试件质量等级。

(3)超声波检测的特点

①超声检测的优点

(a)适用于金属、非金属和复合材料等多种制件的无损检测;

(b)穿透能力强,可对较大厚度范围内的工件内部缺陷进行检测;

(c)缺陷定位较准确;

(d)对面积型缺陷的检出率较高;

(e)灵敏度高,可检测工件内部很小的缺陷;

(f)检测成本低、速度快;

(g)设备轻便,现场使用方便等;

(h)对人体及环境无害。

②超声检测的缺点

(a)对缺陷的定性、定量仍需要做进一步研究,定性及定量仍然存在困难;

(b)对具有复杂形状或不规则外形的工件进行超声波检测有困难;

(c)缺陷的取向、位置和形状对超声波检测结果有影响;

(d)工件材质、晶粒度对检测有较大影响,其影响超声波的衰减程度,最终影响缺陷相对大小的准确测定;

(e)A 型脉冲反射法检测结果是波形显示,不直观,模拟超声波探伤仪对检测结果无直接见证记录。

(4)超声波检测的应用

超声波检测的适用范围非常广,在船舶、军工产品、航空和航天、电力、石油、钢铁、建筑、交通运输、海洋工程、食品、医药卫生等领域具有广泛的应用。

在船舶行业及海洋工程中,超声波检测是常用的无损检测手段之一,主要用于船体结构焊缝、板材、棒材、锻件、铸件的检测,也用于船用锅炉、船用压力容器及主机、锚机、发电机、起重机等机械类产品的检测。

5.1.2　超声波检测方法

超声检测方法的种类很多,较常用的检测方法有如下几种:

按超声波检测原理分类:有脉冲反射法、共振法和穿透法三种;其中脉冲反射法是应用最多的超声波检测方法。

按缺陷显示分类:可分为A型显示、B型显示、C型显示等,A型显示是使用最多的方式。

按超声波检测(探伤)波型分类:可以分为直射探伤法(纵波探伤法)、斜射探伤法(横波探伤法)、表面波探伤法和板波探伤法四种,纵波探伤法和横波探伤法是用得较多的两种。

按检测中所使用探头数目分类:有单探头法、双探头法、多探头法三种分类,单探头法是使用最多的。

按超声波检测时探头和被检试件接触情况分类:有水浸法、接触法两种。

按人工干预的程度分类:有手工检测、自动检测两种。

实践中超声波检测方法往往是以上各类检测方法的综合。例如A型显示脉冲反射法检测。

1. 按检测原理分类

(1)脉冲反射法

脉冲反射法是超声波探头发射脉冲波到被检工件内,通过观察来自内部缺陷或工件底面反射波的情况来对工件进行检测的方法,可分为缺陷回波法、底波高度法和多次底波法。

①缺陷回波法

缺陷回波法是根据仪器示波屏上显示的缺陷波形进行判断的方法,该方法是脉冲反射法的基本方法。该方法以回波的传播时间对缺陷定位,以回波的幅度对缺陷定量,是脉冲反射法的基本方法。如图5-4所示。

②底波高度法

底波高度法是依据底面回波的高度变化判断工件缺陷情况的检测方法,如图5-5所示。该方法检出缺陷定位定量不便,灵敏度较低,实用中很少作为一种独立的检测方法,经常作为一种辅助手段,仅适应于上下底面平行、形状简单的工件检测,在锻件、铸件中使用较多。

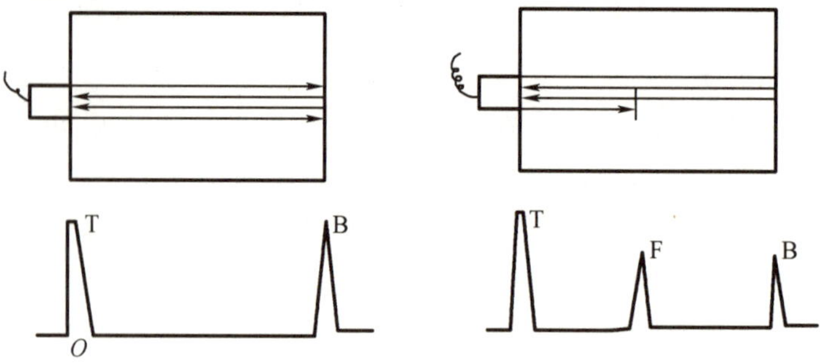

(a) 无缺陷时　　　　(b) 有缺陷时

图 5-4　缺陷回波法检测

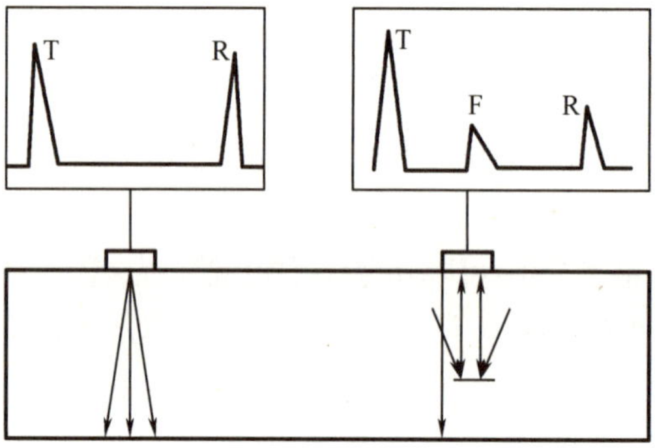

图 5-5　底波高度法检测

倾斜的缺陷观察不到反射信号易漏检。

③多次底波法

多次底波法是依据多次底面回波的高度变化,判断工件有无缺陷的方法,如图 5-6 所示。该方法主要用于厚度不大、形状简单、检测面与底面平行的工件检测,缺陷检出的灵敏度低于缺陷回波法。多次底波法是依据底面回波次数,而判断试件有无缺陷的方法。

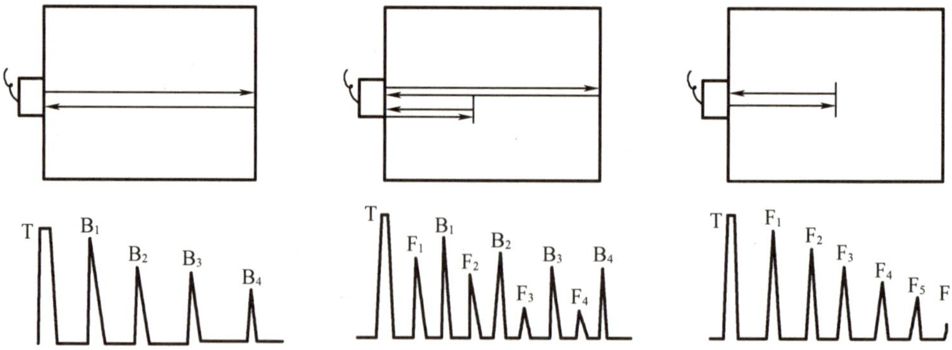

(a) 无缺陷　　　　(b) 小缺陷　　　　(c) 大缺陷

图 5-6　多次底波法检测

(2) 穿透法

穿透法是采用一发一收双探头分别放置在试件相对的两端面,依据脉冲波或连续波穿透试件之后的能量变化来判断缺陷情况的一种方法。如图 5-7 所示。

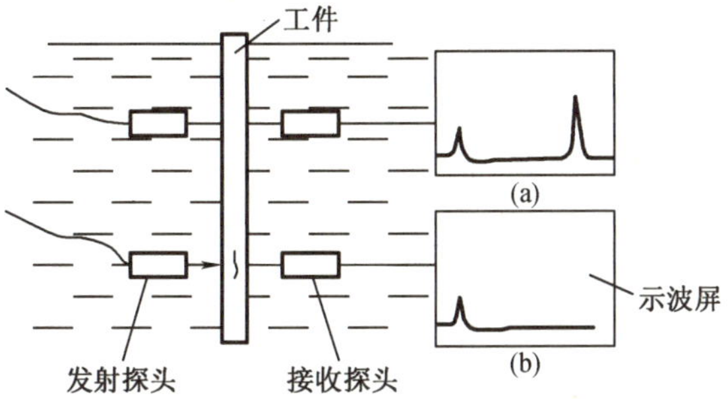

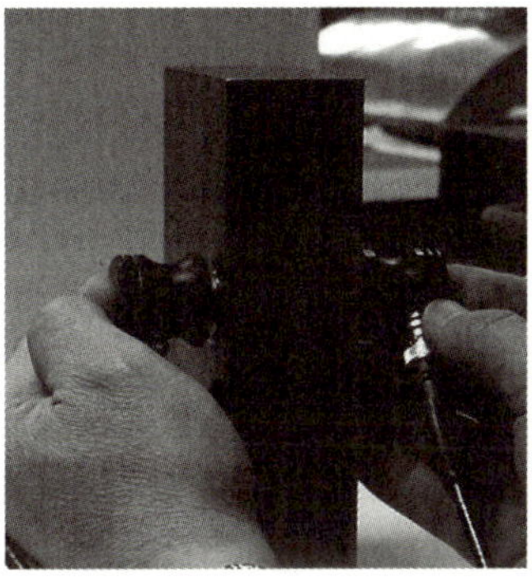

图 5-7　穿透法检测

其特点有：

①无法得知缺陷的深度(定位)；只能粗略评估缺陷的尺寸。

②没有反射声程,适应检测衰减系数较大的材料。

③不存在盲区。对取向不良的缺陷也能得到较好的检测。

④形状简单的批量工件实现自动化检测。

⑤适应于上下底面平行、形状简单的工件检测,如锻件、铸件。

⑥灵敏度低,小缺陷容易漏检。

(3)共振法

共振法是据试件的共振特性,来判断缺陷情况和工件厚度变化情况的方法。共振法常用于试件测厚。

2. 按探头与焊件接触方式分类

按探头与焊件接触方式进行分类,可将超声波探伤分为直接接触法和液浸法两种。

(1)直接接触法

超声波探伤时,使探头直接接触焊件进行探伤的方法称为直接接触法。使用直接接触法应在探头和被探焊件表面涂有一层很薄的耦合剂,作为传声介质。常用的耦合剂有机油、变压器油、甘油、化学浆糊、水及水玻璃等。焊缝探伤多采用化学浆糊和甘油。由于耦合剂层很薄,因此可把探头与焊件看作二者直接接触。

直接接触法主要采用 A 型脉冲反射法探伤仪,由于操作方便,探伤图形简单,判断容易且探伤灵敏度高,因此在实际生产中得到广泛应用。

直接接触法超声波探伤有垂直入射法和斜角探伤法两种。

①垂直入射法

垂直入射法(简称垂直法)是采用直探头将声束垂直入射焊件探伤面进行探伤的方法。由于该法是利用纵波进行探伤,故又称为纵波法；当直探头在焊件探伤面上移动时,经过无缺陷处探伤仪示波屏上只有始波 T 和底波 B,如图 5-8 所示。若探头移到有缺陷处,且缺陷的反射面比声束小时,则始波屏上出现始波 T、缺陷波 F 和底波 B,如图 5-9 所示。若探头移至大缺陷(缺陷比声波大)处时,则示波屏上只出现波 T 和缺陷波 F。

显然,垂直法探伤冷发现与探伤面平行或近于平行的缺陷,适用于厚钢板、轴类、轮等几何形状简单的焊件。

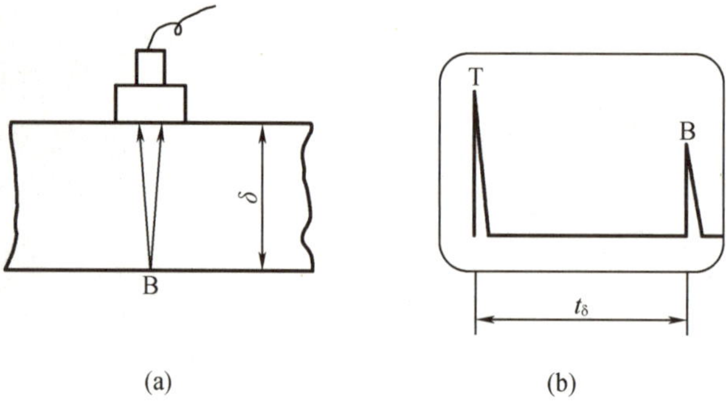

图 5-8　始波 T 和底波 B

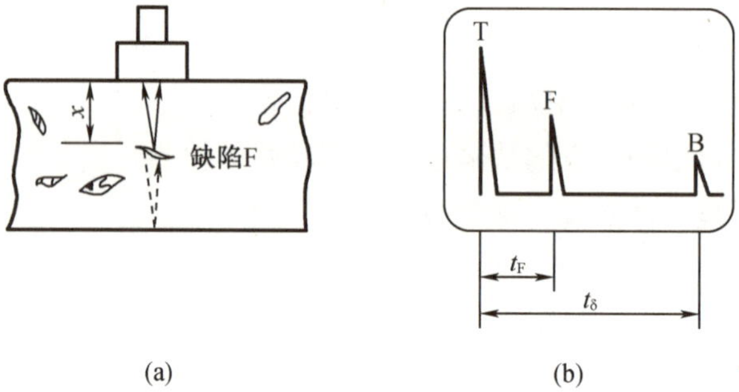

图 5-9　始波 T、缺陷波 F 和底波 B

②斜角探伤法

(a)斜角探伤法(简称斜射法)

斜角探伤法是采用斜探头将声束斜射入焊件探伤面进行探伤的方法。由于它是利用横波进行探伤,故又称横波法。当斜探头在焊件探伤面上移动时,若焊件内没有缺陷,则声束在焊件内经多次反射将以"W"形路径传播,此时在示波屏上只有始波 T,如图 5-10 所示。当焊件存在缺陷时,且该切线与声束垂直或倾斜角很小时,声束会被缺陷反射过来,此时示波屏上将显示出始波 T、缺陷波 F,当斜探头接近板端时,声波将被端角反射回来,此时在示波屏上将出现始波 T 和端角波 B,如图 5-10 所示。

(b)斜角探伤法的应用

斜角探伤法能发现与探测表面呈一定角度的缺陷,常用于焊缝、环状锻件、管材的检查。在焊缝探伤中,有时也采用一发一收两个斜探头,并用专门夹具固定成组,对焊缝进行所谓串列式扫查,称串列式斜角探伤法,如图 5-10 所示。前边为发射探头,其发射声束遇缺陷时,产生的反射波会被后面的接收探头所接受,从而在显示屏上出现始波 T、缺陷波 F。探伤时,仪器的探头必须处在一发一收的状态。串列斜角探伤对垂直于探伤面且具有平滑反射面的缺陷检查非常有效。

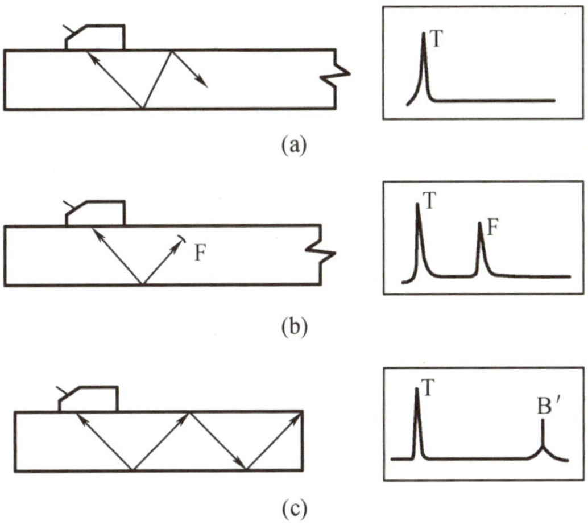

图 5-10　斜角探伤法原理图

(2)液浸法

液浸法是将焊件和探头头部浸在耦合剂式液中,探头不接触焊件的探伤方法。根据焊件和探头浸没方式的不同,可分为全浸没式、局部浸没式;其中局部浸没式又分为:喷液式、通水式、满溢式,如图 5-11 所示。

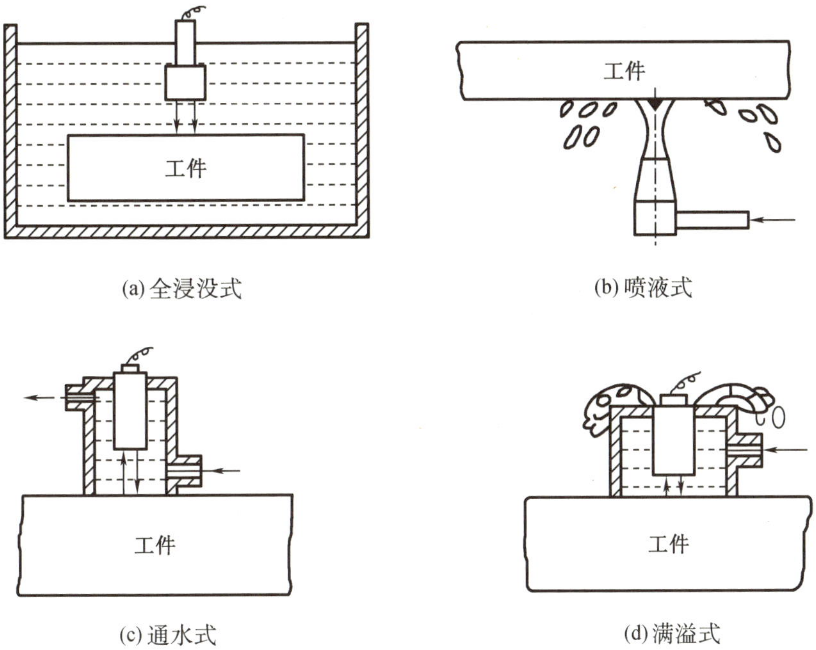

图 5-11　液浸法

液浸法当用水作为耦合介质时,称作水浸法。水浸法探伤时,探头常用聚焦探头。超声波从探头发出后,经过耦合层再射到焊件表面,有一部分声能将被焊件表面反射回来而形成一次界面反射波;同时大部分声能传入焊件,若焊件中存在缺陷时,传入焊件的声能的一部分被缺陷反射形成缺陷反射波 F,其余声能传至焊件底面产生底面反射波 B。因此,探伤波形中 T~F 及 F~B 之间的距离，各对应于探头到焊件底面之间各段的距离。当改变探头位置时，探伤波形中的始波 T 的距离也将随之改变，而 T~F、F~B 的距离保持不变。

用液浸法探伤时，应该注意使探头和焊件之间耦合介质层有足够的厚度，与避免二次界面反射 S_2 出现在焊件底波 B 之前。一般要求探头到焊件表面的距离应在焊件厚度的 1/3 以上。

液浸法优点：

①探头与被检工件不接触，超声波的发射和接收均较稳定，表面粗糙度影响较小；

②调节探头角度，可方便地改变探头发射的声束方向；

③可缩小检测盲区，从而可检测较薄的工件；

④探头不直接接触工件，损坏的可能性小，探头寿命长；

⑤便于实现聚焦声束检测，满足高灵敏度、高分辨率检测的需要；

⑥便于实现自动检测，减少影响检测可靠性的人为因素。

液浸法缺点：

①超声波在液体和金属表面的反射，损失了大量能量，需采用较高的增益；

②检测高衰减材料或大厚度材料时，可能没有足够的能量；

③在较高增益下，还可能出现噪声干扰。

整体来看液浸法探伤由于探头与焊件不直接接触，因而它具有探头不易磨损，声波的发射和接收比较稳定的优点。其主要缺点是，它需要一些辅助设备，如液槽、探头桥架、探头操纵器等。另外，由于液体耦合层一般较厚，因而损失较大。

3. 按检测的自动化程度分类

按检测的自动化程度分类，可手工检测和自动检测。

(1)手工检测

检测结果受操作者的人为因素影响比较大。如：责任心、情绪、扫查方式和手法、技术水平等。

检测过程中的超声信号无法连续记录。检测结果的可靠性、复现性难以保证。

(2)自动检测

自动检测指使用自动化超声检测设备，在最少的人工干预下进行并完成检测的全部过程。检测结果受人为因素影响比较小。

若满足以下任何一个条件，可称为自动检测：

①采用自动扫查装置，完成检测全过程。如：钢管或钢板的自动超声检测。

②自动记录声束位置信息、自动采集和记录数据。为跟踪和记录探头位置，一般采用编码器或声定位技术，但相控阵方法是个例外，因为相控阵可以采用电子扫描以替代机械扫描。

扫查装置采用电动机驱动，则称为全自动；若采用人驱动，则称为半自动。

超声成像技术涉及二维或三维成像，属于自动超声检测。

自动检测有替代射线检测的现象和趋势。

4. 按照检测中所用探头数目来分类

按照检测中所用探头数目可分为：单探头法、双探头法、多探头法。

(1)单探头法

单探头法是使用一个探头兼作发射和接收超声波的检测方法。单探头法操作方便，大多数缺陷可以检出，是目前最常用的一种方法。

其对与波束轴线垂直的面状缺陷和立体型缺陷的检出效果最好。与波束轴线平行的片状缺陷难以检出。当缺陷与波束轴线倾斜时，则根据倾斜角度的大小，能够受到部分回波或者因反射波束全部反射在探头之外而无法检出。

(2)双探头法

双探头法是使用两个探头(一发一收)进行检测的方法。它用于发现单探头法难以检出的缺陷。排列方式分为：并列式、交叉式、V 形串列式、K 形串列式、串列式等，如图 5-12 所示。

①并列式

两个探头并列放置，检测时两者做同步同向移动。但直探头做并列放置时，通常是一个探头固定，另一个探头移动(一发一收)，以发现与检测面倾斜的缺陷。如图 5-12(a)所示。

双晶探头的原理，就是将两个并列的探头组合在一起，有较高的分辨力和信噪比，适用于薄工件、近表面缺陷的检测。

②交叉式

两个探头轴线交叉，交叉点为要检测的部位(一发一收)；用于发现与检测面垂直的面状缺陷，在焊缝检测中，用来发现横向缺陷。如图 5-12(b)所示。

③V 形串列式

两个探头相对放置在同一面上(一发一收)；用于发现与检测面平行的面状缺陷。如图 5-12(c)所示。

④K 形串列式

两个探头以相同的方向分别放置于工件的上下表面上(一发一收)；用于发现与检测面垂直的面状缺陷。如图 5-12(d)所示。

⑤串列式

两个探头一前一后，以相同的方向放置在同一表面上(一发一收)；用于发现与检测面垂直的面状缺陷(如厚焊缝的中间未焊透、窄间隙焊缝的坡口面未熔合等)。如图 5-12(e)所示。

串列式特点是：无论缺陷所处的深度位置，缺陷声程始终相等，缺陷波在荧光屏上的水平位置固定不变。但上下表面存在盲区，且需要专用的扫查装置。

(3)多探头法

多探头法是使用两个以上的探头组合在一起进行检测的方法。它是通过增加声束来提高检测速度或发现各种取向的缺陷，与多通道仪器和自动扫查装置配合。如图 5-13 所示。

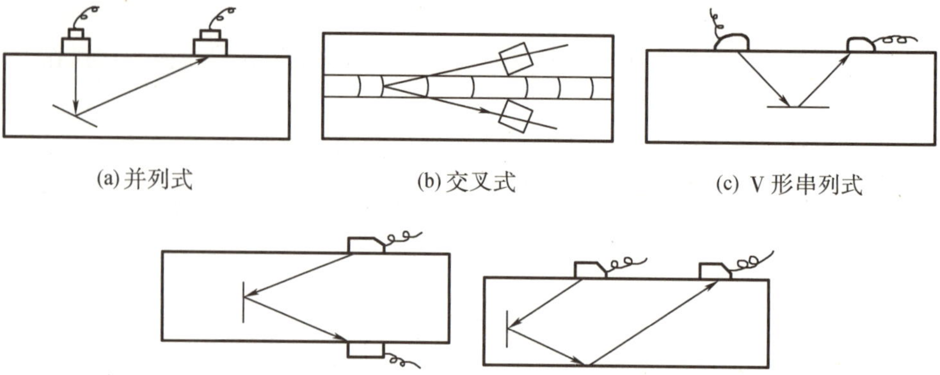

(a)并列式　(b)交叉式　(c) V 形串列式

(d) K 形串列式　(e)串列式

图 5-12　双探头的排列方式

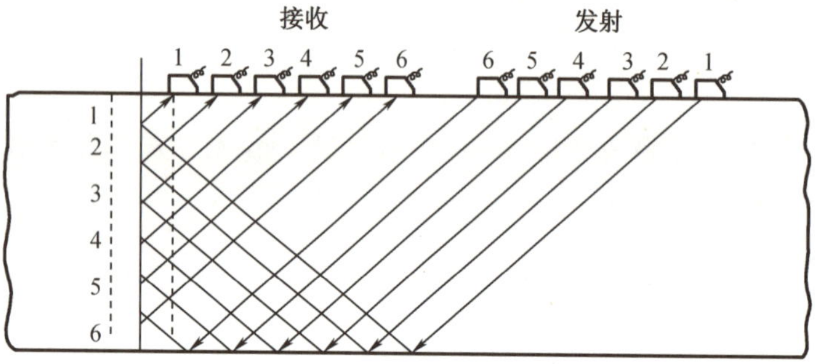

图 5-13　多探头法

任务5.2　超声波检测的设备与器材

问题导入

超声波检测设备与器材是超声波检测的物质技术基础。它包括超声波检测(探伤)仪和超声波检测器材两部分。本次任务主要熟悉常用的超声波探伤仪、检测探头、试块及探伤中所有用的耦合剂等,为后续超声波检测工作实施奠定物质技术基础;也是了解今后超声波检测新工艺发展、新技术进步的前提。

5.2.1　超声波探伤仪

1. 超声波探伤仪的作用及分类

(1)超声波探伤仪的作用

超声波探伤仪是超声波探伤的主体设备,它的作用是产生电振荡并加于换能器(探头)

上，激励探头发射超声波，同时将探头送回的电信号进行放大，通过一定方式显示出来，从而得到被探工件内部有无缺陷及缺陷位置和大小等信息。图 5-14 为常见模拟式和数字式超声波探伤仪。

(a) 模拟式超声波探伤仪

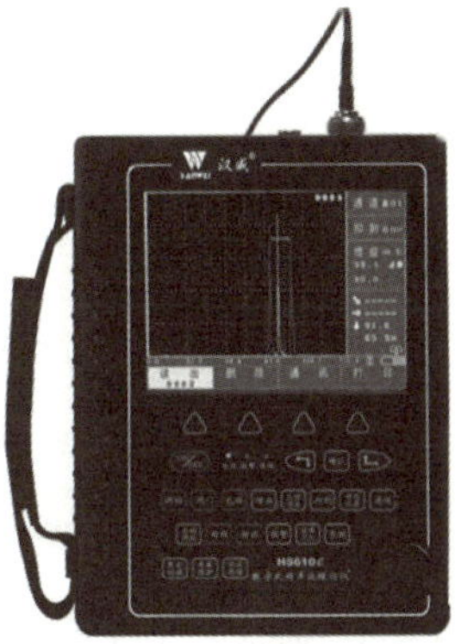

(b) 数字式超声波探伤仪

图 5-14　常见模拟式和数字式超声波探伤仪

(2) 超声波探伤仪的分类

①按超声波的连续性分类

(a) 脉冲波反射式探伤仪

这种探伤仪是通过探头向工件周期性地发射不连续且频率不变的超声波，根据超声波的传播时间及幅度判断工件中缺陷位置和大小，这是目前使用最广泛的探伤仪。

(b) 连续波探伤仪(共振探伤仪，穿透式探伤仪)

这种探伤仪是通过探头向工件中发射连续且频率不变(或在小范围内周期性变化)的超声波，根据透过工件的超声波强度变化判断工件中有无缺陷及缺陷大小。这种仪器灵敏度低，且不能确定缺陷位置，因而已大多被脉冲波探伤仪所代替，但在超声显像及超声共振测厚等方面仍有应用。

(c) 调频波探伤仪

这种探伤仪是通过探头向工件中发射连续的频率周期性变化的超声波，根据发射波与反射波的差频变化情况判断工件中有无缺陷。以往的调频式电路探伤仪便是采用这种原理。但由于只适宜检查与探测面平行的缺陷，所以这种仪器也大多被脉冲波探伤仪所代替。

连续波探伤仪和调频波探伤仪由于探伤灵敏度较低、缺陷测定有较大的局限性，所以在船舶焊接结构相关焊缝的探伤中均不采用。

②按显示方式分类

(a) A 型显示

A 型显示是一种波形显示，超声波探伤仪荧光屏的横坐标代表声波的传播时间(或距离)，纵坐标代表反射波的幅度。由反射波的位置可以确定缺陷位置，由反射波的幅度可以估算缺陷大小。如图 5-15 所示。

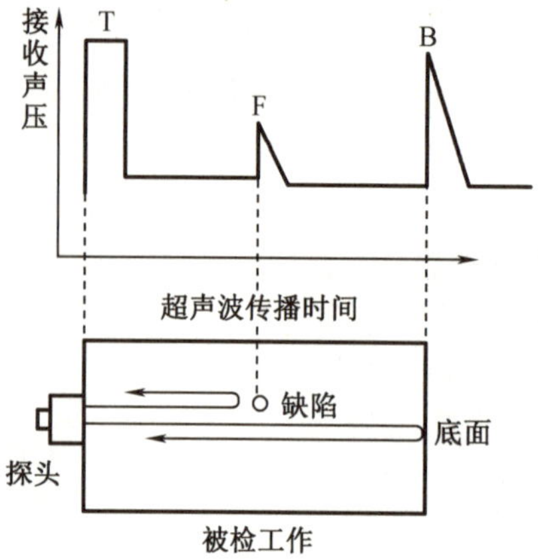

图 5-15　A 型显示

(b)B 型显示

B 型显示主要是缺陷正视图像显示,即为声束传播方向平行且与工件测量表面垂直的缺陷剖面图。B 型显示是一种二维图像显示,探伤仪荧光屏的横坐标是靠机械扫描来代表探头的扫查轨迹,纵坐标是靠电子扫描来代表声波的传播时间(或距离),因而可直观地显示出被探工件任一纵截面上缺陷的分布及缺陷的深度。

(c)C 型显示

C 型显示主要是缺陷俯视图像显示,即为工件横断面投影;采用二维扫描,较窄的电子闸门。C 型显示也是一种图像显示,探伤仪荧光屏的横坐标和纵坐标都是靠机械扫描来代表探头在工件表面的位置。探头接收信号幅度以光点辉度表示,因而,当探头在工件表面移动时,荧光屏上便显示出工件内部缺陷的平面图像,但不能显示缺陷的深度。

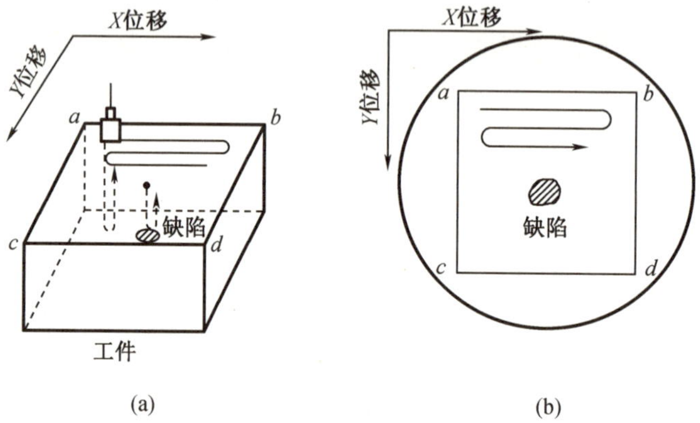

图 5-16　C 型显示

(d)D 型显示

D 型显示主要是缺陷三维图像显示,即为与声束平面及测量表面垂直的缺陷剖面。

③按超声波的通道分类

(a)单通道探伤仪

这种仪器由一个或一对探头单独工作,是目前超声波探伤中应用最广泛的仪器。

(b)多通道探伤仪

这种仪器由多个或多对探头交替工作,每一通道相当于一台单通道探伤仪,适用于自动化探伤。

2. 超声波探伤仪的工作原理

(1)模拟式超声波探伤仪工作原理

①仪器电路方框图和工作原理

A 型脉冲反射式模拟超声波探伤仪的主要组成部分:同步电路、扫描电路、发射电路、接收放大电路、显示电路和电源电路。除此之外,探伤仪还有延时电路、报警电路、深度补偿电路、标记电路、跟踪及记录等附加装置。如图 5-17 所示。

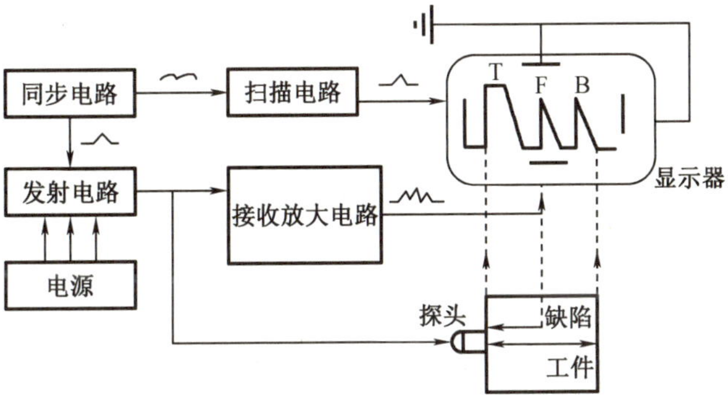

图 5-17　A 型脉冲反射式模拟超声波探伤仪电路框图

A 型脉冲反射式模拟超声波探伤仪的工作原理:同步电路产生的触发脉冲同时加至扫描电路和发射电路,扫描电路受触发开始工作,产生锯齿波扫描电压,加至示波管水平偏转板,使电子束发生水平偏转,在荧光屏上产生一条水平扫描线。与此同时,发射电路受触发产生高频窄脉冲,加至探头,激励压电晶片振动,在工件中产生超声波。超声波在工件中传播,遇缺陷或底面发生反射,返回探头时,又被压电晶片转变为电信号,经接收电路放大和检波,加至示波管垂直偏转板上,使电子束发生垂直偏转,在水平扫描线的相应位置上产生缺陷波和底波。根据缺陷波的位置可以确定缺陷的埋藏深度,根据缺陷波的幅度可以估算缺陷当量的大小。

②仪器主要组成部分的作用

(a)同步电路:又称触发电路,主要由振荡器和微分电路等组成。其作用是每秒钟产生数十至数千个周期性的同步脉冲,作为发射电路、扫描电路以及其他辅助电路的触发脉冲,使各电路在时间上协调一致工作。

ⓐ每秒钟内发射同步脉冲的次数称为重复频率,决定了每秒钟向工件内发射超声脉冲的次数。

ⓑ实现高速扫查,就需要有高重复频率以保证不漏检。但高重复频率使两次脉冲间隔时间变短,形成“幻象波”,造成缺陷误判。因此,自动化检测的扫描速度也是受到可用的最大重复频率限制。

ⓒ手工检测时，提高重复频率可使波形显示亮度增加，便于观察。

(b)扫描电路：又称时基电路，产生锯齿波电压，加到示波管水平偏转板上，产生一条水平扫描时基线。

ⓐ改变扫描速度(锯齿波的斜率)即可改变显示在屏幕上的时间范围，也就是超声波传播的声程范围。扫描电路的方框图及其波形如图 5-18 所示。

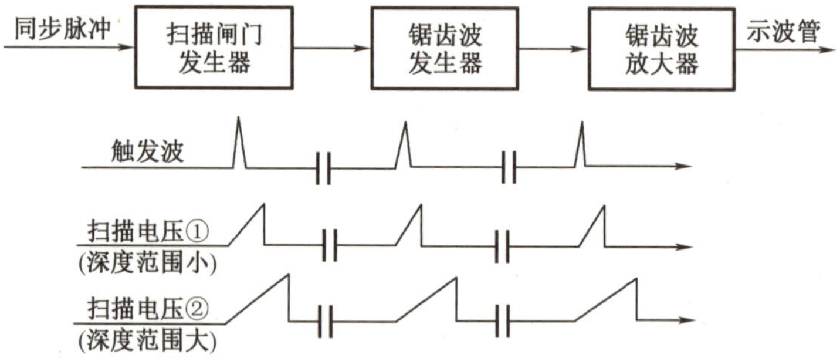

图 5-18　扫描电路的方框图及其波形

ⓑ仪器上通常提供两个时基线调节功能：

一个是用来改变屏幕上显示的时间(距离)范围的大小，称为测量范围或声速，实质是调节扫描速度(锯齿波的斜率)。锯齿波上升斜率的线性决定了扫描时基线的水平线性。

另一个是调节屏幕上显示的时间范围的起点，也就是时基电路触发的延迟时间，称为延迟。其作用是使扫描延迟一段时间再开始。

(c)发射电路：是一个电脉冲信号发生器，可以产生 100~400 V 的高压电脉冲，施加到压电晶片上产生脉冲超声波。

(d)接收电路：对微弱电脉冲(几十毫伏到数百毫伏)进行放大、检波，使其显示出来；由衰减器、高频放大器、检波器和视频放大器组成。接收电路的性能直接影响到探伤仪的垂直线性、动态范围、检测灵敏度、分辨力等重要技术指标。

(e)显示电路：主要由示波管(由电子枪、偏转系统和荧光屏等组成，如图 5-19 所示)及外围电路组成。

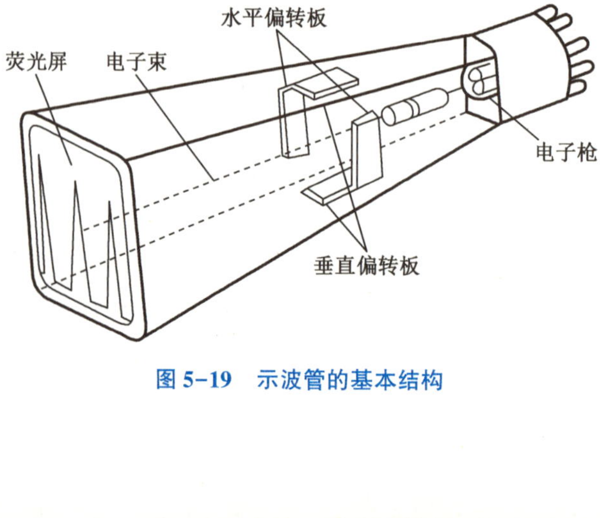

图 5-19　示波管的基本结构

③模拟超声波探伤仪主要操作旋钮

(a)工作方式旋钮:作用是选择检测方式,即一发一收或自发自收的探头连接。由发射和接收电路控制。

(b)发射强度旋钮:作用是改变发射脉冲的宽度或能量,从而改变仪器的发射强度。增大发射强度时,可提高仪器灵敏度,但脉冲变宽,分辨力变差。因此,发射强度旋钮应尽量放在较低的位置,且由发射电路控制。

(c)衰减旋钮:作用是调节检测灵敏度和测量回波振幅。衰减读数大,灵敏度低,回波波幅低;反之,衰减读数小,灵敏度高,回波波幅高。衰减器分粗调和细调两种。衰减旋钮由衰减器控制。

(d)增益旋钮:作用是改变接收放大器的放大倍数,进而连续改变检测仪的灵敏度。仪器灵敏度确定后,检测过程中一般不再调整增益旋钮。增益旋钮由放大电路控制。

(e)抑制旋钮:作用是抑制荧光屏上幅度较低或认为不必要的杂乱反射波,使之不予显示,使缺陷波形清晰可见。抑制会使仪器的垂直线性和动态范围下降,一般不使用抑制。抑制旋钮由检波电路控制。

(f)深度范围旋钮(也称深度粗调旋钮):作用是粗调荧光屏扫描线所代表的检测范围,使荧光屏上回波间距大幅度地压缩或扩展。厚度大的工件,选择数值较大的挡。深度范围旋钮由扫描电路控制。

(g)深度细调旋钮:作用是精确调整检测范围,使荧光屏上回波间距在一定范围内连续变化。深度细调旋钮由扫描电路控制。

(h)延时旋钮(或称脉冲位移旋钮):作用是调节开始发射脉冲时刻与开始扫描时刻之间的时间差,可使扫描线上的回波位置左右移动,而不改变回波之间的距离。延时旋钮由扫描电路控制。

(i)聚焦旋钮:作用是调节电子聚焦程度,使荧光屏显示的波形清晰。

(j)频率选择旋钮:宽频带检测仪的放大器频率范围宽,仪器面板上没有频率选择旋钮,检测频率由探头频率决定。窄频带检测仪设有频率选择开关,用以使发射电路与所用探头相匹配,使用时开关指示的频率范围应与所用探头相一致。

(k)水平旋钮(也称零位调节旋钮):用于调节水平旋钮,可使扫描线连同扫描线上的回波一起左右移动一段距离,但不改变回波间距。可用水平旋钮进行零位校正。

(l)重复频率旋钮:作用是调节脉冲重复频率,即改变发射电路每秒钟发射脉冲的次数。重复频率高时,荧光屏图形较亮。工件厚度大时,应使用较低的重复频率;厚度小时,可使用较高的重复频率。但重复频率过高时,易出现幻象波。

(m)垂直旋钮:用于调节扫描线的垂直位置,可使扫描线上下移动。

(n)辉度旋钮:用于调节波形的亮度,调节时要兼顾聚焦性能。一般辉度调整后应重新调节聚焦旋钮。

(o)深度补偿开关:作用是改变放大器的性能,使位于不同深度的相同尺寸缺陷的回波高度差异减小。

(p)显示选择开关:用于选择“检波”或“不检波”显示。“检波”时,为检波信号显示(或称视屏显示);“不检波”时,为不检波信号显示(或称射屏显示)。便携式检测仪大多不具备这种开关。

(2)数字式超声波探伤仪工作原理

数字式超声波探伤仪主要是指发射、接收电路的参数控制和接收信号的处理、显示均采用数字化方式的仪器。数字式超声波探伤仪的共同点是探头接收的随时间变化的超声信号需经模-数转换、数字处理后显示出来。

①数字式超声波探伤仪与模拟式超声波探伤仪的异同

(a)基本组成:如图5-20所示。从它的基本构成来看,数字式仪器发射电路与模拟式仪器是相同的,接收放大电路的前半部分,包括衰减器和高频放大器等,与模拟式仪器也是相同的。其后由模-数转换(又称A/D转换)器将脉冲信号变为数字信号,由微处理器进行处理后,在显示器上显示出来。显示是二维点阵式的,由微处理器通过程序来控制显示器实现逐行逐点扫描。发射电路和模-数转换器的同步控制是由微机处理器通过程序来协调各部分的工作,不再需要同步电路。

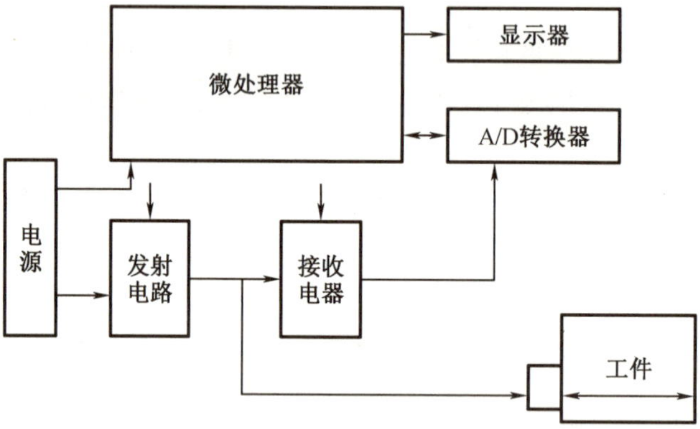

图5-20　数字式超声波探伤仪电路框图

(b)仪器的功能:数字式仪器可提供模拟式仪器具有的所有功能,是通过按键或菜单的方式进行人机对话,包括波形记录与储存;波高、距离的自动计算与显示;距离波幅曲线自动生成等。

(c)仪器的性能:数字式仪器与模拟式仪器最主要的差别是数字式仪器中的模-数转换、信号处理和显示部分。模-数转换(A/D转换):是通过对连续变化的模拟信号进行高速度、等间隔的采样,将其变换为一列大小变化的数字量的过程。要使重建的波形不失真,需尽量增加采样密度,或者说,提高采样频率。另外,显示器的刷新频率应与超声脉冲重复频率相一致,这样才能保证所有信号得到显示,否则,也可能造成缺陷漏检。这个问题在早期的数字式仪器上表现得比较严重。

②数字式超声波探伤仪的优势与问题

(a)优势:使超声信号的存储、记录、再现十分方便;也方便了信号的分析与处理;可从接收到的信号中得到更多的量化信息;显示器不需要示波管,可使仪器小型化;检测参数可以储存,检测过程可重现;可实现遥控等功能,为自动检测系统提供了更方便的条件;数字化使仪器功能可用软件不断扩展,使一台仪器满足不同使用者的要求。

(b)不利因素:因其模-数转换器的采样频率、数据长度、显示器的分辨率、刷新速度等带来的信号失真,影响对检测信号的评价,容易造成缺陷的漏检、误检等。

(3)数字式超声波探伤仪的特点与发展前景

①数字式超声波探伤仪的特点

(a)检测速度快。

(b)检测精度高。

(c)检测可靠性高、稳定性好。

(d)方便对检测结果进行记录与存档。

②数字式探伤仪的发展前景

(a)新型数字成像技术的不断发展与应用,能够提供更高分辨率、更清晰的图像。还能够减少噪声干扰,进一步提升图像质量。

(b)更友好的操作界面、更轻便便携的设计,不断提升操作的便捷性;更好提升对缺陷检测的准确性。

(4)相控阵超声波检测技术简介

①相控阵超声波检测原理

相控阵超声波检测技术是利用相控阵探头,相控阵探头是由几十上百个微型压电晶片组成,构成一个换能器阵列。各阵元使用不同的激励时间(或相位),从而达到声波的聚焦、调焦(动态聚焦)和波束偏转扫描等。这些参量可以人为控制、调整和处理,而也正是如此,相控阵检测的这些特性也就是比其他超声检测方法有优势的地方得到所需的声束,从而实现对超声方向和焦点深度的改变控制。它是一种对缺陷进行准确定位、形象化表征以及定性、定量评估的技术。

相控阵超声波检测技术与其他超声波检测技术如 A 型显示脉冲反射法检测技术、TOFD 检测技术相比可以获得更多的缺陷波形信息,从而具有较高的缺陷检测和评估能力;不仅可以对缺陷进行检测和 2D 成像,甚至可以进行 3D 成像来对缺陷进行更为形象和直观的显示,因而在工业探伤领域有着广泛的应用。目前在航空航天、船舶建造、特种设备、核电设施和武器装备等领域有着广泛的应用,在一定程度上可以代替射线检测来实施重要构件的安全检测。

②相控阵超声波检测特点

(a)实时彩色成像,包括 A/B/C/D 和 S-扫描,便于缺陷判读,不会误判或漏判缺陷。

(b)相控阵技术可以实现线性扫查、扇形扫查和动态深度聚焦,从而同时具备宽波束和多焦点的特性,因此检测速度可以更快更准。

(c)相控阵具有更高的检测灵活性,可以实现其他常规检测技术所不能实现的功能,如对复杂工件检测。

(d)容易检测各种走向、不同位置的缺陷,缺陷检出率高,检测范围广,定量、定位精度高。

(e)扫查装置简单,便于操作和维护;使用更便捷,对人体无伤害,对环境无污染。

(f)检测结果受人为因素影响小,数据便于储存、管理和调用,以及连接电脑打印查看;也可以直接连接鼠标在仪器上操作。

3. 超声波探伤仪的维护和保养

(1)按照说明书要求操作;

(2)仪器要防震、防摔、防碰;

(3)尽量避免在电源波动、电磁场干扰、粉尘多的场合使用;

(4)防止油污,雨、雪、水进入仪器;

(5)电源接线、电池操作正确;

(6)转或按旋钮时不宜用力过猛;

(7)正确拔接电源或探头的插头,操作力度适中;

(8)定期保养仪器;

(9)仪器长期不用时,应定期接通电源开机一次,时间约半小时;

(10)仪器出现故障,应立即关闭电源,及时修理或回厂维修。

5.2.2 探头

1. 探头的作用及分类

(1)探头的作用

超声波检测中所用的探头是在检测过程中发射和接收超声波的装置,也称超声换能器。探头的性能直接影响超声波的特性,影响超声波的检测性能。在超声检测中使用的探头,是利用相关功能材料的压电效应实现电能、声能转换的换能器。探头中的关键部件是晶片,晶片是一个具有压电效应的单晶或者多晶体薄片,它的作用是将电能和声能互相转换。常见超声波检测中所用的探头如图 5-21 所示。

图 5-21 常见探头

(2)探头分类

①按用途可分为:纵波探头、横波探头、表面波探头等。

②按与工件接触方式可分为:接触式探头、液浸探头。

③按声速聚集情况可分为:聚集探头、非聚集探头。

④按晶片数量可分为:单晶探头、双晶探头、阵列排列多晶探头。

⑤按声速入射方向可分为:直探头、斜探头、可变角探头。

2. 常用探头结构及编号

由于焊件、材质、探伤目的、探伤条件不同,因而需使用各种不同形式的探头。

(1)直探头(纵波探头)

声束垂直于被探焊件的表面入射的探头称为直探头。它可发射和接收纵波。它由压电元件、吸收块、保护膜和壳体等组成,如图5-22所示。

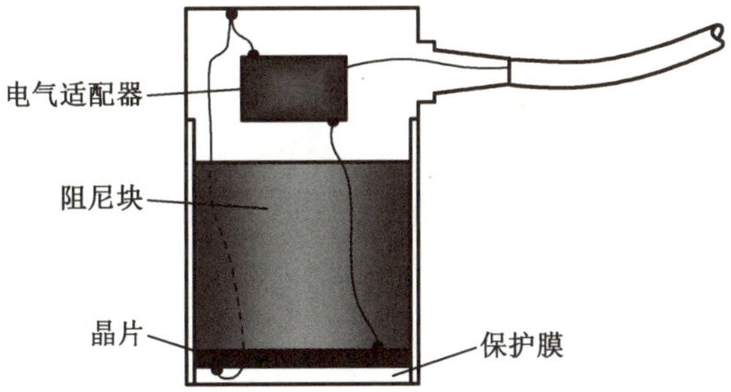

图5-22　直探头结构

①压电晶片

压电晶片的作用是发射和接收超声波,实现电声转换。晶片的性能决定探头的性能。晶片的尺寸和谐振频率,决定发射声场的强度、距离波幅特性与指向性。晶片制作质量,关系到声场的对称性、分辨力、信噪比等特性。常用的压电晶片材料和探头代号见表5-2。

表5-2　常用的压电晶片材料和探头代号

压电晶片材料	代号	探头种类	代号
锆钛酸铅陶瓷	P	直探头	Z
钛酸钡陶瓷	B	斜探头(用 K 值表示)	K
钛酸铅陶瓷	T	斜探头(用 γ 值表示)	X
铌酸锂单晶	L	分割探头	FG
碘酸锂单晶	I	水浸探头	SJ
石英单晶	Q	表面波探头	BM
其他材料	N	可变角探头	KB

晶片可制成圆形、方形或矩形。晶片的两面需敷上银层(或金层、铂层)作为电极,以使晶片上的电压能均匀分布。

②阻尼块和吸声材料

阻尼块:其声阻抗应尽可能接近压电晶片的声阻抗,紧贴在压电晶片或楔块后面。阻尼块对压电晶片的振动起阻尼作用:

一是可使晶片起振后尽快停下来，使脉冲宽度减小，分辨力提高；

二是阻尼块可吸收晶片向其背面发射的超声波；

三是对晶片起支承作用。

③保护膜

保护膜的作用是保护压电晶片不致磨损。其分为硬、软保护膜两类。前者用于表面光洁度较高的工件，后者用于表面光洁度较低的工件探伤。当保护膜的厚度为四分之一波长 λ 的奇数倍时，即 $d_2=(2n+1)\cdot\frac{\lambda_2}{4}$，且保护膜的声阻抗 Z_2 为晶片声阻抗 Z_1 和工件声阻抗 Z_3 的几何平均值时，超声波全透射。

对保护膜的要求：强度高，耐磨性好，衰减系数小，厚度适当，透声性能好。

④匹配线圈

电阻抗匹配获得最佳灵敏度和频率特性。

⑤外壳

外壳的作用在于将各部分组合在一起，并保护之。

直探头主要探测缺陷：探测与探测面平行的缺陷，如板材、锻件探伤等。其缺点是：检测盲区大，近表面缺陷不易检出，分辨力低。

直探头常见参数如图 5-23 所示。

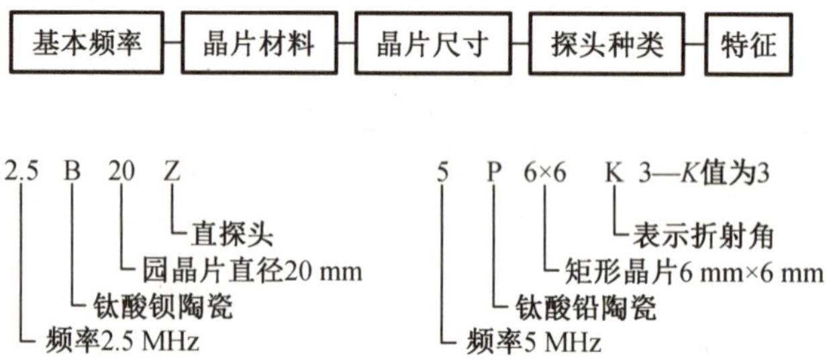

图 5-23　超声波检测所用直探头、斜探头参数表示

(2)斜探头(横波斜探头)

利用透声斜楔块使声束倾斜于焊件表面入射被检试件的探头称为斜探头。它可以发射和接收横波。

斜探头中，晶片前面已粘贴在斜楔块上，背面可不加阻尼块。但斜楔内的多次反射波会形成一系列杂乱信号，故需在斜楔周围加上吸声材料，以减小噪声。

斜楔块安装在晶片前面，晶片不与工件直接接触，不需保护膜。典型的斜探头结构如图 5-24 所示，它由探头、斜楔块、吸收块和壳体等组成。相关结构的作用与直探头相同。

①主要探测缺陷：与探测面垂直或呈一定角度的缺陷，如被检焊缝探伤及其他结构内部缺陷探伤等。

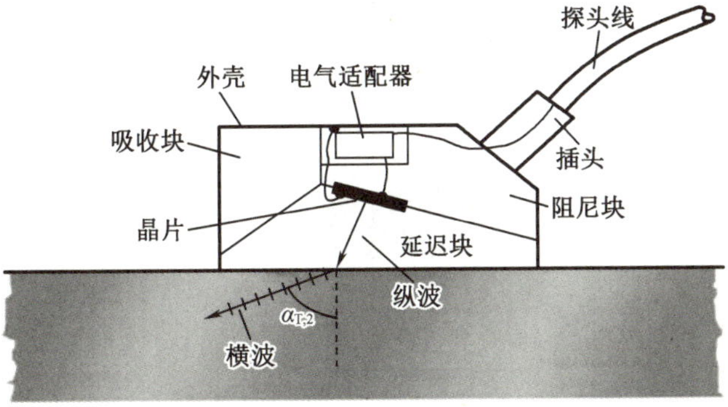

图 5-24 斜探头结构

②组成部分及其作用(横波斜探头实际上是直探头加透声斜楔组成):透声斜楔的作用是实现波型转换,使被探工件只存在折射横波。

③斜探头的主要参数:工作频率、晶片尺寸、折射角的正切值(K 值)或者折射角。

后续在模拟式超声波探伤仪基本操作训练中,安排了斜探头参数测试等训练任务。

(3)双晶探头(分割探头)

为了弥补普通直探头探测近表面缺陷时存在的盲区大、分辨力低的缺点而设计的探头。探头内含两个压电晶片,分别是发射晶片和接受晶片,中间用隔声层分开。双晶探头又称为分割式 TR 探头,主要用于近表面缺陷和薄焊件的探测。其结构如图 5-25 所示。

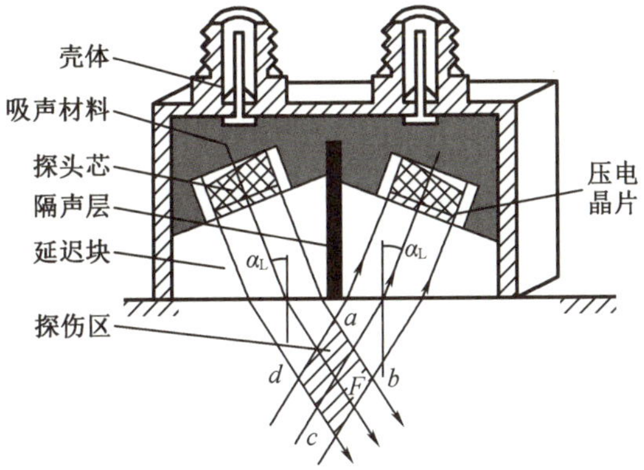

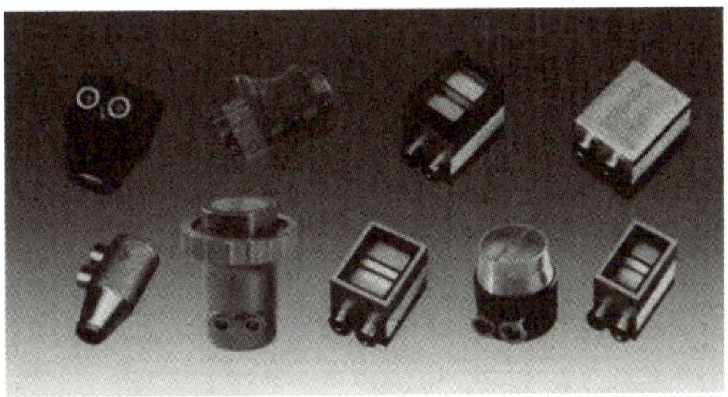

图 5-25 双晶探头结构及常见双晶探头

(4)水浸集焦探头

水浸集焦探头是一种由超声波探头和声透镜组合而成的探头。由于集焦探头的声束细,声束集中,从而大幅度地改善了超声波的指向性,提高了灵敏度和分辨力。其结构如图 5-26 所示。水浸聚焦探伤,有其结构和使用复杂的一面,也有其优越的一面。其优越性表现在:一是可检测某些靠直接接触法无法实现超声波检测的工件;二是可实现自动化检测;三是具有好的经济性、高的工作效率和较好的可靠性。

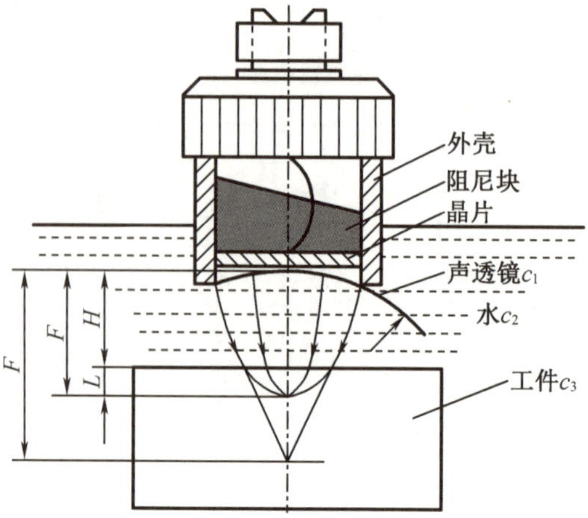

图 5-26　水浸集焦探头结构

(5)探头电缆线

探头与超声波探伤仪间的连接需采用高频同轴电缆,可消除外来电波对探头的激励脉冲及回波脉冲的影响,并防止这种高频脉冲以电波形式向外辐射。图 5-27 为探头电缆线。图 5-28 为同轴电缆截面图。

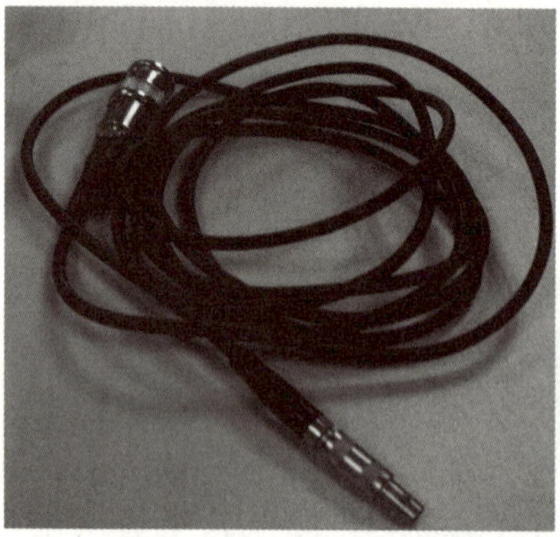

图 5-27　探头电缆线

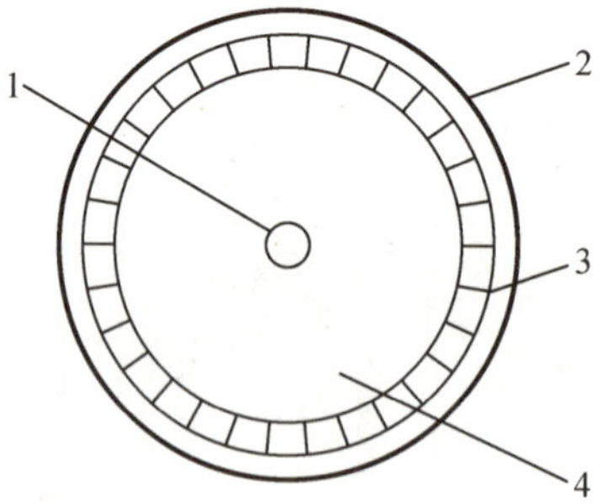

1—芯线;2—外皮;3—金属丝屏蔽层;4—聚乙烯隔层。

图 5-28　同轴电缆截面图

5.2.3　试块

按一定用途设计制作的具有简单几何形状人工反射体或模拟缺陷的试样,称为试块。试块和仪器、探头一样,是超声检测中的重要器材。

1. 试块的作用及分类

(1)试块的作用

①确定探伤灵敏度

超声波探伤灵敏度太高或太低都不好,太高杂波多,判伤困难;太低会引起缺陷漏检。因此在超声波探伤前,常用试块上某一特定的人工反射体来调整探伤灵敏度。

②测试仪器和探头的性能

超声波探伤仪和探头的一些重要性能，如放大线性、水平线性、动态范围、灵敏度余量、分辨力、盲区、探头的入射点、K值等都是利用试块来测试的。

(2)试块的类型

超声波检测中所用试块可分为标准试块、对比试块和模拟试块。

①标准试块

由权威机构制订的试块，其特性与制作要求有专门的标准规定。标准试块通常具有规定的材质、形状、尺寸及表面状态。我国规定：CSK-IB 试块为焊缝探伤用标准试块。其形状和尺寸如图 5-29 所示。

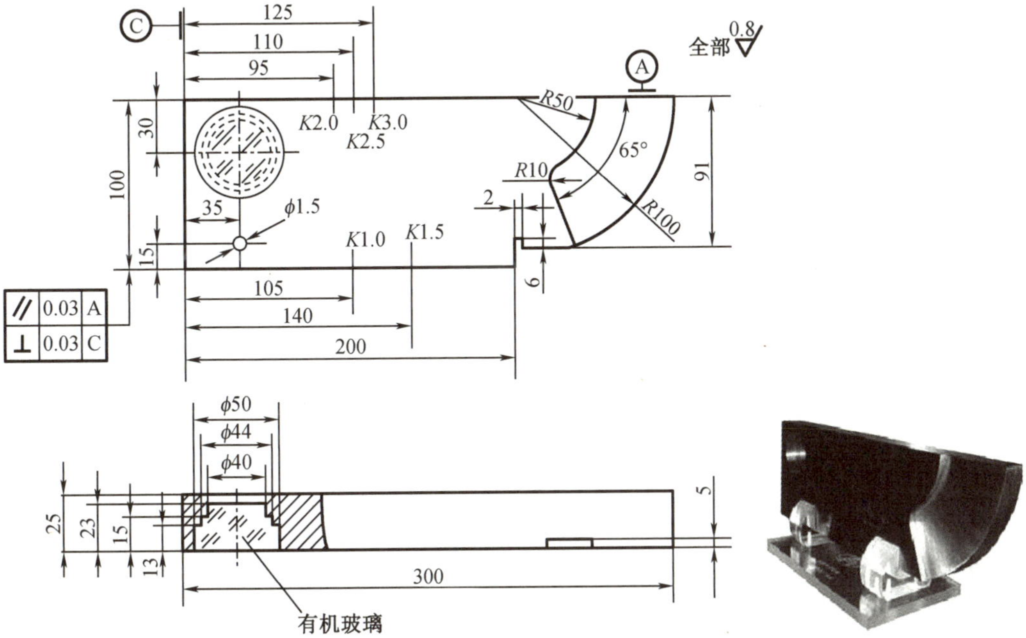

图 5-29　CSK-IB 标准试块(单位：mm)

试块的主要用途是：

(a)利用 $R100$ mm 圆弧面测定探头入射点和前沿长度，利用 $\phi50$ mm 孔的反射波测定斜探头折射角(K值)。

(b)校检探伤仪水平线性和垂直线性。

(c)利用横孔的反射波调整探伤灵敏度，利用 $R100$ mm 圆弧调整探测范围。

(d)利用圆孔估测直探头盲区和斜探头前后扫描声束特性。

(e)采用测试回波幅度或反射波宽度的方法可测定远场分辨力。

②对比试块

对比试块又称参考试块，它是由各专业部门按某些具体探伤对象规定的试块。国标规定 RB 试块为焊缝探伤用对比试块。该试块共有三种，即 RB-1(适用于 8～25 mm 板厚)、RB-2(适用于 8～100 mm 板厚)和 RB-3(适用于 8～150 mm 板厚)。

RB 试块主要用于绘制距离-波幅曲线，调整探测范围和扫描速度，确定探伤灵敏度和评定缺陷相对大小。它是对焊件进行评级判废的重要依据。

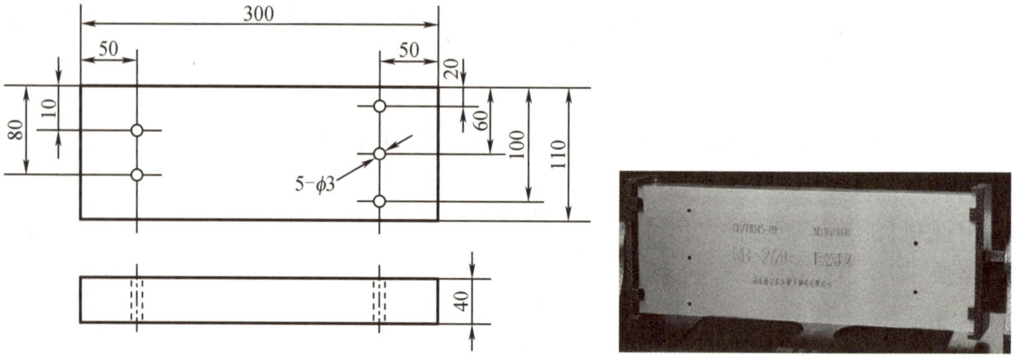

图 5-30　RB 对比试块(单位:mm)

③模拟试块

模拟试块是含模拟缺陷的试块,可以是模拟工件中实际缺陷而制作的样件(在可能出现的位置设置能代表自然缺陷的人工反射体),或者是在以往检测中所发现含自然缺陷的样件。

试块的主要用途是:用于检测方法的研究、无损检测人员资格考核和评定、评价和验证仪器探头系统的检测能力和检测工艺等(但不能用作校准)。

要求模拟试块的材料、形状及制造工艺与被检工件相同(或相近)。

5.2.4　耦合剂、耦合补偿与超声探伤仪、探头及其系统性能

1. 耦合剂与耦合补偿

(1)概述

①超声耦合

超声耦合可实现声能在探头和工件之间的传递,指超声波在检测面上的声压往复透过率(声强透射率),声压往复透过率高,超声耦合好。

②耦合剂

耦合剂是指加在探头和检测面之间的液体薄层。常用的有水、机油、甘油、水玻璃、化学浆糊、纤维素、洗洁精等。

③耦合补偿

耦合补偿是指利用试块调解灵敏度时,当被检工件表面状态与试块存在差异时所采取的一种补偿措施,测定两者之间的差异的分贝差,即为耦合补偿值。

(2)影响耦合的因素

影响耦合的主要因素有:耦合层的厚度,工件表面粗糙度,耦合剂的声阻抗和工件表面形状。

①耦合层厚度的影响

(a)当耦合层厚度为 $\lambda/4$ 的奇数倍时,透声效果差,耦合不好,反射回波低(声压透射率最低,反射率最高)。

(b)当耦合层厚度为 $\lambda/2$ 的整数倍或很薄时,透声效果好,反射回波高(声压透射率为1,几乎无反射,声能全部透射,好像耦合层不存在)。

②表面粗糙度的影响

(a)同一耦合剂,随工件检测面粗糙度增大,耦合效果差,反射回波低。

(b)声阻抗低的耦合剂,随粗糙度增大,耦合效果降低得更快。

(c)表面很光滑时,耦合效果将不会显著增加,但会使探头因吸附力大而移动困难。

③耦合剂声阻抗的影响

对于同一检测面,耦合剂声阻抗越大,耦合效果越好,反射回波也就越高。

④工件表面形状的影响

(a)平面耦合最好,凸曲面次之(点或线接触),凹曲面最差(探头中心不接触)。

(b)不同曲率半径的耦合效果也不相同,曲率半径越大,耦合效果越好。

2. 耦合剂

为了改善探头与工件间声能的传递而加在探头和检测面之间的液体薄层称为耦合剂。液浸法检测中,液体就是耦合剂。

(1)耦合剂的性能要求

①能润湿工件和探头表面,流动性、黏度和附着力适当,不难清洗。

②声阻抗高,透声性能好。

③来源广,价格便宜。

④对工件无腐蚀,对人体无害,不污染环境。

⑤性能稳定,不易变质,能长期保存。

(2)耦合剂的作用

①填充探头与工件间的空气间隙,使超声波能传入工件;并减少摩擦的作用。

②有润滑作用,防止工件表面磨损探头,并使探头便于移动。

(3)常用的耦合剂

常用耦合剂有:水、甘油、机油、变压器油、化学浆糊等。

①水

优点是来源方便。缺点是容易流失,容易使工件生锈,有时不易润湿工件。液浸法检测中,常用水作为耦合剂。使用时可加入润湿剂和防腐剂。

②甘油

优点是声阻抗大,耦合效果好。缺点是要用水稀释,容易使工件形成腐蚀坑,价格较贵。

③机油和变压器油

机油和变压器油附着力、黏度、润湿性都较适当,也无腐蚀性,价格又不贵,是最常用的耦合剂。

④化学浆糊

化学浆糊耦合效果比较好,也是一种常用的耦合剂。

3. 耦合补偿

超声波探伤仪在进行试件检测时，由于试件被检测面比较粗糙，耦合状况不如超声波试块上面好，超声波会有损耗，做完曲线后就要补偿一下，所以需要提高几个 dB 值作为补偿，叫作粗糙度补偿，一般增加 2~4 dB 值。

4. 超声波探伤仪、探头及其系统性能

超声探伤系统的性能包括超声检测自身的性能、探头的性能、超声波探伤仪和探头配合使用的组合性能。了解超声检测系统的性能，并定期进行测试和校验，对正确使用检测设备，确保检测结果的可靠性，保证超声检测工作的质量，是十分重要的。这里主要介绍超声波探伤仪和探头配合使用的组合性能，包括灵敏度（或灵敏度余量）、分辨力、信噪比和频率等。

（1）灵敏度

灵敏度广义的含义是指整个检测系统（仪器与探头）发现最小缺陷的能力，发现的缺陷越小，灵敏度就越高，常用灵敏度余量来衡量。

灵敏度余量是指仪器最大输出时（增益、发射强度最大、衰减和抑制为零），使规定反射体回波达基准高度所需衰减的衰减总量。灵敏度余量大，说明仪器与探头的灵敏度高。灵敏度余量与仪器和探头的综合性能有关，因此又叫仪器与探头的综合灵敏度。

（2）分辨力

分辨力是指能够对一定大小的两个相邻反射体提供可分离指示时两者的最小距离。因超声脉冲自身有一定宽度，在深度方向上分辨两个相邻信号的能力有一个最小限度（最小距离），称为纵向分辨力。在工件的入射面和底面附近，可分辨的缺陷和相邻界面间的距离，称为入射面（上表面）分辨力和底面（下表面）分辨力。实际检测时，入射面分辨力和底面分辨力与所用的检测灵敏度有关，检测灵敏度高时，界面脉冲或始波宽度会增大，使分辨力变差。探头平移时，分辨两个相邻反射体的能力称为横向分辨力。横向分辨力取决于声束的宽度。盲区（近表面分辨力）：在纵波直接接触法检测时，超声波进入检测面附近，由于反射脉冲进入接收电路放大器后产生的阻塞，使得入射面一段深度范围内的缺陷信号不能显现，这段距离称为盲区（也称近表面分辨力）。

（3）信噪比

信噪比是指示波屏上有用的最小缺陷信号幅度与无用的最大噪声幅度之比。信噪比对缺陷的检测起关键作用。

（4）频率

频率是超声仪器与探头组合后的一个重要参数，很多计算都与频率有关。探头的公称频率是制造厂在探头上标出的频率，是根据驻波共振理论设计的。仪器和探头的组合频率取决于仪器的发射电路与探头的组合性能，与公称频率之间往往存在一定的差值，用回波频率误差表征。回波频率误差是指当仪器与探头组合使用时，经工件底面反射回的超声波的频率与探头公称频率间的误差极限。

任务5.3 超声波检测工艺

问题导入

超声波检测工艺是保证现代造船企业生产现场对船舶焊接结构实施超声波检测的技术基础,也是指导超声波检测技术人员编制船舶焊接结构超声波检测工艺规程、超声波检测工艺卡的重要技术保证。本次任务对超声波检测工艺规程制订依据和要求、焊缝超声波检测质量评级、超声波检测工艺卡的编制格式和内容等做出具体规定,也是超声波检测技术人员完成超声波检测工艺文件编制的重要参照依据。

5.3.1 超声波检测方法与步骤

1. 超声波检测方法

超声波检测是通过超声波探伤仪示波屏上反射回波的位置、高度、波形的静态和动态特征来显示被探焊件缺陷的。对焊缝探伤时,应该根据被检焊件的材质、结构、焊接方法、适用条件、载荷等,确定不同的检测工艺方案。

船舶焊接结构的超声波检测中一般采用斜探头进行直接接触法检测,并根据现行行业标准 CB/T 3559—2011《船舶钢焊缝超声波检测工艺和质量分级》来合理选择超声波检测技术条件、合理制订相关超声波检测工艺,并根据标准进行被检焊缝质量评定;最终提交船舶焊接结构超声波检测报告;作为船舶焊接结构或者产品质量验收的凭证和质量证明文件。

2. 焊缝超声波探伤的一般步骤

焊缝超声波探伤一般程序如下:

(1)编写委托检验书

委托检验书内容应具有焊接编号、材料、尺寸、规格、焊接方法、坡口形式等,也注明探伤部位、探伤百分比、验收标准、级别和质量等级,并附有焊接简图。

(2)确定参加检测人员

超声波探伤一般安排两人同时工作,由于超声波检测通常要现场给出结果,所以至少要一名二级检验员担任主探伤工作。

(3)探伤前的准备

探伤人员探伤前应了解焊件和焊接工艺情况,这是探伤前的一项重要准备工作。探伤人员根据材质和工艺特征,可以预先判断可能出现的缺陷及分布规律。同时,向焊工了解在焊接过程中偶然出现的一些问题及修补等详细情况可有助于对可疑信号进行分析和判断。

探伤人员在探伤前应完成探头测试、探伤仪的调试及距离-波幅曲线的绘制等相关准备工作,为下一步的实际探伤做好技术准备。

(4)现场粗探伤

现场粗探伤以发现缺陷为主要目的,包括探测纵向、横向和其他取向缺陷,以鉴别假信号等。

(5)现场精探伤

针对粗探伤中出现的可疑缺陷,进一步缺陷的检测并测定缺陷的有关参数,例如缺陷的位置参数:纵向坐标、横向坐标、深度坐标;缺陷的尺寸参数:最大回波幅度 dB 值及在距离-波幅曲线上分区的位置、缺陷的当量或缺陷的指标长度等;为下一步进行焊缝质量评级提供原始数据。

(6)评定焊接缺陷

依据探伤结果对缺陷反射波幅的评定、指标长度的评定、密集程度的评定及缺陷性质的估判,参照相关标准,给出被检测焊缝的质量等级的评定。

5.3.2 超声波检测技术条件的选择

1. 超声波探伤检测等级的确定

根据 CB/T 3559—2011《船舶钢焊缝超声波检测工艺和质量分级》,将超声波检测技术等级分为 A、B、C 三级。检测的完善程度和检测工作的难度按 A、B、C 顺序递增。检测技术等级应按工件的材质、结构、焊接方法和承受载荷的不同进行选用。无特殊规定时,检测技术等级按 B 级执行。

(1)A 级

其检验的完善程度一般,适用于普通船舶结构的检测;以一种角度的探头,采用直射法和一次反射法在焊缝的单面单侧进行;一般不要求进行横向缺陷的检测。当母材厚度大于 50 mm 时,不应采用 A 级检测。

(2)B 级

其检验的完善程度较高,适用于船舶上压力容器类等较为重要结构的检测;原则上以一种角度探头,采用直射法和一次反射法在焊缝的单面双侧进行。当母材厚度大于 100 mm 时,采用双面双侧检测。受几何条件限制时,可在焊缝的双面单侧采用两种角度探头进行检测。条件允许时应做横向缺陷的检测。

(3)C 级

其检验的完善程度最高,适用于反应性容器与管道等非常重要结构的检测;至少应以两种角度探头,采用直射法和一次反射法在焊缝的单面双侧进行检测。同时要做两个扫查方向的横向缺陷检测。当母材厚度大于 100 mm 时,采用双面双侧检测。其他要求如下:

①对接焊缝余高应磨平,以便探头在焊缝上做平行扫查;

②焊缝两侧斜探头扫查经过的母材区域应用直探头检查;

③焊缝母材厚度不小于 100 mm、窄间隙焊缝母材厚度不小于 40 mm 时,应增加其他检测方法(如串列式扫查、TOFD 等)。

2. 超声波探伤仪与探头的选择

正确选择仪器和探头对于有效地发现缺陷、并对缺陷定位、定量和定性至关重要。实际检测中要根据工件结构形状、加工工艺和技术要求来选择仪器和探头。

(1)超声波探伤仪的选择

一般根据以下情况来选择超声波探伤仪器:

主要考虑:灵敏度、分辨力、定量要求,定位要求和便携、稳定等方面。

①对定位要求高时,应选择水平线性误差小的仪器。

②对定量要求高时,应选择垂直线性误差小,衰减器精度高的仪器,

③对大型工件或粗晶材料工件探伤,可选择功率大,灵敏度余量高,信噪比高,低频性能好的仪器。

④为了发现近表面缺陷和区分相邻缺陷,可选择盲区小,分辨力好的仪器。

⑤室外现场检测,重量轻、荧光屏亮度高、抗干扰能力好的仪器。

⑥自动快速扫查时应选择重复频率高的仪器。

(2)探头的选择

①探头形式的选择

原则:一般根据工件的形状和可能出现缺陷的位置、方向等条件来选择探头,使声束轴线尽量与缺陷垂直。

(a)纵波直探头——用于检测与检测面平行或近似平行的缺陷,如原材料钢板、协作铸件中的夹层、折叠等缺陷。

(b)横波斜探头——用于检测与检测面垂直或呈一定角度的缺陷,如焊缝中的未焊透、夹渣、裂纹、未熔合等缺陷。

(c)纵波斜探头——利用小角度的纵波进行检测,或在横波衰减大的情况下使用。使用时需注意横波干扰。如螺栓端面检测裂纹等。

(d)双晶探头——用于检测薄壁工件或近表面缺陷。

②探头频率的选择

超声波检测工作频率一般在 0.5~10 MHz 之间选择范围大。焊缝检测中常用频率为 2.5~5 MHz。

(a)超声波检测灵敏度约为 $\lambda/2$,提高频率,有利于发现更小的缺陷(对钢用 2.5~5 MHz,λ 为:纵波 2.36~1.18,横波 1.29~0.65,则纵波检测缺陷最小值为:0.6~1.2 mm,横波检测缺陷最小值为:0.3~0.6 mm)。

(b)频率 f 高,脉冲宽度小,分辨率高,有利于区分相邻缺陷,缺陷定位精度高。

(c)频率 f 高,波长短,半扩散角 θ_0 小,指向性好,能量集中,发现小缺陷能力强,但检测区域小。

(d)频率高,近场区 N 大,对检测不利。

(e)频率高,衰减大。对于厚工件、粗晶材料选用低频。

(f)对于面积状缺陷,频率太高则会形成显著的反射指向性,缺陷回波幅度低。

因而频率的选择应综合考虑各方面的因素。一般而言,对于小缺陷、厚度不大的工件,宜选择较高的频率,如锻件、轧制件和焊接件等,常用 2.5~10 MHz。对于大厚度工件,高衰减材料,应选择较低的频率,如铸件、奥氏体钢等,常用 0.5~2.5 MHz。

③探头晶片尺寸的选择

晶片尺寸要满足标准要求，一般晶片面积≤500 mm^2，任一边长≤25 mm。圆晶片直径一般不大于 ϕ25 mm。

(a)晶片尺寸大，半扩散角小，指向性好，能量集中，声束轴线附近缺陷检出能力强；晶片尺寸大，辐射的超声波能量大，探头未扩散区范围变大，发现远距离缺陷能力强。但晶片尺寸大，近场区 N 大，对检测不利。

(b)考虑检测面的结构情况：如对小型工件、曲率大的工件、形状复杂的工件为便于耦合要用小晶片。对平面工件，晶片尺寸可大一些，以提高检测效率。

因此对于检测面积范围大的工件时(为提高检测效率)或检测厚度大的工件时(为有效地发现远距离的缺陷)，宜选用大晶片探头。检测小型工件时(为了提高缺陷定位、定量精度)或检测表面不太平整或曲率较大的工件时(为了减少耦合损失)，宜选用小晶片探头。

④横波斜探头 K 值的选择

(a)探头 K 值对缺陷检出率、检测灵敏度、声束轴线的方向、一次波的声程有较大影响(K 值大，一次波的声程大)。

(b)实际检测中，薄工件 K 值大些，一次波的声程大，避免近场检测；厚工件 K 值可小些，减少声程过大引起的衰减，便于发现深度较大处的缺陷。

(c)保证主声束扫到整个焊缝截面。尽可能使检测声束与缺陷垂直，在条件许可时，尽量用 K 值大些的探头。

(d)为检测单面焊根部未焊透，选 $K=0.7\sim1.5$(端角反射率高)，检测灵敏度最高。

3. 超声波探伤仪的调节

调节前首先要对选定的仪器和探头系统性能进行校正，以确保系统性能满足检验对象和探伤仪标准的要求；其次，在使用斜探头之前应该先测定入射点，校验探头的前沿长度与 K 值。仪器调节有两项主要内容：其一，探伤范围和扫描速度的调节；其二，探伤灵敏度的选定。

(1)探伤范围和扫描速度的调节

探伤范围的选择应以尽量扩大示波屏的观察视野为原则，一般要求受检焊件最大探测距离的反射信号位置应不小于刻度范围的 2/3。探伤范围可通过仪器上的“深度(粗调)”旋钮，改变不同挡级来调节。

仪器示波屏上时基扫描线的水平刻度值 τ 与实际声程 χ 的比例关系，即 $\tau:\chi=1:n$ 称为扫描速度或时基扫描线比例。它类似于地图比例尺，如扫描速度 1:2表示仪器示波屏上水平刻度 1 mm 表示实际声程 2 mm。

探伤范围和扫描速度的调节目的：在规定的范围内发现缺陷并对缺陷进行定位。

调节方法：在探测范围利用已知尺寸的试块或工件上的两次不同反射波的前沿分别对准相应的水平刻度值来实现。

横波扫描速度的调节方法有三种：声程调节法、水平调节法和深度调节法。超声波检测实践中一般根据检测试件的厚度来选择调节方法，一般情况下薄板采用水平调节法、厚板采用深度调节法。

①水平调节法

水平调节法是指示波屏上水平刻度值 τ 与反射体声程的水平距离 L 成比例，即 $\tau:L=$

$1:n$。这时示波屏水平刻度值直接显示反射体的水平投影距离（简称水平距离），多用于薄板工件焊缝横波探伤。

水平距离调节横波扫描速度可在 CSK-IA 试块进行。先计算相应斜探头对准 $R50$、$R100$ 对应声程的水平距离 L_1、L_2，然后将探头对准 $R50$、$R100$，调节仪器使 $R50$、$R100$ 回波 B_1、B_2 分别对准水平刻度 L_1、L_2。如当 $K=2.5$ 时，$L_1=46$ mm，$L_2=92$ mm，若使 $B_1=46$，$B_2=92$，则探伤仪水平距离扫描速度为 1:1。

②深度调节法

深度调节法是指示波屏上水平刻度值 τ 与反射体声程的深度距离 Z 成比例，即 $\tau:Z=1:n$。这时示波屏水平刻度值直接显示反射体的深度投影距离（简称深度距离），多用于厚板工件焊缝横波探伤。

深度距离调节横波扫描速度也是在 CSK-IA 试块进行。先计算相应斜探头对准 $R50$、$R100$ 对应声程的深度距离 Z_1、Z_2，然后将探头对准 $R50$、$R100$，调节仪器使 $R50$、$R100$ 回波 B_1、B_2 分别对准水平刻度 Z_1、Z_2。如当 $K=1.0$ 时，$Z_1=35$ mm，$Z_2=70$ mm，若使 $B_1=35$，$B_2=70$，则探伤仪深度距离扫描速度为 1:1。

后续在模拟式超声波探伤仪基本操作训练中，安排了探伤仪水平 1:1和深度 1:1等训练任务。

（2）探伤灵敏度的选定

探伤灵敏度是指在确定的探测范围内的最大声程处发现规定大小缺陷的能力。它也是仪器和探头组合后的综合指标，因此可通过调节仪器上的“增益”“衰减器”等灵敏度旋钮来实现。焊接结构的工作条件不同，对质量的要求也不一样，具体的探伤灵敏度可根据有关标准或技术要求来确定。应该注意，探伤灵敏度越高，发现缺陷的能力越强。但灵敏度过高时，由于多种原因会使信噪比下降，所以不是越高越好。

实际探伤中，在粗探时为了提高扫查速度而又不致引起漏检，常常将探伤灵敏度适当提高，这种在探伤灵敏度基础上适当提高后的灵敏度叫作搜索灵敏度或扫查灵敏度。

探伤灵敏度的调节常用试块调整法和工件底波调整法两种。

①试块调整法

根据工件对灵敏度的要求选择相应的试块，将探头对准试块上的人工缺陷，调整仪器上的有关灵敏度旋钮，使示波屏上人工缺陷的最高反射回波达基准高，这时灵敏度就调好了。

例如，压力容器用钢板是利用 $\phi5$ mm 平底孔来调整灵敏度的。具体方法是：探头对准 $\phi5$ mm 平底孔，[衰减器]保留一定的衰减余量，[抑制]至“0”，调[增益]使 $\phi5$ mm 平底孔最高回波达示波屏满幅度 80%或 60%，这时灵敏度就调好了。

又如，超声波探伤厚度为 100 mm 的锻件，探伤灵敏度要求是：不允许存在 $\phi2$ mm 平底孔当量大小的缺陷。

探伤灵敏度的调整方法是：先加工一块材质、表面光洁度、声程与工件相同的 $\phi2$ mm 平底孔试块，将探头对准 $\phi2$ mm 平底孔，仪器保留一定的衰减余量，[抑制]至“0”，调[增益]使 $\phi2$ mm 平底孔的最高回波达 80%或 60%，这时探伤灵敏度就调好了。

②工件底波调整法

利用试块调整探伤灵敏度,操作简单方便,但需要加工不同声程不同当量尺寸的试块,成本高,携带不便。同时还要考虑工件与试块因耦合和衰减不同进行补偿。如果利用工件底波来调整探伤灵敏度,那么既不要加工任何试块,又不需要进行补偿。

利用底波调整探伤灵敏度时,将深头对准工件底面,仪器保留足够的衰减余量,一般大于(Δ+(6~10))dB(考虑搜索灵敏度),[抑制]至"0",调[增益]使底波 B_1 最高达基准高(如 80%),然后用[衰减器]增益 Δ(单位 dB)(即衰减余量减少 Δ(单位 dB)),这时探伤灵敏度就调好了。

4. 距离-波幅曲线的制作

(1)距离-波幅曲线的作用

在焊缝横波探伤中常利用距离-波幅曲线来对缺陷进行定量和评价焊缝的质量级别。

焊缝探伤中所用的距离-波幅曲线一般是在试块上实测得到的。一般用 RB-2 型对比试块实测距离-波幅曲线。

(2)距离-波幅曲线的制作步骤

①测定所用斜探头的入射点和 K 值,模拟式探伤仪扫描线按水平或深度 1:1调节。

②在 RB 试块上,抑制为 0,将探头对准深度为 10 mm,ϕ3 mm×40 mm 孔找到最高点,调节"增益"使其波高达基准波高(60%)。

③探测其他深度的 ϕ3 mm×40 mm 长横孔,分别找到最高点,不动其他仪器旋钮,只调衰减器,分别使各深度波高达基准高(60%),记下相应的衰减器读数,如表 5-3 所示。

表 5-3　测定不同深度 ϕ3 mm×40 mm 孔时的波高(dB)

深度 X/mm	10	20	30	40	50	60	70
波高							

④根据所测得的不同深度 ϕ3 mm×40 mm 长横孔回波达基准高时相应的衰减器读数,在距离-波幅坐标系中标出相应的点,用圆滑曲线把这些点连接起来,得到 DAC 曲线(即基准线)。

⑤根据 DAC 曲线,参考距离-波幅曲线的灵敏度,如表 5-4 所示,作出对应的距离-波幅曲线中的判废线 RL、定量线 SL、评定线 EL,并标出Ⅰ、Ⅱ、Ⅲ区。如图 5-31 所示。

表 5-4　距离-波幅曲线的灵敏度

母材厚度/mm	判废线 RL	定量线 SL	评定线 EL
50	ϕ3	ϕ3-10 dB	ϕ3-16 dB
>50~100	ϕ3+2 dB	ϕ3-6 dB	ϕ3-12 dB
>100	ϕ3+2 dB	ϕ3-2 dB	ϕ3-8 dB

后续在数字式超声波探伤仪基本操作训练中,安排了距离-波幅曲线绘制训练任务。

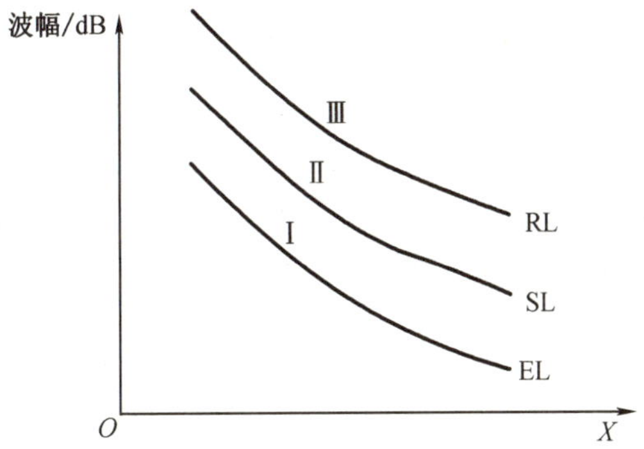

图 5-31　距离-波幅曲线

5. 被检工件在检测前的准备

(1)检测面的选择和准备

①检测面的选择

(a)选择的基本原则:根据被检测缺陷的位置、取向,使入射声束尽可能垂直于缺陷最大反射面。

(b)缺陷的最大可能取向应根据被检工件材质、坡口形式、焊接工艺等进行综合分析。

表 5-5 为被检试件相应焊缝探伤面的选择及推荐使用斜探头的情况,仅供实际超声波检测中参考。

表 5-5　探伤面及推荐使用的斜探头相关规格

<table>
<tr><th rowspan="2">板厚/mm</th><th colspan="3">探伤面</th><th rowspan="2">探伤方法</th><th>使用 K 值</th></tr>
<tr><th>A</th><th>B</th><th>C</th><th>2.5　2.0</th></tr>
<tr><td>≤25</td><td rowspan="2">单面
单侧</td><td colspan="2" rowspan="3">单面双侧
或
双面单侧</td><td rowspan="2">直射法
一次反射法</td><td>2.5　2.0　1.5</td></tr>
<tr><td>>25~50</td><td rowspan="2">1 或 1.5 或并用
1 和 2.0 并用</td></tr>
<tr><td>>50~100</td><td rowspan="2">无 A 级</td><td rowspan="2">直射法</td></tr>
<tr><td>>100</td><td colspan="2">双面双侧</td><td>1 和 1.5 或 2.0 并用</td></tr>
</table>

②检测面的准备

(a)超声波检测前,焊缝的表面及热影响区应经外观检验合格。

(b)检测面应光洁平滑,所有油污、锈蚀、飞溅、氧化皮、马脚等应清除干净。

(c)检测面的粗糙度不应大于 6.3 μm。

(2)检测区域与探头移动区域的确定

检测区域的宽度包括焊缝本身和焊缝两侧各相当于母材厚度 30%的一个区域,这个区域最小为 5 mm,最大为 10 mm。

采用直射法检测时,探头移动区域宽度 $A \geq 0.75P$,如图 5-31 所示。采用一次反射法检测时,探头移动区域宽度 $A \geq 1.25P$,如图 5-32 所示。其中 A 为探头移动区域宽度的数值,单位为毫米(mm);P 为跨距的数值,单位为毫米 (mm)。

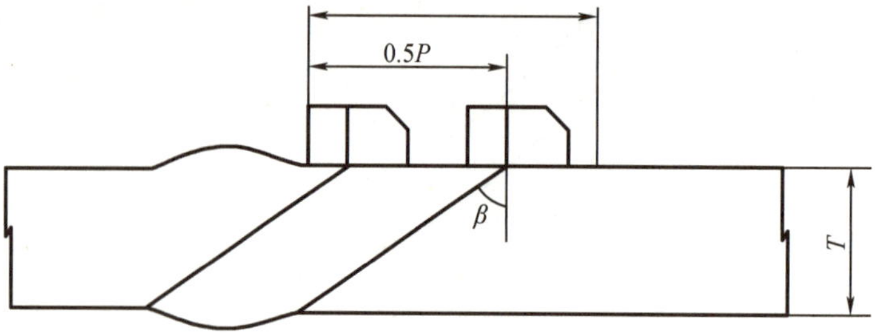

图 5-32　直射法确定的检测面宽度

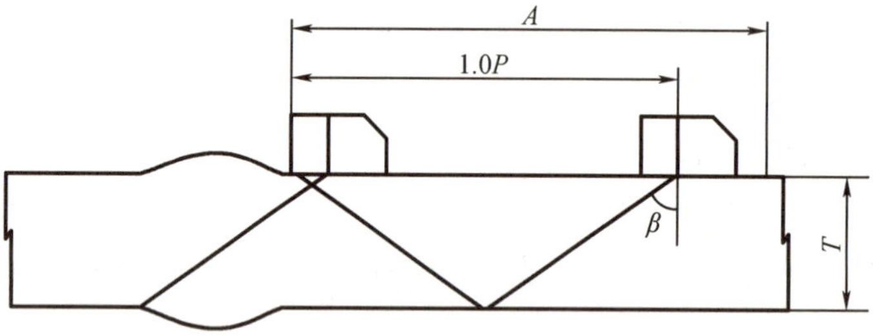

图 5-33　一次反射法确定的检测面宽度

6. 探头扫查方式

扫查就是移动探头使声束覆盖到工件上需检测的所有体积的过程。因此，扫查的方式，包括探头移动方式、扫查速度、扫查间距等就是为保证扫查的完整而做出的具体规定。为了便于发现缺陷，扫查时常将调整好的仪器灵敏度再提高 4~6 dB，作为扫查灵敏度。

(1) 单探头的扫查方法

单探头扫描时用一个发射兼收的探头进行扫查。为了发现缺陷及对缺陷进行准确定位，必须正确移动探头和合理布置探头位置。

①锯齿形扫查

探头以锯齿形轨迹做往复移动扫查，同时探头还应该在垂直于焊缝中心线位置做 ±10°~15°的左右转动，以便时声束可能垂直于缺陷的扫查方法，常用于焊缝的粗探伤。如图 5-34 所示。

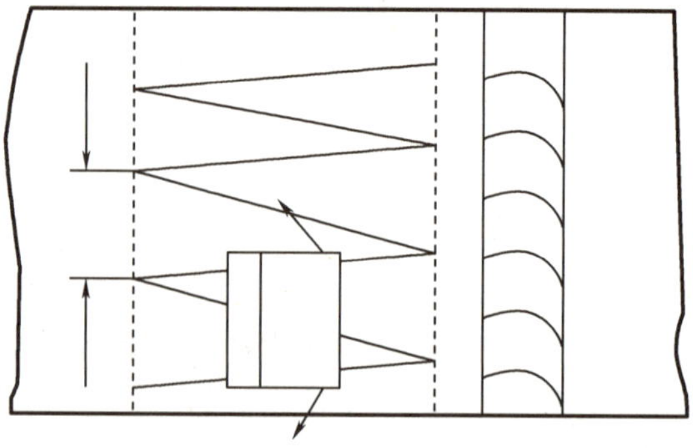

图 5-34　初探伤时的锯齿形扫查

②基本扫查

基本扫描查方式有四种：转角扫查的特点是探头做定点转动，用于确定缺陷方向并区分点、条状缺陷，同时，转角扫查的动态波形特征有助于对裂纹的判断；环绕扫查的特点是以缺陷为中心，变换探头位置，主要估判缺陷形状，尤其是对点状缺陷的判断；左右扫查的特点是探头在平行于焊缝或缺陷方向做左右移动，主要是通过缺陷沿长度方向的变化情况来判断缺陷形状，尤其是区分点、条状缺陷，并用此法来确定缺陷长度；前后扫查的特点是探头垂直于焊缝前后移动，常用于估判缺陷形状和估计缺陷高度。如图 5-35 所示。

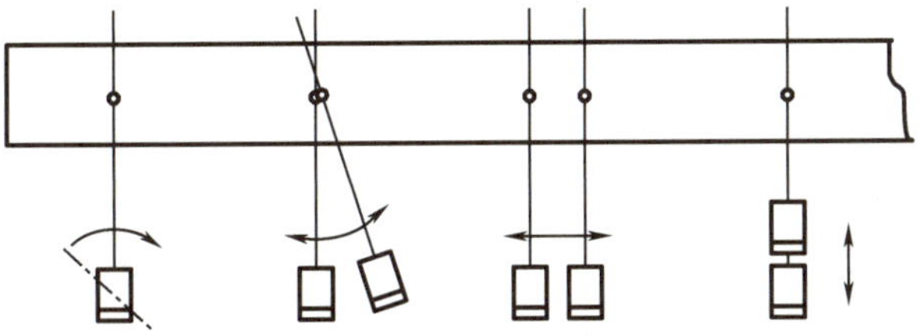

图 5-35　精探伤时的几种基本扫查

③平行扫描

其特点是在焊缝边缘或焊缝上做平行于焊缝的移动扫描，此法可探测焊缝及热影响区的横向缺陷如横向裂纹。如图 5-36 所示。

④斜平行扫描

其特点是探头与焊缝方向成一定夹角的平行扫描，该法有助于发现焊缝及热影响区的横向裂纹和与焊缝方向成一定角度的缺陷。为保证夹角与焊缝相对位置稳定不变，需要使用扫描工具。如图 5-37 所示。

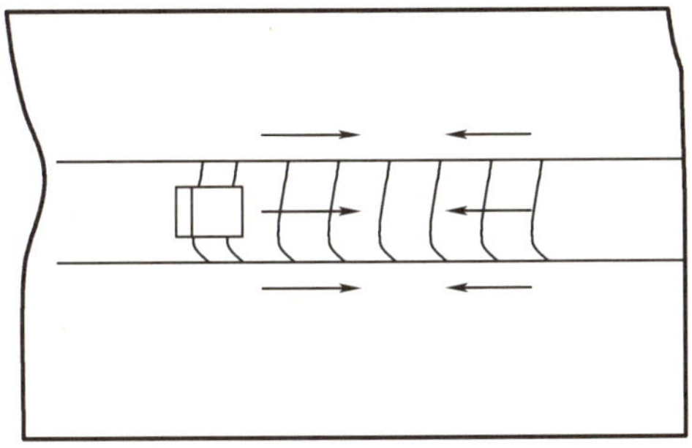

图 5-36　平行扫描

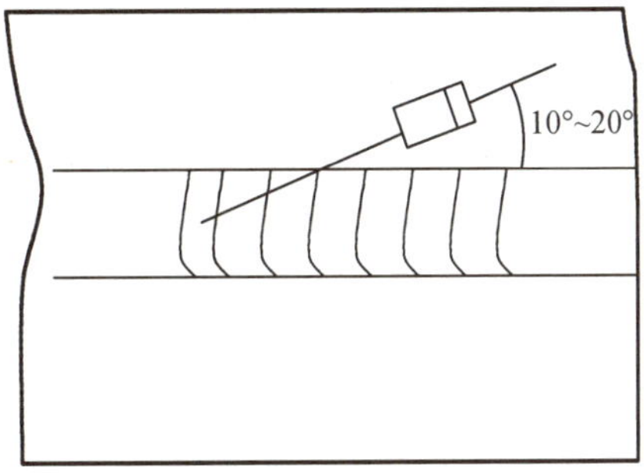

图 5-37　斜平行扫描

(2)双探头的扫查方式

双探头扫描是用两个斜探头，一个用于发射超声波，另一个用于接收超声波。根据不同的探测目的，可以采用以下扫描方式。

①串列式扫查

串列式扫查方法如图 5-38 所示。探伤时采用两个规格相同的探头，其中一个用于发射超声波,另一个用于接收超声波。该方法适用于对焊缝中垂直于探测面的缺陷检测;探头 A 发射的超声波在缺陷表面进行反射,反射的超声波经工件表面再次反射,被探头 B 接收,从而在荧光屏上显示缺陷相关信息。

②交叉扫查

其特点为两个斜探头置于焊缝的两侧或同侧且呈 60°~90°布置,用于探测焊缝中的横向或纵向面状缺陷。

③V 形扫查

其特点为两个斜探头置于焊缝的两侧且垂直于焊缝对向布置,可探与探伤面平行的面状缺陷,如多层焊中的层间未熔合。如图 5-39 所示。

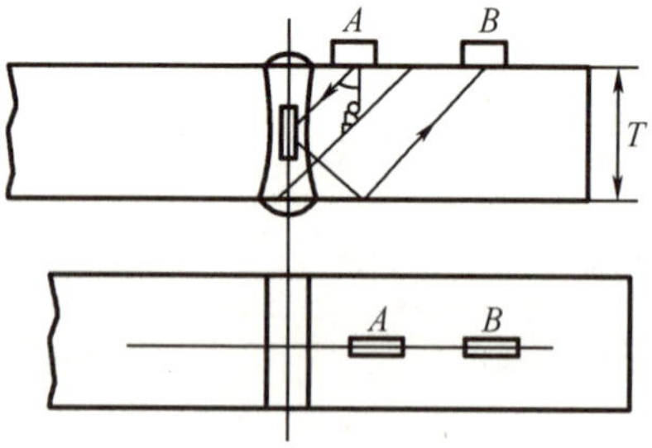

图 5-38　串列式扫查

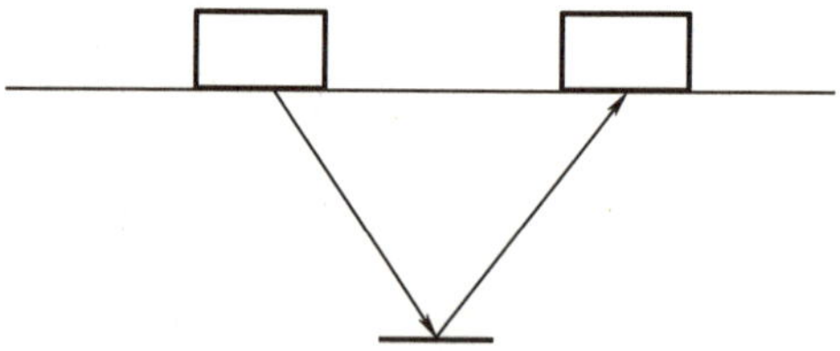

图 5-39　V 形扫查

5.3.3　超声波检测中缺陷位置、大小的测定与性质估判

超声波探伤的最终目的就是确定焊缝中缺陷的位置、大小,将探伤数据、焊件结构及生产工艺概况进行归纳总结,根据缺陷情况和检测标准对焊缝质量进行评定,才能确定船舶焊接结构的合格性。

1. 缺陷位置的测定

测定缺陷在焊件或焊接接头的位置称为缺陷定位。缺陷定位必须解决缺陷在探伤面上的投影位置(X、Y 方向数值)及存在深度(Z 向数值),如图 5-40 所示。对于模拟式超声波探伤仪一般可根据反射波在示波屏上的位置及扫描速度来对缺陷进行定位;对于数字式超声波探伤仪,在设置好检测参数和完成仪器调节后,检测中可以直接从探伤仪面板上相关对话窗口中读取。这里重点分析模拟式超声波探伤仪检测中对缺陷位置的测定方法。

(1)垂直入射法时缺陷定位

采用垂直入射法探伤时,缺陷就在直探头的下面,缺陷定位只需测定沿焊件 Z 轴的坐标,即缺陷在焊件中的深度即可。

当探伤仪按 1∶n 调节纵波扫描时,则有

$$Z_f = n \cdot \tau_f$$

式中　Z_f——缺陷在被检焊件中的深度(mm);

n——探伤仪调节比例系数;

τ_f——示波屏上缺陷波前沿所对应的水平刻度值。

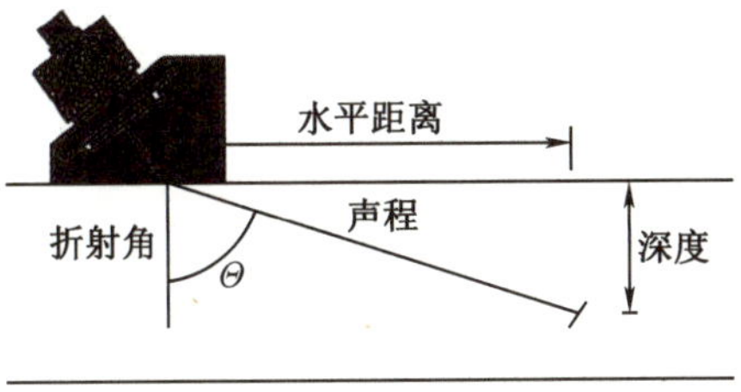

图 5-40 缺陷定位原理

(2)斜角探伤时缺陷定位

用斜探头探伤时,缺陷在探头前方的下面,其位置可用入射点至缺陷的水平距离和缺陷到探伤面的垂直距离两个参数来描述。

①超声波探伤仪进行水平调节法缺陷定位

探伤仪按水平 1:n 调节横波扫描仪时,则有:

(a)缺陷采用直射法探伤

$$L_f = n \cdot \tau_f$$
$$Z_f = n \cdot \tau_f / K$$

(b)缺陷采用一次反射法探伤:

$$L_f = n \cdot \tau_f$$
$$Z_f = 2\delta - n \cdot \tau_f / K$$

式中 L_f——缺陷在焊件中的水平距离(mm);

Z_f——缺陷在焊件中的深度(mm);

τ_f——缺陷波前沿在探伤仪上所对应的水平刻度值;

n——探伤仪调节比例系数;

δ——探伤厚度(mm);

K——探头 K 值。

例 1 用 K2.5 的斜探头探伤厚度为 16 mm 的钢件焊缝,探伤仪按水平 1:1调节横波扫描速度,探伤中发现在探伤仪示波屏水平刻度 30 mm 处出现一缺陷波,求此缺陷的位置。

解答:已知 $K=2.5$,$\delta=16$ mm,$n=1$,$\tau_f=30$

因为:$n \cdot \tau_f = 30 < K \cdot \delta = 40$ mm

所以:缺陷是直射法发现的

因此:$L_f = n \cdot \tau_f = 30$ mm,$Z_f = n \cdot \tau_f / K = 30/2.5 = 12$ mm

答:缺陷位于探头入射点下方水平距离 30 mm、深度 12 mm 处。

②超声波探伤仪进行深度调节法缺陷定位

探伤仪按深度 1:n 调节横波扫描仪时,则有:

(a)缺陷采用直射法探伤

$$L_f=K\cdot n\cdot \tau_f$$
$$Z_f=n\cdot \tau_f$$

(b)缺陷采用一次反射法探伤

$$L_f=K\cdot n\cdot \tau_f$$
$$Z_f=2\delta-n\cdot \tau_f$$

式中 L_f——缺陷在焊件中的水平距离(mm);

Z_f——缺陷在焊件中的深度(mm);

τ_f——缺陷波前沿在探伤仪上所对应的水平刻度值;

n——探伤仪调节比例系数;

δ——探伤厚度(mm);

K——探头 K 值。

例 2 用 $K1.5$ 的斜探头探伤厚度为 60 mm 的钢件焊缝,探伤仪按深度 1:1调节横波扫描速度,探伤中发现在探伤仪示波屏水平刻度 40 mm 处出现一缺陷波,求此缺陷的位置。

解答:已知 $K=1.5$,$\delta=60$ mm,$n=1$,$\tau_f=40$

因为:$n\cdot \tau_f=40<\delta=60$ mm

所以:缺陷是直射法发现的

因此:$L_f=K\cdot n\cdot \tau_f=60$ mm,$Z_f=n\cdot \tau_f=40$ mm

答:缺陷位于探头入射点下方水平距离 60 mm、深度 40 mm 处。

2. 缺陷大小的确定

测定焊件或焊接接头中缺陷的大小和数量称为缺陷定量。焊件中缺陷是多种多样的,但就其相对大小而言,可分为小于超声波声束截面和大于超声波声束截面两种;对于前者的缺陷定量一般使用当量法;而对于后者的缺陷定量常采用探头移动法。

(1)当量法

将已知形状和尺寸的人工缺陷(平底孔或横孔)回波与探测到的缺陷回波相比较,如二者的声程、回波相等,则这个已知的人工缺陷尺寸就是被探测到的缺陷的所谓缺陷当量。“当量”概念仅表示缺陷与该尺寸人工反射体对声波的反射能量相等,并不涉及尺寸与人工反射体尺寸相等的含义。

当量曲线法即 DGS 法,是为现场探伤使用而预先制订的距离-波幅曲线。目前国内探伤标准大都规定采用具有同一孔径、不同距离的横通孔试块制作距离-波幅曲线即 DAC 曲线。

(2)探头移动法

对于尺寸或面积大于声束直径或横截面的缺陷,一般采用探头移动法来测定其指示长度或范围。缺陷指示长度 ΔL 的测定推荐采用以下两种方法:

①相对灵敏度测长法

当缺陷反射波只有一个最高点或高点起伏小于 4 dB 时,用降低 6 dB 相对灵敏度测定指示长度,称为相对灵敏度测长法。如图 5-41 所示。

②端点峰值测长法

在测定指示长度扫描过程中,如发现缺陷反射波峰值起伏变化,有多个高点,则以缺陷两端反射波大值之间探头的移动长度确定为指示长度,称为端点峰值测长法。如图 5-42 所示。

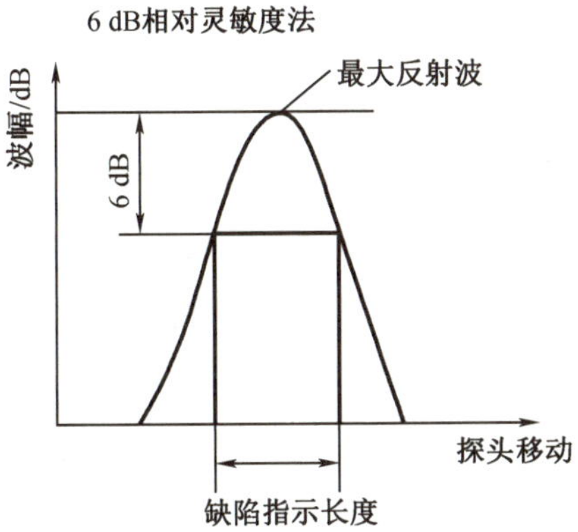

图 5-41 相对灵敏度测长法

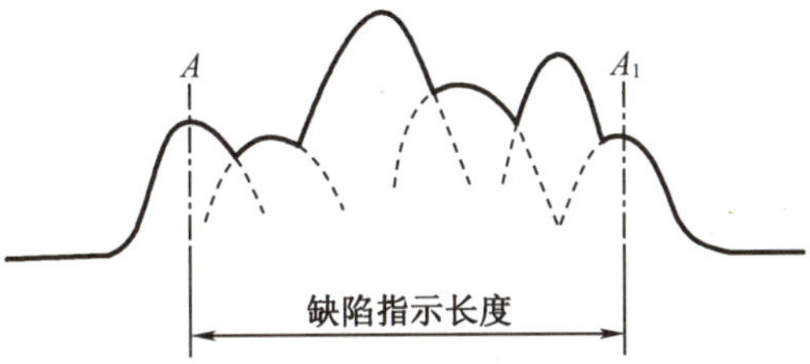

图 5-42 端点峰值测长法

3. 缺陷性质的估判

超声波检测中判定焊件或焊接接头中缺陷的性质称为缺陷定性。在超声波探伤中,不同性质的缺陷其反射波回波的波形差别不大,往往难以区分。因此,缺陷定性一般采取综合分析法,即根据缺陷波的大小、位置及探头移动时波幅的变化特点(所谓静态波型特征和动态波形包括线特征),并结合焊接工艺情况对焊接缺陷性质进行综合判断。这在很大程度上依靠检测人员的实际经验和操作技能,因而存在较大误差。

(1)气孔

单个气孔回波较低,波形为单峰,较稳定,当探头绕过缺陷转动时,缺陷波高大致不变,但探头定点转动时,反射波立即消失;密集气孔出现一簇反射波,其波高随气孔大小而不同,当探头做定点转动时,会出现此起彼伏的现象。如图 5-43 所示。

(2)裂纹

裂纹缺陷回波高度大,波幅宽,常出现波峰。探头平移时,反射波连续出现,波幅有变动;探头转动时,波峰有上下错动现象。如图 5-44 所示。

(3)夹杂

点状夹杂的回波信号类似于点状气孔。条状夹杂的回波信号呈锯齿状,由于其发射率低,波幅不高且形状多呈树枝状,主峰边上有小峰。探头平移时,波幅有变动,探头绕缺陷转动时,波幅不相同。如图 5-45 所示。

(4)未焊透

由于反射率高(厚板焊缝中该缺陷表面类似镜面反射),波幅均较高。探头平移时,波型较稳定。在焊缝两侧探伤时,均能得到大致相同的反射波幅。如图 5-46 所示。

(5)未熔合

当声波垂直入射该缺陷表面时,回波高度大。探头平移时波型稳定。焊缝两侧探伤时,反射波幅不同,有时只能从一侧观察到。如图 5-47 所示。

值得注意的是，在焊缝探伤中，示波屏上常会出现一些非缺陷引起的反射信号，称之为假信号。如探头杂波、仪器杂波、耦合反射、焊脚反射、咬边反射、沟槽反射、焊缝错位和上下宽度不一等情况均可引起假信号。其产生的主要原因是焊缝成型结构和仪器灵敏度过高。

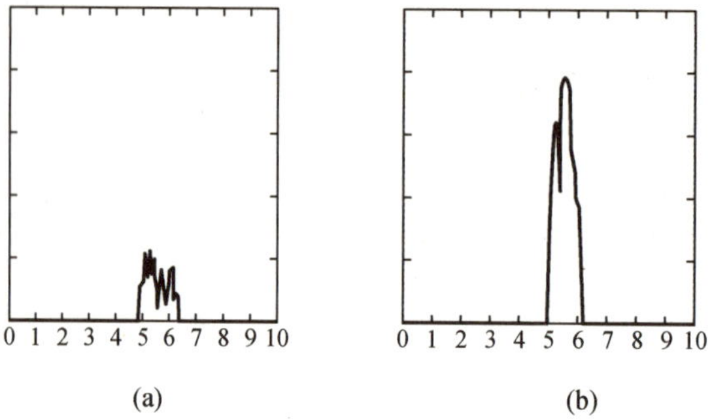

图 5-43　气孔回波特征

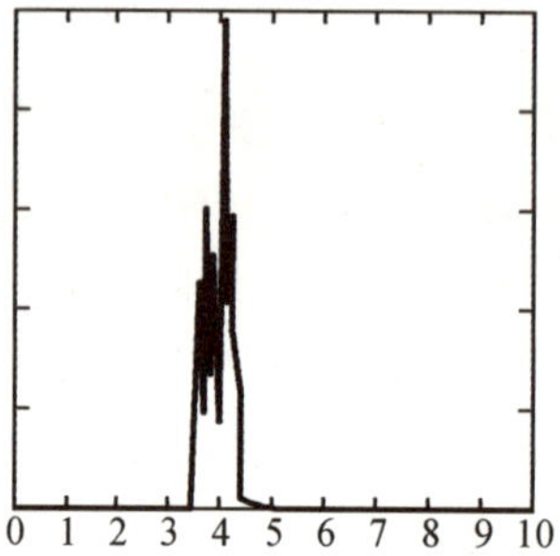

图 5-44　裂纹回波特征

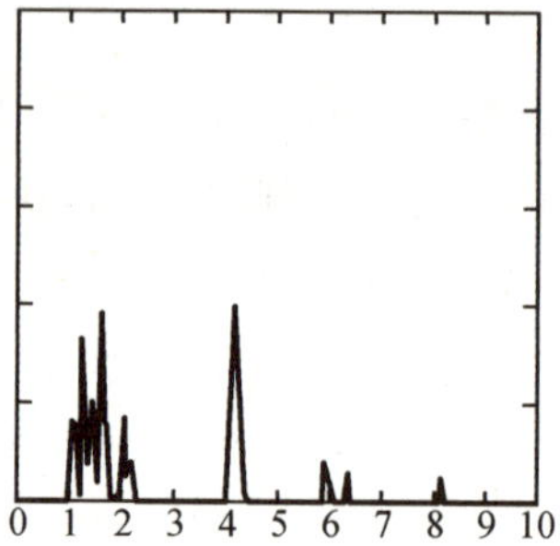

图 5-45　夹杂回波特征

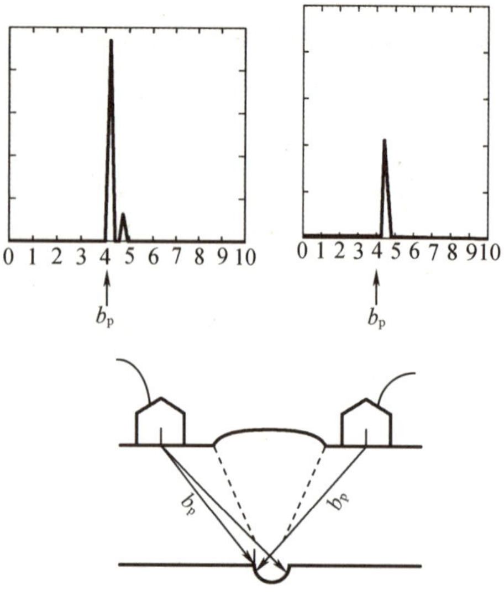

图 5-46　未熔合回波特征

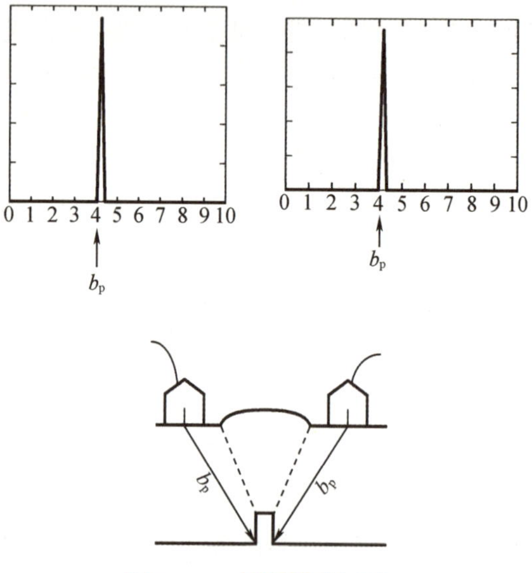

图 5-47　未焊透回波特征

注：b_p 为超声波检测中回波信号的回波声压。

5.3.4　超声波检测工艺文件编制

超声波检测工艺文件应包括通用工艺规程和工艺卡。

通用工艺规程应根据相关法规、验收标准和设计要求，并针对检测机构特点和检测能力进行编制。通用工艺规程的主要内容应包括：适用范围、引用标准和法规、人员资格、设备器材、工艺和方法、检测结果和质量分级、技术资料、编审人员和编制日期等。

检测人员应按照工艺卡执行操作。工艺卡的主要内容应包括：人员资格、工艺卡编号、产品特征标识、设备和器材、工艺参数、技术要求、检测程序、检测部位示意图、编审人员和编制日期等。

1. 超声波检测工艺规程

(1)适用范围

本超声波检测工艺规程适用于母材厚度为 8~150 mm 的铁素体钢全熔透焊缝 A 型脉冲反射式手工接触的超声波检测。

(2)编制依据

CB/T 3559—2011《船舶钢焊缝超声波检测工艺和质量分级》。

(3)人员要求

①从事超声波检测的人员应经过超声波检测技术的基础理论知识和相关技能培训，并了解有关焊接、结构、材料热处理等知识。

②从事超声波检测的人员应持有中国船级社认可的超声波检测资格证书。

③从事超声波检测人员的职责范围和能力要求应符合中国船级社《无损检测人员资格鉴定与认证规范》(2008)的规定。

(4)设备和器材要求

①探伤仪

(a)用于检测的超声波探伤仪应按企业质量管理体系文件的要求进行校验，校验记录应予以存档。

(b)探伤仪的工作频率范围一般为 0.5~10 MHz。

(c)探伤仪的水平线性误差应不大于 1%，垂直线性误差不大于 5%，动态范围不小于 26 dB。

(d)探伤仪的衰减器或增益器技术要求如下：

ⓐ衰减器的总衰减量或增益器的总增益量应不小于 80 dB，最小步进级每挡不大于 2 dB；

ⓑ在超声探伤仪规定的工作频率范围内，衰减器或增益器任意相邻 12 dB 的误差不超过±1 dB。

②探头

(a)探头的有效晶片面积不应大于 500 mm^2，且任意边长不应大于 25 mm。

(b)探头频率一般在 2~5 MHz 之间选择，探头实测频率与标称值误差不大于±10%。

(c)斜探头声束水平轴线偏离角应不大于 2°，主声束垂直方向不应有明显的双峰。

(d)斜探头折射角一般为 70°、60°、45°，或者折射角正切值为 2.5、2.0、1.5、1.0。当使用两种或两种以上角度的探头时,其中的两种探头角度差应不小于10°。

③探伤仪、探头系统性能和检查周期

(a)探伤仪和探头的系统性能应按JB/T 9214—2010《无损检测　A型脉冲反射式超声检测系统工作性能测试方法》的规定进行测试。

(b)直探头分辨力应不小于26 dB,斜探头分辨力应不小于6 dB。

(c)在达到所探工件的最大检测声程时,探伤仪与探头组合灵敏度余量应不小于10 dB,且电噪声电平不大于垂直满刻度的20%。

(d)探伤仪的水平线性和垂直线性,在设备首次使用、维修及至少每三个月检查一次。

(e)斜探头及系统性能,按表5-6的规定进行检查。

表5-6　斜探头及系统性能检查周期

检查项目	检查周期
前沿距离、折射角	每次检测前
灵敏度余量、分辨力	开始使用、维修及每工作一个月

(5)试块和耦合剂

①标准试块可选用ⅡW试块、CSK-IA试块或其他类型的标准试块。

②对比试块分为CTRB-1、CTRB-2、CTRB-3三种形式,适用板厚、形状尺寸见《船舶钢焊缝超声波检测工艺和质量分级》(CB/T 3559—2011)。

③对比试块材质声学性能应与被检母材相同或相近,该材料用直探头检测时,不应存在大于或等于ϕ2 mm平底孔当量直径的缺陷。

④耦合剂应具有良好的透声性能和适当的黏度,并对被检工件和人体无伤害,检测后容易清理。75%以上甘油溶液、水、机油或相似声阻抗的液体均可作为耦合剂。

⑤在试块上调整仪器和实施检测时应使用相同的耦合剂,否则应进行对比试验。

(6)检测技术等级

检测技术等级分为A、B、C三级。检测的完善程度和检测工作的难度按A、B、C顺序递增。检测技术等级应按工件的材质、结构、焊接方法和承受载荷的不同进行选用。无特殊规定时,检测技术等级按B级执行。具体见前述相关内容。

(7)检测前的准备

①检测时机

船舶钢焊缝超声波检测时机的要求如下:

(a)一般材料焊缝冷却至室温后,可进行超声波检测。

(b)有产生延迟裂纹倾向的材料,应在焊接完成至少24 h后进行检测。

(c)有热处理要求的工件,应在热处理完成之后进行检测。

②检测面

(a)超声波检测前,焊缝的表面及热影响区应经外观检验合格。

(b)检测区的宽度包括焊缝本身和焊缝两侧各相当于母材厚度30%的一个区域,这个区域最小为 5 mm,最大为 10 mm。

(c)检测面应光洁平滑,所有油污、锈蚀、飞溅、氧化皮、马脚等应清除干净。

(d)检测面的粗糙度不应大于 6.3 μm。

探头折射角的选择应能使主点束覆盖整个焊缝检测区,选择检测面和探头时应考虑到焊缝中产生各类缺陷的可能性,并尽可能使主声束垂直于该焊缝中的危害性缺陷。

2. 超声波检测工艺卡

超声波检测工艺卡应根据工艺规程的内容和被检工件的检测要求编制超声波操作指导书,其内容除满足 CB/T 3559—2011《船舶钢焊缝超声波检测工艺和质量分级》的要求外,主要考虑并合理选择超声波检测方法、设备器材、工艺参数、工件表面状态、验收标准等。下面给出典型船舶构件(灰罐)超声波检测工艺卡的基本格式与内容,如表 5-7 所示,供实际超声波检测工作中参考。

表 5-7　灰罐超声波检测工艺卡

<table>
<tr><td rowspan="4">被检工件基本信息</td><td>工程名称</td><td colspan="2">灰罐</td><td colspan="2">图号</td><td>WSRA159M-13</td></tr>
<tr><td>产品编号</td><td colspan="2">A159M</td><td colspan="2">规格/mm</td><td>$\phi_{外}$ 4 000×5 875</td></tr>
<tr><td>焊接方法</td><td colspan="2">埋弧自动焊</td><td colspan="2">板厚/mm</td><td>14</td></tr>
<tr><td>坡口形式</td><td colspan="2">V</td><td colspan="2">表面状态</td><td>打磨光整</td></tr>
<tr><td rowspan="14">探伤器材及参数选择</td><td>仪器型号</td><td colspan="2">HS610e</td><td colspan="2">检测方法</td><td>横波斜探头</td></tr>
<tr><td>试块型号</td><td colspan="2">CSK-ⅠA、CSK-ⅢA</td><td colspan="2">扫查方式</td><td>锯齿形扫查</td></tr>
<tr><td>耦合剂</td><td colspan="2">洗洁精</td><td colspan="2">表面补偿/dB</td><td>2</td></tr>
<tr><td>检测面</td><td colspan="2">双面单侧或单面双侧</td><td colspan="2">检测时机</td><td>焊后 24 h</td></tr>
<tr><td colspan="3">焊缝编号</td><td colspan="3">A1(封头拼缝)</td></tr>
<tr><td colspan="3">探头种类</td><td colspan="3">K3</td></tr>
<tr><td colspan="3">探测频率/MHz</td><td colspan="3">5P</td></tr>
<tr><td colspan="3">晶片尺寸/mm</td><td colspan="3">9×9</td></tr>
<tr><td colspan="3">参考反射体</td><td colspan="3">30</td></tr>
<tr><td colspan="3">参考波高/%</td><td colspan="3">80</td></tr>
<tr><td colspan="6">DAC 曲线</td></tr>
<tr><td colspan="2">评定线</td><td colspan="2">定量线</td><td colspan="2">判废线</td></tr>
<tr><td colspan="2">DAC-16 dB</td><td colspan="2">DAC-10 dB</td><td colspan="2">DAC-4 dB</td></tr>
<tr><td colspan="6" style="display:none"></td></tr>
<tr><td rowspan="3">技术要求</td><td colspan="6">检测标准:CB/T 3559—2011</td></tr>
<tr><td colspan="6">合格级别:Ⅱ级</td></tr>
<tr><td colspan="6">检测比例:100%</td></tr>
</table>

表 5-7(续)

产品示意图			
编制人：	日期：	审核人：	日期：

任务5.4 船舶焊接质量的超声波检测实作

问题导入

利用前面所学的超声波检测原理、超声波检测设备器材、超声波检测工艺，借用超声波检测中所用的标准试块、对比试块完成对斜探头参数和模拟式探伤仪的水平、深度调节，并利用数字式超声波探伤仪绘制距离-波幅曲线，为后续的船舶焊接结构相关焊缝质量的超声波检测做好技术准备；以评价超声波检测理论与实践结合程度，加深对超声波检测技术与操作技术的掌握。通过对超声波检测中缺陷大小的测定，根据 CB/T 3559—2011《船舶钢焊缝超声波检测工艺和质量分级》，完成船舶焊接结构质量的超声波检测报告。

5.4.1 船舶焊接质量的超声波检测基本操作训练

1. 模拟式超声波检验的基本操作训练

(1)训练子项目：斜探头参数测试

根据 CB/T 3559—2011 标准相关规定，超声波检测中所用探头(主要是斜探头)在每次检测前都需要对斜探头的前沿长度和斜探头 K 值(或者折射角)进行检测，以免由于前期使用或者其他原因导致斜探头的前沿长度和斜探头 K 值发生了变化，从而影响对缺陷的准确定位。

①测试训练所用设备器材及工具(图 5-48 和图 5-49)

(a)CTS-22B 型超声波探伤仪若干台

(b)$K1$、$K1.5$、$K2.5$ 斜探头若干个。

(c)CSK-1A 型标准试块和 RB-Ⅱ对比试块若干个。

(d)耦合剂(机油)若干。

(e)探头线若干,塑料布及钢尺若干。

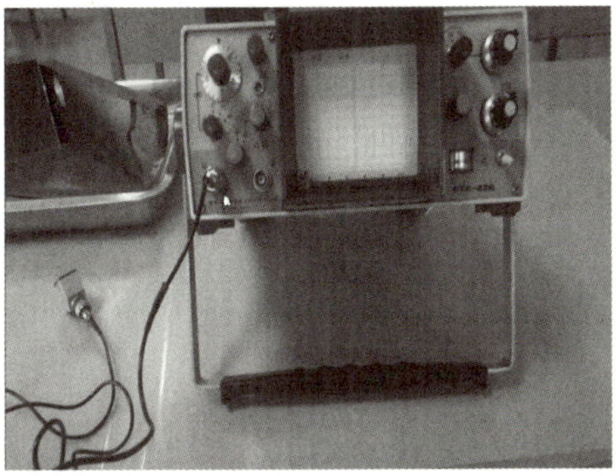

图 5-48　CTS-22B 型超声波探伤仪与斜探头

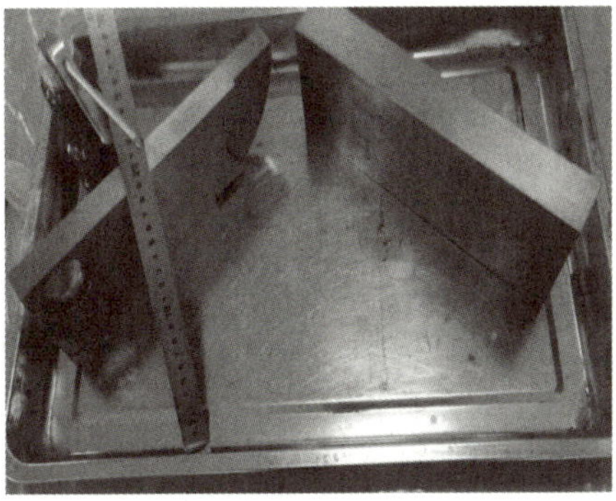

图 5-49　标准试块、对比试块与耦合剂、钢尺

②学生分组

学生每 2~4 人一组。

③测试操作

(a)探头入射点和前沿长度测定

ⓐ在操作台上放好 CTS-22B 型超声波探伤仪,接通电源。

ⓑ接好探头,在标准试块检测面上涂抹适量耦合剂。

ⓒ把探头在检测面上 $R100$ 圆弧的圆心附近左右移动(注意移动时试块端面始终保持与探头侧面平行)。

ⓓ观察探伤仪示波屏上 $R100$ 圆弧面引起的回波信号的变化。

ⓔ当观察到 $R100$ 圆弧面的回波高度最大时(左右移动探头均导致波高下降)如图 5-50 所示,此时探头不动,探头入射点正好与 $R100$ 圆弧面的圆心重合。此时入射点到探头前端面的距离就为探头前沿长度(单位:mm),如图 5-50 所示。

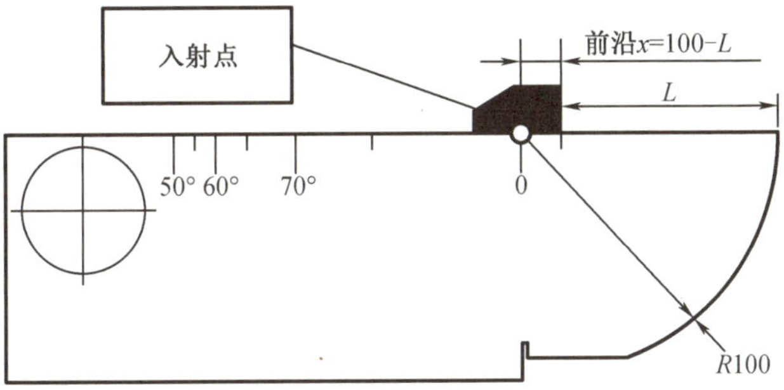

图 5-50　斜探头入射点及前沿长度的测试

(b)斜探头 K 值的测定

ⓐ利用对比试块测试探头 K 值。

ⓑ把探头在对准深度为 20 mm 孔的圆心,左右移动探头(注意移动时试块端面始终保持与探头侧面平行)。

ⓒ观察探伤仪示波屏上深度为 20 mm 孔引起的回波信号的变化。

ⓓ当观察到深度为 20 mm 孔的回波高度最大时(左右移动探头均导致波高下降),此时探头不动,探头发射的超声波正好穿过孔的中心。

ⓔ在图 5-51 所示的直角三角形 *OAB* 中,角 *AOB* 为超声波在试块内传播横波时的折射角,其正切值即为斜探头的 *K* 值。即

$$K=AB/OA$$

式中,*OA* 为 20 mm,*AB* 为探头前沿长度与探头前端面距深度 20 mm 孔中心的距离之和。只需量出 *L* 的长度,就可算出 *AB* 的长度,从而计算出探头 *K* 值。

思考:利用标准试块测定斜探头 *K* 值如何操作? 准确性如何?

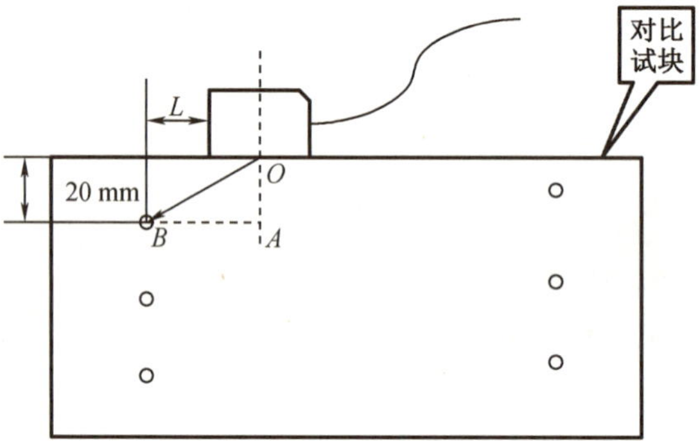

思考:根据图中位置关系,如何计算探头 *K* 值?

图 5-51　利用标准试块进行斜探头 *K* 值的测试

(2)训练子项目:模拟式探伤仪水平 1∶1调节

①超声波探伤仪深度(或水平)1∶1调节目的

缺陷位置的测定是根据缺陷波在示波屏上的水平刻度来测定的。因此探伤前通过对超声波探伤仪进行水平或深度调节,确定缺陷波在示波屏上的水平刻度值所代表的缺陷实际的深度或深度坐标值的比例,是十分重要的。深度(或水平)1∶1调节主要用于板厚较大的船舶焊接结构的超声波检测。

②训练实验所用设备、器材、工具

(a)CTS-22B 型超声波探伤仪若干台。

(b)*K*1、*K*1.5、*K*2.5 斜探头若干个。

(c)CSK-1A 型标准试块和 RB-Ⅱ对比试块若干个。

(d)耦合剂(机油)若干。

(e)探头线若干,塑料布及钢尺若干。

③学生分组

学生每 2~4 人一组。

④模拟式超声波探伤仪深度 1∶1调节调试操作

(a)在操作台上放好 CTS-22B 型超声波探伤仪,接通电源。

(b)接好 *K*1.5 探头,在标准试块检测面上涂抹适量耦合剂。

(c)把探头入射点调整到与 $R50$、$R100$ 圆弧的圆心重合。如图 5-52 所示。

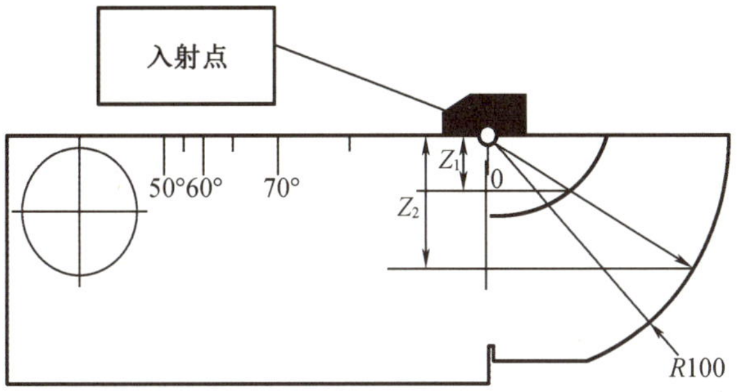

图 5-52　模拟式超声波探伤仪深度 1:1调节调试原理

(d)计算 Z_1、Z_2 两个深度坐标(单位 mm)

$$Z_1=\frac{50}{\sqrt{1+1.5^2}}=27.74$$

$$Z_2=\frac{100}{\sqrt{1+1.5^2}}=55.47$$

(e)把 $R50$、$R100$ 两个圆弧面在示波屏上的回波分别调到与始波距离 27.74 mm 和 55.47 mm。如图 5-53 所示。

此时,超声波探伤仪深度 1:1就调好了。

(f)超声波探伤仪深度 1:1调节准确性的验证

利用对比试块上已知深度的人工缺陷(ϕ3 mm 的横通孔)。比如探头对准(怎样判别对准?)深度为 20 mm 的横通孔,则对应缺陷波的回波位置也在示波屏上距离始波 20 mm 处,那么探伤仪深度 1:1调节就很精准;如果回波没有对准 20 mm 刻度位置,则探伤仪深度 1:1没有调准。如图 5-54 所示。

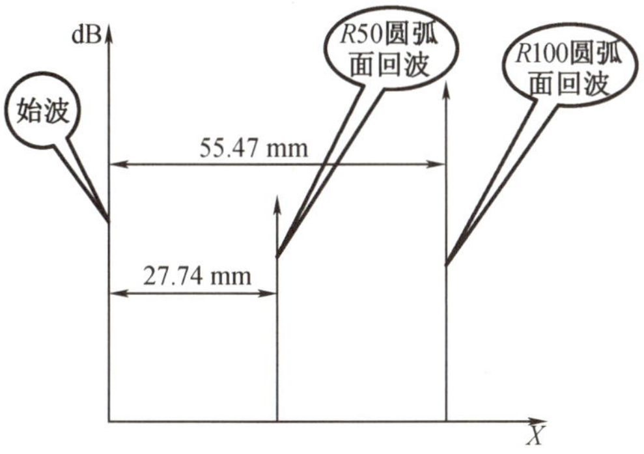

图 5-53　深度 1:1调节时 $R50$、$R100$ 圆弧回波位置

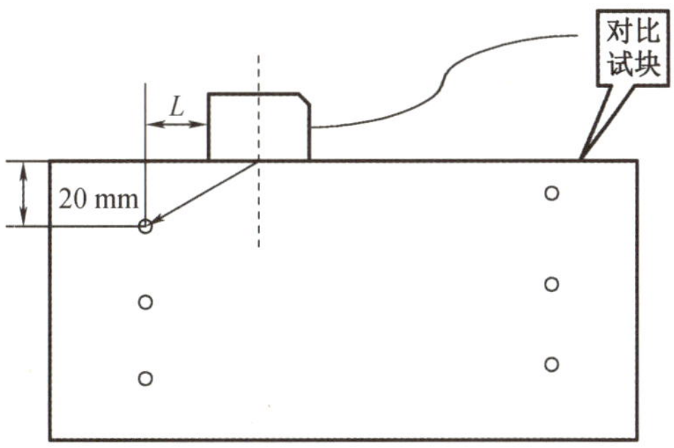

图 5-54　深度 1:1调节精准性验证

(3)训练子项目:模拟式探伤仪水平 1:1调节

①模拟式超声波探伤仪水平 1:1调节的应用

模拟式超声波探伤仪水平 1:1调节,主要用于板厚较小的焊接结构的超声波检测中,与深度 1:1调节主要用于板厚较大的焊接结构的超声波检测有很大的不同。

②训练实验所用设备、器材、工具

模拟式超声波检测基本操作训练

(a)CTS-22B 型超声波探伤仪若干台。

(b)$K1$、$K1.5$、$K2.5$ 斜探头若干个。

(c)CSK-1A 型标准试块和 RB-Ⅱ对比试块若干个。

(d)耦合剂(机油)若干。

(e)探头线若干,塑料布及钢尺若干。

③学生分组

学生每 2~4 人一组。

④模拟式超声波探伤仪深度 1:1调节调试操作

(a)在操作台上放好 CTS-22B 型超声波探伤仪,接通电源。

(b)接好 $K2.5$ 探头,在标准试块检测面上涂抹适量耦合剂。

(c)把探头入射点调整到与 $R50$、$R100$ 圆弧的圆心重合,如图 5-55 所示。

(d)计算 L_1、L_2 两个水平坐标(单位 mm)

$$L_1 = 2.5 \cdot \frac{50}{\sqrt{1+2.5^2}} = 46.40$$

$$L_2 = 2.5 \cdot \frac{100}{\sqrt{1+2.5^2}} = 92.80$$

(e)把 $R50$、$R100$ 两个圆弧面在示波屏上的回波分别调到与始波距离 46.40 mm 和 92.80 mm。如图 5-56 所示。此时,超声波探伤仪水平 1:1就调好了。

(f)超声波探伤仪深度 1:1调节准确性的验证

利用对比试块上已知深度的人工缺陷(ϕ3 mm 的横通孔)。比如探头对准(怎样判别对准?)深度为 20 mm 的横通孔,则对应缺陷波的位置也在示波屏上距离始波 50 mm(为什么是 50 mm?)处。如果没有对准 50 mm 刻度位置,则探伤仪水平 1:1没有调准。

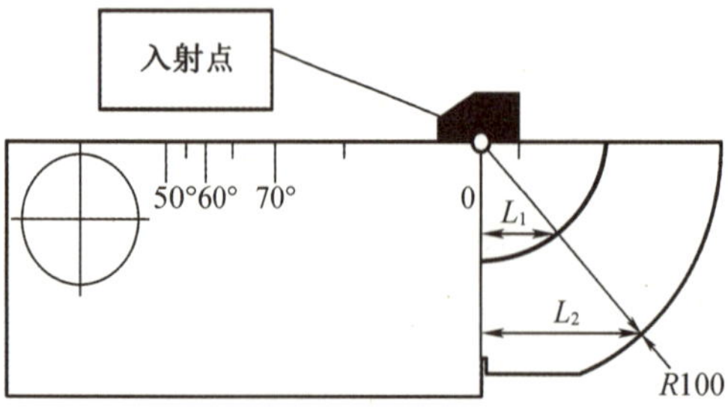

图 5-55　探伤仪水平 1:1调节调试原理

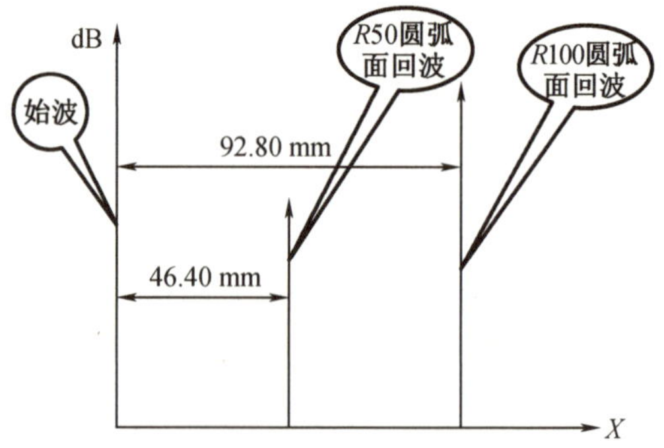

图 5-56　水平 1:1调节时 $R50$、$R100$ 圆弧回波位置

2. 数字式超声波检验的基本操作训练

(1)训练子项目:斜探头的自动校准

①斜探头自动校准与斜探头 K 值测试

斜探头发射超声波时,从压电晶片中心发出的超声波到入射点有一段距离,这段距离叫“零偏”。探伤前必须加以校准,以消除零偏在超声波测试时对缺陷定位造成的偏差。

“零偏”形成原理如图 5-57 所示。

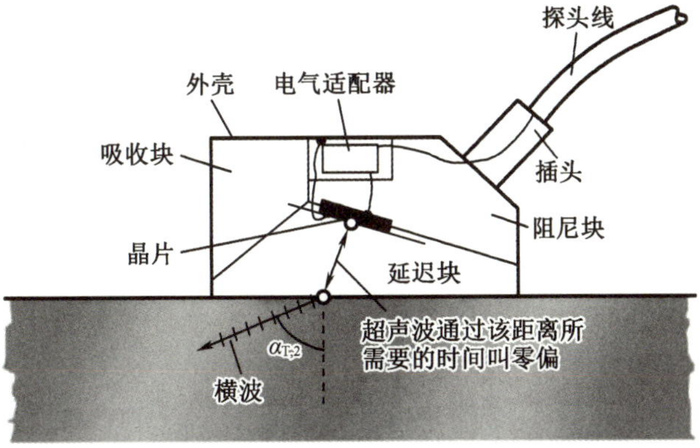

图 5-57　斜探头发射超声波时产生的“零偏”

②斜探头自动校准训练所用设备器材及工具

(a)HS610e 型数字式超声波探伤仪若干台。

(b)K1、K1.5、K2.5 斜探头若干个。

(c)CSK-1A 型标准试块若干个。

(d)耦合剂(机油)若干。

(e)探头线若干,塑料布及钢尺若干。

③学生分组

学生每 2~4 人一组。

④斜探头自动校准操作

(a)开机后按参数键,进入参数列表,按旋钮将光标移至“通道清零”参数项,按键三次,通道清零完毕,再按参数键返回检测界面。

(b)按自动校准键,屏幕右上角显示“自动校准”字样且两闸门自动套在 CSK-IA 试块 50 mm 和 100 mm 的距离坐标处。将斜探头放置在 CSK-IA 试块的 R50 和 R100 的圆心处靠向 R50 一侧,回波出现后按一下“自动增益”,移动探头寻找 R50 和 R100 圆弧的最高回波(当 R100 回波高于 80%时,探头稍作停顿,回波会自动降至 80%),找到最高波后稳住探头不动,按“确认”键开始自动校准。如图 5-58 所示。

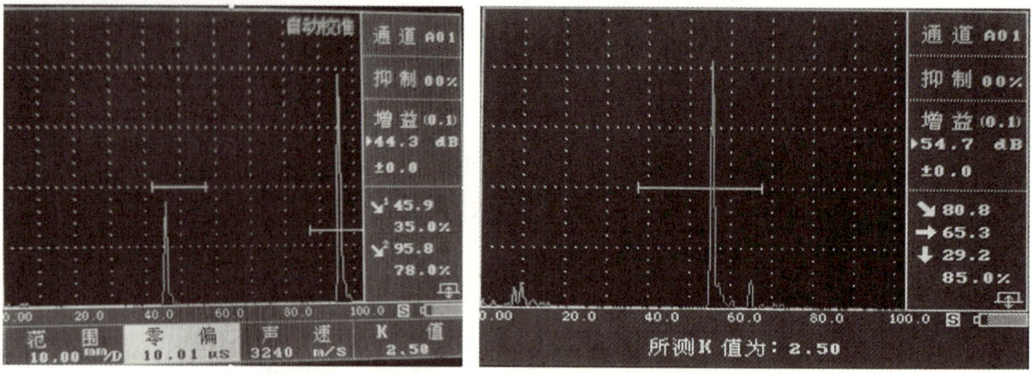

图 5-58　斜探头自动校准与斜探头 *K* 值测试操作界面

当仪器显示“自动校准完毕！”后，“请用钢尺测前沿：X. X”，将探头前沿值改为实测数值后，按“确认”键。此时仪器提示“是否重校”，按“确认键”重新校准，按其他任意键进入 *K* 值测试。

按“确认”键 *K* 值测试完成。再按键重新校准，按其他任意键进入下一步。

(2)训练子项目：距离-波幅曲线的绘制

制作距离-波幅曲线是后续对缺陷判别与焊缝质量判定的基本依据。

距离-波幅曲线制作所需的仪器、工具、材料等跟斜探头自动校准、斜探头 *K* 值测试所用一致，试块用 CSK-IIA-1#试块。具体测试步骤如下：

①斜探头 *K* 值测试后按“曲线”键，再按“制作”对应的功能键，仪器出现提示：请使用闸门锁定测试点！提示消失后进入波形采样阶段。

此时屏幕右上角出现“测试点 1”闪烁。此时把探头放在 CSK-IIA-1 试块上 。例如测试 10 mm 深的孔，用闸门套住回波，按“自动增益”一下，然后按“波峰记忆”锁定回波，此时显示“波峰记忆 1”停止闪烁，当测试孔回波高于 80%时，探头稍作停顿，回波会自动降至 80%，直至找到最高波，按完成第一点制作。

②第一个测试点测试完成后，此时仪器显示测试点的序号向后顺延并闪烁，表示进入下一个测试点的采样。按照上面的步骤制作下一个测试点。

③依次对深度为 20 mm、30 mm、40 mm、50 mm 等的孔进行测试，根据要求完成最后一个点的采样后，按“确认”键，屏幕上出现“请输入工件厚度：20. 0 mm”，输入检测工件厚度后，按“确认”键，屏幕出现“请输入表面补偿：0. 0 dB”根据实际情况输入表面补偿，按“确认”键，距离-波幅曲线制作完成。如图 5-59 所示。

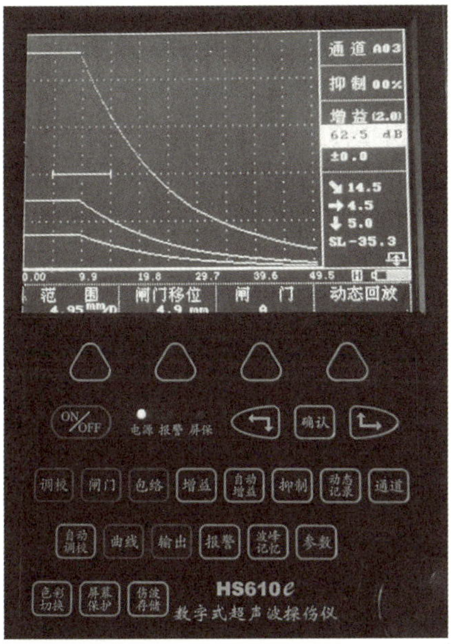

图 5-59　制作好的距离-波幅曲线

数字式超声波检测
基本操作训练

说明：测试中仪器自动默认了 CB/T 3559—2011 探伤标准，同时仪器将两倍工件厚度位置所对应的评定线自动提至满屏的 20%以上，按闸门进入对被检焊件的探伤状态。

5.4.2　船舶焊接结构质量的超声波检测结果分析与检测报告

1. 焊缝质量评定

(1) 缺陷的评定原则

①超过评定线的缺陷信号应该判断其是否具有裂纹等危害性缺陷特征，如有怀疑应改变探测角度，增加探伤面，观察动态波形，结合工艺特征做出判定或辅以其他检验方法做出综合判定。

②最大反射波幅超过定量线的缺陷应测定其长度，其值小于 10 mm 时，按 5 mm 计。相邻两缺陷各项间距小于 8 mm 时，两缺陷指示长度之和作为单个缺陷的指示长度。

(2) 焊缝检测的等级评定

检测人员应尽可能根据静态波形、动态波形并结合结构形式和焊接工艺等要素估判缺陷性质。根据缺陷的性质、波高、指示长度和分布状态，把焊缝质量分为Ⅰ、Ⅱ、Ⅲ、Ⅳ、Ⅴ级，具体如下：

①被检焊缝判定为存在危害性缺陷时，评为Ⅴ级。

②波峰位于Ⅰ区的非危害性缺陷评为Ⅰ级。

③波峰位于Ⅲ区的缺陷均评为Ⅴ级。

④波峰位于Ⅱ区的缺陷，根据所测定单个缺陷的指示长度评级，评定方法见表 5-8。

表 5-8　单个缺陷的评级

单位：mm

评定等级	单个缺陷的允许指示长度
Ⅰ	$T/3$，最小 8；最大 24
Ⅱ	$T/2$，最小 12；最大 36
Ⅲ	$3T/4$，最小 16；最大 48
Ⅳ	T，最小 20；最大 60
Ⅴ	大于Ⅳ级

T——被检焊缝母材厚度，两侧母材厚度不同时取较薄侧母材厚度。

最小——指 T 小于某一厚度时的允许值；如Ⅰ级焊缝，当 $T \leqslant 24$ mm 时，允许单个缺陷指示长度为 8 mm。

最大——指 T 大于某一厚度时的上限制；如Ⅰ级焊缝，当 $T \geqslant 72$ mm 时，单个缺陷指示长度不得大于 24 mm

⑤当缺陷指示长度小于 8 mm 时按 4 mm 计。

⑥相邻两缺陷在一直线上，其间距小于其中较小的缺陷长度时，则以各缺陷长度之和作为单个缺陷的指示长度。

⑦在任意 $6T$ 或 150 mm（二者取较小）焊缝长度内多个缺陷的累计长度不应超过表 5-9 的限值。

表 5-9　多个缺陷的累计长度评级

单位：mm

评定等级	单个缺陷的允许指示长度
Ⅰ	$T/3$，最小 8；最大 24
Ⅱ	$T/2$，最小 12；最大 36
Ⅲ	$3T/4$，最小 16；最大 48
Ⅳ	T，最小 20；最大 60
Ⅴ	大于Ⅳ级

T——被检焊缝母材厚度，两侧母材厚度不同时取较薄侧母材厚度。

最小——指 T 小于某一厚度时的允许值；如Ⅰ级焊缝，当 $T \leqslant 24$ mm 时，允许单个缺陷指示长度为 8 mm。

最大——指 T 大于某一厚度时的上限制；如Ⅰ级焊缝，当 $T \geqslant 72$ mm 时，单个缺陷指示长度不得大于 24 mm

⑧两个缺陷在任意 $6T$ 或 150 mm（二者取较小）焊缝长度内都能取到一部分，则应将这两个缺陷的全部指示长度计入总长评定。

⑨被检焊缝长度小于 $6T$ 或 150 mm（二者取较小）时，表 5-9 中的限值可按比例折算。当折算后的允许累计长度小于单个缺陷的允许长度时，以单个缺陷的允许长度作为限值。

（3）不合格焊缝的修补和复检

①低于验收标准的焊缝，应予以修补，并按原检测工艺进行检测。

②经二次修补的焊缝,若复检后仍不合格,制造单位应按有关规定处理。

③抽检部位的一端或两端出现超标缺陷时,应在其延伸方向追加检测,并不应少于原抽检量。若追加的检测部位仍发现超标缺陷时,则应对整条焊缝进行检测。

2. 探伤记录与报告

焊缝超声波探伤后,应将探伤数据、焊件结构及生产工艺概况归纳在探伤的原始记录中,并签发检验报告。

检测报告和记录的保存按有关规定或合同文件执行。

(1)检测报告和记录主要内容

①委托单位、被检工件基本信息(包括材质、板厚、焊接方法、坡口形式、表面状态、处理状况、部位示意图、焊后时间等)。

②检测机构名称、检测人员、审核人员及其资格等级。

③设备和器材。

④检测标准和验收要求。

⑤检测工艺和技术参数。

⑥检测地点和日期。

⑦合同约定的其他内容。

(2)典型焊接结构的超声波检测报告

典型焊接结构的超声波检测报告见表5-10。

表5-10　UT检测报告

UT Report

委托单位 Client	武汉XXXXXXX	工程名称/编号 Project Name/No	平板对接试板
材质 Material	Q235B	焊接接头形式 Welded Joint	对接/Butt Joint
焊接方法 Welding Method	埋弧自动焊	表面状态 Surface Status	打磨/Grinding
坡口形式 Groove Type	V型 N-type	检测时机 Testing Time	焊后 After Welding 24 h
仪器型号 Instrument Model	CTS-9009	探头型号 Probe Tape	5P9X960°/70°
检测方法 Testing Method	横波直射法/一次反射法 Horizontal Wave Directmethod/Primary Reflection Method	检测区域 Testing Area	焊缝和热影响区 Welds and Heat affected zone

表 5-10(续)

试块型号 Test Block Model	CSK-IA/CTRB-3	耦合剂 Couplant	机油/OIL
基准灵敏度 Basis Sensitivity	3 mm×60-16 dB	扫查方式 Scanning Mode	锯齿/平行/斜平行/ 转角扫查 Zigzag/Parallel/ Inclined Parallel/Angle
检测比例 Testing Proportion	100%	表面补偿 Surface Compensation	4 dB
检测标准 Testing Standard	CB/T 3559—2011	验收标准 Acceptance Standard	Ⅱ 级

序号 No.	试件编号 Weld No.	规格/mm Size	焊缝长度/mm Weld Length	缺陷情况 Defect Record					结论 Conclusion
				缺陷位置/mm Defect Position	缺陷当量尺寸/dB Defect Size	缺陷长度/mm Defect Length	缺陷返修 Defect Repair	返修次数 Number of Rework	
1	01#	δ12×120×400	400	—	—	1	—	—	Level I
2	02#	δ12×120×400	400	—	—	1	—	—	Level I
3	03#	δ12×120×400	400	0	c3-11	6	—	—	Level I
4	04#	δ12×120×400	400	1	—	—	—	—	Level I
5	05#	δ12×120×400	400	—	—	1	1	—	Level I
6	06#	δ12×120×400	400	—	—	—	—	—	Level I
7	07#	δ12×120×400	400	—	—	—	—	—	Level I
8	08#	δ12×120×400	400	0	c3-6	4	—	—	Level I
9	09#	δ12×120×400	400	—	—	—	—	—	Level I
10	10#	δ12×120×400	400	—	—	—	—	—	Level I
END									

检验结论/Test Conclusion:

本产品焊缝质量符合 CB/T 3559—2011 Ⅱ级要求,结果合格。

The weldingquality of this product conforms to the requirements of CB/T 3559—2011-level Ⅱ, and the results are Qualified

检测员/资质 Inspector/Qualification		审核人/资质 Auditor/Qualification	

思考与练习

一、名词解释

机械波　　压电效应　　耦合剂　　距离-波幅曲线　　锯齿形扫查

二、问答题

1. 超声波检测中所用探头有哪些类型?
2. 根据缺陷显示方式不同,超声波检测有哪些方法?
3. 超声波检测中常用耦合剂有哪些?
4. 对模拟式超声波探伤仪进行水平或深度调节有何目的?
5. 根据 CB/T 3559—2011,船舶焊接结构的超声波检测中,其质量等级可分为哪几级?
6. 数字式超声波检测前,为什么要消除斜探头零偏及测定斜探头 K 值?

三、单项选择题

1. 超声波检测中对于焊缝的粗探伤一般采用(　　)的扫查方式。

A. 前后扫查　　B. 左右扫查　　C. 环绕扫查　　D. 锯齿形扫查

2. 超声波探伤中对于板厚为 12 mm 的对接焊件最好选择的斜探头 K 值为(　　)。

A. 1　　B. 1.5　　C. 2　　D. 3

3. 普通船舶焊接结构的超声波检测,最好选用(　　)。

A. 斜探头　　B. 直探头　　C. 水浸集焦探头　　D. 双晶探头

4. 检测技术等级中,检测的完善程度和检测工作难度最大的是(　　)。

A. B 级　　B. C 级　　C. D 级　　D. A 级

四、判断题

1. 船舶焊接结构超声波检测中,对检测面没有要求。(　　)
2. 探伤灵敏度是指在确定的探测范围内的最大声程处发现规定大小缺陷的能力。(　　)
3. 现场精探伤是针对粗探伤中出现的可疑缺陷,进一步检测缺陷并测定缺陷的有关参数。(　　)
4. 各种船舶焊接结构的超声波检测中都希望采用大晶片尺寸探头。(　　)
5. 对缺陷定位要求高时,应选择水平线性误差小的探伤仪。(　　)

项目6

船舶焊接质量的射线检测

问题导入

随着《中国制造2025》的发布，大力推进“中国制造”已成为我国经济社会建设和发展的重要任务之一。船舶行业既肩负着国家国防与军工的重要使命，又担负着民用轮船和航运的重要责任。我国对船舶行业的发展越发重视，积极发展和推进船舶行业的“中国制造”，在新时期新形势下有着重要的作用。焊接技术是现代造船业的关键工艺技术之一。船体结构的焊接时间占船体施工时间的30%以上，所以焊接质量合格，直接影响船舶的航行安全和使用寿命。射线检测是一种常用的无损检测方法，是船舶焊接质量检测中重要的检测技术，其主要作用是在不破坏焊缝的前提下，采用射线对被检焊缝的材料质量和工艺质量等进行检测。射线检测不仅可用于金属材料检测，而且可用于复合材料检测。射线检测是在船舶建造过程中应用广泛的一种无损检测方式。本次任务主要针对射线检测的原理和方法进行学习，并熟悉掌握典型船舶焊接结构射线检测工艺文件编制及常用的几种射线检测方法应用。

任务6.1 射线检测的原理与特点

射线探伤是利用射线可以穿透物质和在物质中有衰减这一特性来发现其中缺陷的一种无损探伤方法。它可以检查金属材料和非金属材料及其制品的内部缺陷，如焊缝中的气孔、夹渣、未焊透、未熔合、裂纹等焊接缺陷。这种无损探伤方法有独特的优越性，即检验缺陷的直观性、准确性和可靠性，而且得到的射线底片可用于缺陷的分析和作为质量凭证存档。但此法也存在着设备较复杂、检出效率较低，并需要对射线进行防护的缺点。数字射线检测作为一种在医学和科学研究中常用的检测手段，具有高效和操作简单的特点，随着船舶建造快速化，射线检测与超声波检测同样可快速反馈检测结果，而且可直观反应焊缝质量。射线检测成为在船舶建造过程中应用广泛的一种无损检测方式。

6.1.1 射线检测原理

射线在穿透物体过程中会与物质发生相互作用，因吸收和散射而使其强度减弱。强度衰减程度取决于物质的衰减系数和射线在物质中穿越的厚度。如图 6-1 所示，如果被透照物体(试件)的局部存在缺陷，且构成缺陷的物质的衰减系数又不同于试件，该局部区域的透过射线强度就会与周围产生差异。使缺陷能在射线底片或 X 光电视屏幕上显示出来。

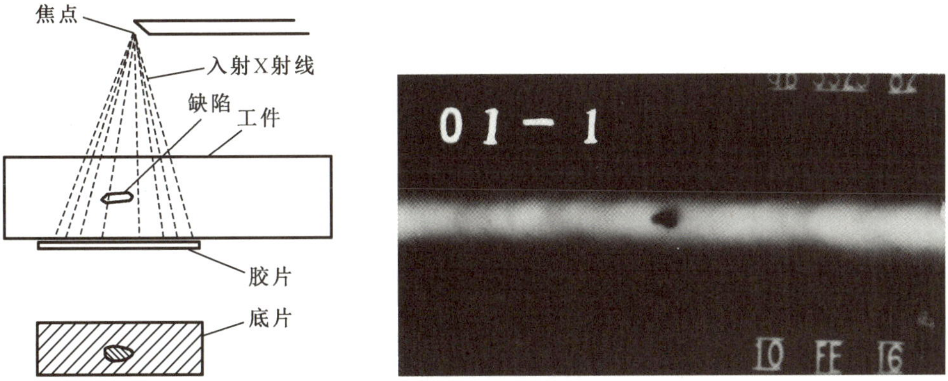

图 6-1 射线检测原理

X 射线光子的能量远大于可见光，所以在性质上与可见光存在明显的不同。X 射线的主要性质可以归纳为下列几个方面：

(1)在真空中以光速沿直线传播，不受电场或磁场的影响。

(2)在媒质界面可以发生反射、折射，但其反射、折射与可见光有很大差别。对于常见的媒质，X 射线不能产生可见光那样的镜面反射；X 射线从一种媒质进入另一种媒质时将发生折射，但折射率几乎等于 1。

(3)X 射线也可以发生干涉、衍射现象，但由于 X 射线的波长远小于可见光的波长，所以干涉、衍射现象只有对很小很小的孔、狭缝等才能观察到。

(4)与可见光不同，人的眼睛是看不见 X 射线的，并且它能够穿透可见光不能穿透的物体(即对可见光是不透明的物体)。波长短的 X 射线称为硬 X 射线，其光子的能量大，穿透物体的能力强；波长较长的 X 射线称为软 X 射线，其穿透物体的能力较弱。

(5)当 X 射线射入物体时，将与物质发生复杂的物理作用和化学作用，如使物质原子发生电离、使某些物质发出荧光、使某些物质产生光化学反应等。

(6)具有辐射生物效应，能够杀伤生物细胞，损害生物组织，危及生物器官的正常功能。

6.1.2 射线照相法的特点

(1)射线照相法适宜的检测对象是各种熔化焊对接方法，不适宜检测钢板、钢管、锻件。

(2)射线照相法能够比较准确地判断出缺陷的性质、数量、尺寸和位置，且底片可以长期保存。

(3)射线照相法容易检测出体积类缺陷，对面状缺陷如裂纹的检测受照射角度的影响。

(4)射线照相法检测薄工件几乎没有厚度的限制，但检测厚工件受射线穿透力的限制。

(5)射线照相法适用于几乎所有材料的检测。

(6)射线照相法检测成本较高，检测速度慢，对人体有伤害，必须采取防护措施。

任务6.2 射线检测的方法

对于工业应用,射线检测技术已形成了一个完整的方法系统,大体上可分为:射线照相检测技术(radiography)、射线实时成像检测技术(radios-copy)、射线层析检测技术(tomography)和其他射线检测技术。射线照相检测技术是采用适当的检测器(主要是射线胶片和成像板(IP板))拾取射线照射被检工件所形成的透射射线强度分布图像,依据所得到的图像对被检工件的质量进行评定。射线实时成像检测技术是采用射线探测器、利用电子学方法,随着被检测物体的运动,近于实时地获得物体射线检测图像、完成检测的技术。层析射线检测技术是采用射线探测器获得物体某一层面射线检测图像的射线检测技术。

6.2.1 射线照相法

射线照相法是根据被检工件与其内部缺陷介质对射线能量衰减程度的不同,使得射线透过工件后的强度不同,使缺陷能在射线底片上显示出来的方法。如图6-2所示,平行射线束透过工件时,由于缺陷内部介质(如空气、非金属夹渣等)对射线的吸收能力比基本金属对射线的吸收能力要低得多,因而透过缺陷部位(图中 *A*、*B*)的射线强度高于周围完好部位(如 *C* 处)。在感光胶片上,对应有缺陷部位将接受较强的射线曝光,经暗室处理后将变得较黑(图中 *A*、*B* 处黑度比 *C* 处大),因此,工件中的缺陷通过射线照相后就会在底片上产生缺陷影迹。这种缺陷影迹的大小实际上就是工件中缺陷在投影面上的大小。

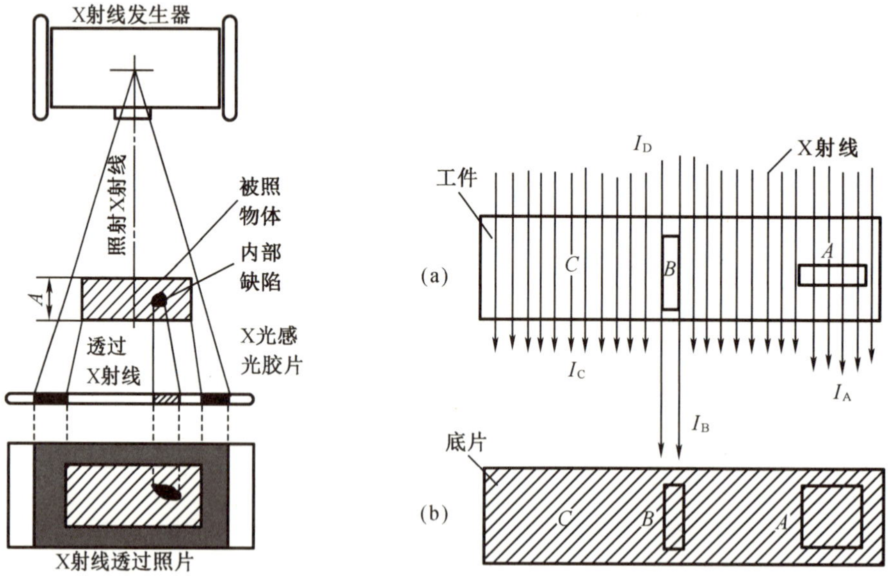

图6-2 射线照相法

6.2.2 射线荧光屏观察法

射线荧光屏观察法是将透过被检物体后的不同强度的射线，再投射在涂有荧光物质的荧光屏上，激发出不同强度的荧光而得到物体内部的影像的方法。其所用设备有 X 射线发生器及其控制设备、荧光屏、观察和记录用的辅助设备、传送工件及防护的装置等几部分。检测时，把工件送至观察箱上，X 射线管发出的射线透过被检工件，落到与之紧挨着的荧光屏上，显示的缺陷影像经平面镜反射后，通过平行于镜子的铅玻璃观察，如图 6-3 所示。

图 6-3 射线荧光屏观察法示意图

射线荧光屏观察法只能检查较薄且结构简单的工件，同时灵敏度较差，最高灵敏度在 2%~3%，大量检验时，灵敏度最高只达 4%~7%，对于微小裂纹是无法发现的。

6.2.3 射线实时成像检测

射线实时成像检测与传统的射线照相法相比具有实时、高效、不用射线胶片、劳动条件好和可记录等显著优点，是工业射线探伤很有发展前途的一种新技术，由于它采用 X 射线源，常被称为 X 射线实时成像检测。它主要用于钢管、压力容器壳体焊缝等检查，微电子器件和集成电路检查，食品包装检查，海关安全检查等。这种方法是利用小焦点或微焦点 X 射线源透照工件，利用一定的器件将 X 射线图像转换为可见光图像，再通过电视摄像机摄像后，将图像直接或通过计算机处理后再显示在电视监视屏上，以此来评定工件内部的质量。通常所说的工业 X 射线电视探伤，是指 X 光图像增强电视成像法，该法在国内外应用最为广泛，是当今射线实时成像检测的主流设备，其探伤灵敏度已高于 2%，并可与射线照相法相媲美。该方法探伤系统的基本组成如图 6-4 所示。

6.2.4 射线计算机断层扫描技术

计算机断层扫描技术简称 CT(computer tomography)。它是根据物体横断面的一组投影数据，经计算机处理后，得到物体横断面的图像。所以，它是一种由数据到图像的重组技术。射线源发出扇形束射线，被工件衰减后的射线强度投影数据经接收检测器(300 个左右，能覆盖整个扇形扫描区域)被数据采集部采集，并进行从模拟量到数字量的高速 A/D 转换，形成数字信息。在一次扫描结束后，工件转动一个角度再进行下一次扫描，如此反复下去，即可采集到若干组数据。这些数字信息在高速运算器中进行修正、图像重建处理和暂存，在计算机 CPU 的统一管理及应用软件支持下，便可获得被检物体某一断面的真实图像，显示于监视器上，如图 6-5 所示。

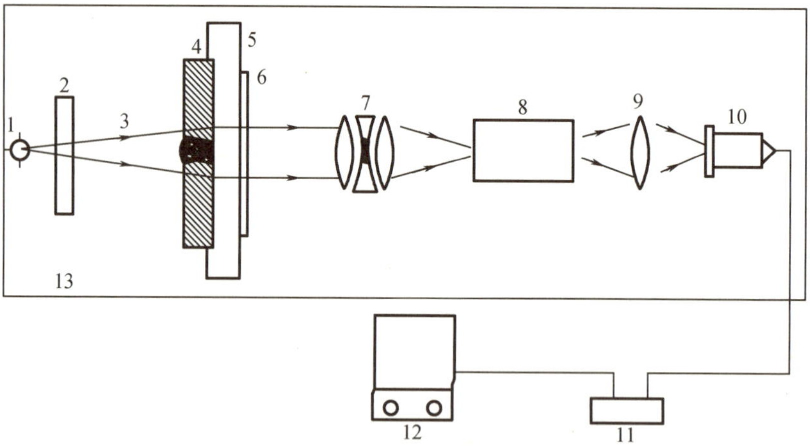

1—射线源；2，5—电动光阑；3—X 射线束；4—工件；6—图像增强器；7—耦合透镜组；8—电视摄像机；9—控制器；10—图像处理器；11—监视器；12—防护设施。

图 6-4　射线实时成像原理

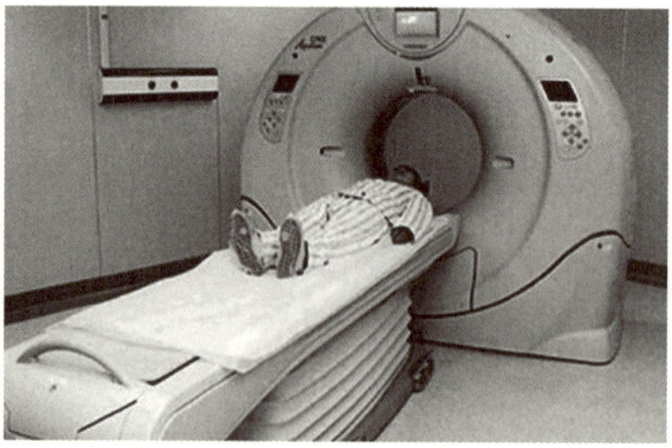

图 6-5　射线计算机断层扫描技术

任务6.3　射线检测设备及器材

问题导入

射线检测器材是渗透检测的物质技术基础。工业常用的射线检测设备主要有 X 射线机、γ 射线机和电子加速器等装置。本次任务主要熟悉常用的射线检测设备组成，掌握胶片、增感屏、标记带、像质计、标记带等器材的使用，为后续射线检测工作实施奠定物质基础；也是从事船舶行业射线检测的前提。

6.3.1 X 射线机

工业射线检测用的 X 射线机可按照其结构、使用性能、工作频率及绝缘介质种类等进行分类。

1. 按结构分类

(1)携带式 X 射线机

携带式 X 射线机是一种体积小、质量小、便于携带、适用于高空和野外作业的机器，如图 6-6 所示。它采用结构简单的半波自整流线路，X 射线管和高压发生部分共同装在射线机头内，通过一根多芯低压电缆将其与控制箱连接在一起。

(2)移动式 X 射线机

移动式 X 射线机是一种体积和质量都比较大，安装在移动小车上，在固定或半固定场合使用的机器，如图 6-7 所示。它的高压发生部分(一般是两个对称的高压发生器)和 X 射线管是分开的，其间用高压电缆连接。为了提高工作效率，一般采用强制油循环冷却。

图 6-6 携带式 X 射线机

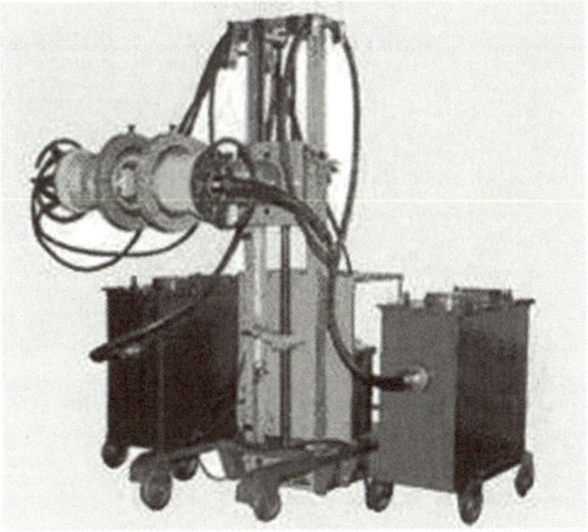

图 6-7 移动式 X 射线机

2. 按使用性能分类

(1)定向 X 射线机

定向 X 射线机是一种普及型、使用最多的机器，其机头产生的 X 射线辐射方向为 40°左右的圆锥角，一般用于定向单张透照检测，如图 6-8 所示。

(2)周向 X 射线机

周向 X 射线机产生的 X 射线束向 360°方向辐射，主要用于大口径管道和容器环焊缝透照检测，如图 6-9 所示。

(3)管道爬行器

管道爬行器是为了解决很长的管道环焊缝透照而设计生产的一种装在爬行装置上的 X 射线机，如图 6-10 所示。管道爬行器在管道内爬行时，用一根长电缆提供电力和传输控制信号，利用焊缝外放置的定位装置(通常用一个活度很小的同位素 γ 射线源)确定位置，使 X 射线机在管道内爬行到预定位置进行透照检测。

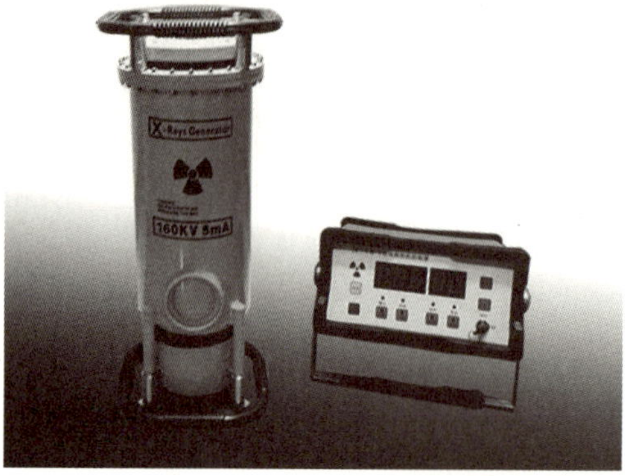

图 6-8　定向 X 射线机

图 6-9　周向 X 射线机

图 6-10　管道爬行器

3. 按工作频率分类

按供给 X 射线管高压部分交流电的频率分类,可分为工频(50~60 Hz)X 射线机、变频(300~800 Hz)X 射线机以及恒频(约 200 Hz)X 射线机。在同样的电流、电压条件下,恒频 X 射线机穿透能力最强,功耗最小,效率最高;变频 X 射线机次之;工频 X 射线机最差。

4. 按绝缘介质种类分类

按绝缘介质种类分类,X 射线机可分为绝缘介质为变压器油的油绝缘 X 射线机和绝缘介质为 SF6 的气体绝缘 X 射线机。油绝缘 X 射线机体积大且比较重;而气体绝缘 X 射线机体积和质量均较小。

5. X 射线机的基本结构

工业射线照相检测中使用的低能 X 射线机,简单地说由四部分组成:射线发生器(X 射线管)、高压发生器、冷却系统、控制系统。当各部分独立时,高压发生器与射线发生器之间应采用高压电缆连接。

6. X 射线管

X 射线机的核心器件是 X 射线管,它主要由阳极、阴极和管壳构成,如图 6-11 所示。

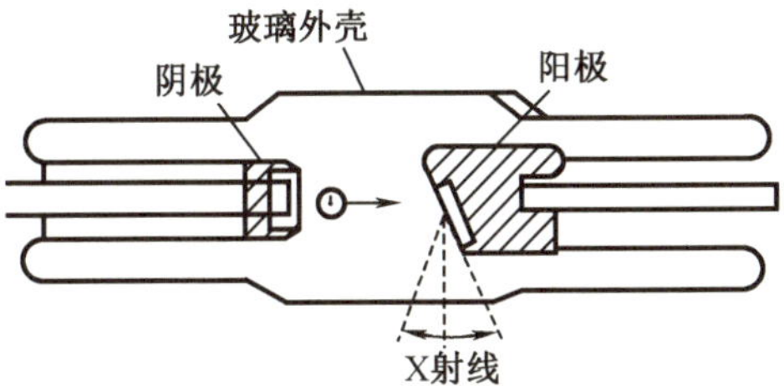

图 6-11　X 射线管结构示意图

(1)阳极体

阳极体为具有高热传导性的金属电极,典型的阳极体由无氧铜制作。其作用是支承阳极靶,并将阳极靶上产生的热量传送出去,避免靶面烧毁。

阳极靶的作用是承受高速电子的撞击,产生 X 射线。阳极靶紧密镶嵌在阳极体上,与阳极体具有良好的接触。由于工作时阳极靶直接承受高速电子的撞击,电子的大部分动能在它上面转换为热,因此阳极靶必须耐高温。所以,工业射线照相检验用的 X 射线管,其阳极靶采用钨制作。阳极靶的表面应磨成镜面,并与 X 射线管轴成一定角度,靶面与管轴垂线所成的角度常称为靶面角。阳极靶可以采用不同的结构,以产生不同的辐射。例如,常用锥形靶和平面形靶产生周向辐射 X 射线,也有的 X 射线机采用特殊的旋转阳极靶,它不仅可以改善散热状况,而且可以获得更高的管电流。

高速电子撞击阳极靶时会产生二次电子,二次电子可聚集在管壳上,形成一定电位,影响飞向阳极靶的电子束,阳极罩用来吸收高速电子撞击阳极靶时产生的二次电子。阳极罩常用铜制作,在朝向阴极方向有一小孔,阴极发射的电子从这个小孔进入,撞击阳极靶;阳极罩的侧面也有一个小孔,常用原子序数很低的薄铍板覆盖,称为窗口,阳极靶产生的 X 射线从此窗口辐射出来。

(2)阴极

阴极是 X 射线管中发射电子的部位,它由灯丝和一定形状的金属电极——聚焦杯(阴极头)构成。灯丝由钨丝绕成一定形状,聚焦杯包围着灯丝。灯丝在灯丝电流加热下可发射热电子,这些电子在 X 射线管的管电压作用下,高速飞向阳极靶,最终通过轫致辐射在阳极靶产生 X 射线。

灯丝发射电子的能力随灯丝温度,也就是灯丝的加热电流而改变。当灯丝温度增高时,发射电子的能力也增大。由于钨的熔点高(3 370 ℃),且蒸发率低,所以工业无损检测用 X 射线管的灯丝采用钨制作。灯丝的主要形状有圆形、线形、矩形等,灯丝的形状、尺寸及聚焦杯的形状、尺寸与灯丝的相对位置等,都直接影响 X 射线管的焦点。灯丝温度通过调节灯丝变压器的电压改变灯丝电流进行调节,过高的灯丝电流将会烧毁灯丝。

(3)管壳

X 射线管的管壳封出一个高真空腔体,腔内封装阳极和阴极。管内的真空度应达到 $1.33\times(10^{-3}\sim10^{-5})$ Pa。管壳必须具有足够高的强度和电绝缘强度。工业射线检测常用 X 射线管的管壳主要采用玻璃与金属或陶瓷与金属制作。采用玻璃与金属制作管壳的 X 射线管称为玻璃 X 射线管。采用陶瓷与金属制作管壳的 X 射线管分为两类,一类是金属陶瓷 X 射线管,另一类是波纹陶瓷 X 射线管。金属陶瓷 X 射线管以不锈钢管代替玻璃管壳,用陶瓷材料绝缘,与玻璃管壳的 X 射线管相比,它的主要特点是结构牢固、寿命长,现在已经是 X 射线管的重要类型。

6.3.2 γ 射线机

1. γ 射线机的类型

按所装放射性同位素不同,可分为 Co60γ 射线机、Cs137γ 射线机、Ir192γ 射线机、Se75γ 射线机、Tm170γ 射线机及 Yb169γ 射线机。

按使用方式可分为便携式、移动式(能通过适当专用设备移动)、固定式(固定安装或只能在特定工作区做有限移动)及管道爬行器。

工业 γ 射线检测主要使用便携式 Ir192γ 射线机、Se75γ 射线机和移动式 Co60γ 射线机;Tm170γ 射线机及 Yb169γ 射线机在轻金属及薄壁工件的检测方面具有优势;管道爬行器则专用于管道的对接焊缝检测。

2. γ 射线机的结构

γ 射线机大体可分为五个部分:源组件、γ 射线机机体、驱动机构、输源管和附件。

(1)源组件

源组件由放射源物质、源外壳和源辫子组成。放射源物质装入外壳内,包壳采用内外两层结构,内层是铝壳,外层是不锈钢壳,并通过等离子焊接封口。源外壳与源辫子的连接多采用冲压方式,可以承受很大的拉力。

(2)γ 射线机机体

γ 射线机机体的主要部分是屏蔽容器,其内部通道设计有 S 通道和直通道两种。

所谓 S 通道设计即屏蔽材料内通道形状为 S 形,这种装置是基于辐射以源为始点、以直线向外传播的原理设计的。因为屏蔽体呈 S 状,使得射线不能按直线路径从屏蔽体中透射出来,从而达到防护的目的。

直通道型机体比 S 通道型机体体积小,质量轻,但由于需要解决屏蔽问题,所以结构更复杂一些。在直通道型机体中,射线沿通道的泄漏是靠钨制屏蔽柱屏蔽的。前屏蔽柱装在机体内的闭锁装置中。后屏蔽柱一般两节,长 50 mm,装在源组件后,与源顶辫组成链式连接。由于链式连接中源辫子的柔韧性不如钢索,所以使用直通道 γ 射线机时,输源管弯曲半径要大,至少不得小于 500 mm,而 S 通道 γ 射线机输源管弯曲半径则可小一些。

屏蔽容器一般用贫化铀材料制作而成,比铅屏蔽体的体积、质量减小许多。

γ 射线机机体上设有各种安全联锁装置可防止操作错误,例如:当源不在安全屏蔽中心位置时锁就锁不上,这时需要用驱动器来调节源的位置使其到达屏蔽中心,因此该装置能保证源始终处于最佳屏蔽位置。操作时如果控制缆与源辫子未连接好,装置则可保证使操作者无法将源输出,以避免源失落事故的发生。

3. 驱动机构

驱动机构是一套用来将放射源从机体的屏蔽储存位置驱动到曝光焦点位置,并能将放射源收回到机体内的装置。γ 射线机及驱动机构工作情况示意图如图 6-12、图 6-13 所示。

该装置一般可分为手动驱动和电动驱动两种。手动驱动器包括控制缆导管、连接机体结构与控制手柄。靠摇动手柄来驱动源在输源管中移动,为正确判断源的输送位置,手柄上一般还装有源指示器以确保源准确到达曝光焦点。

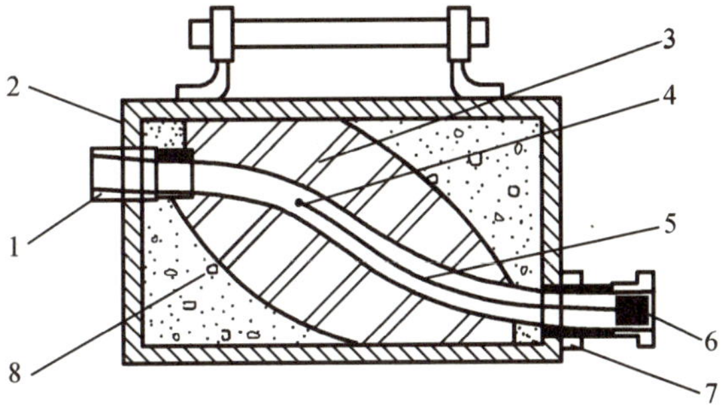

1—快速连接器;2—外壳;3—贫化铀屏蔽层;4—γ 源(源组件);
5—源托;6—安全接插器;7—密封盒;8—聚氨酯填料。

图 6-12　γ 射线机源容器的基本结构示意图

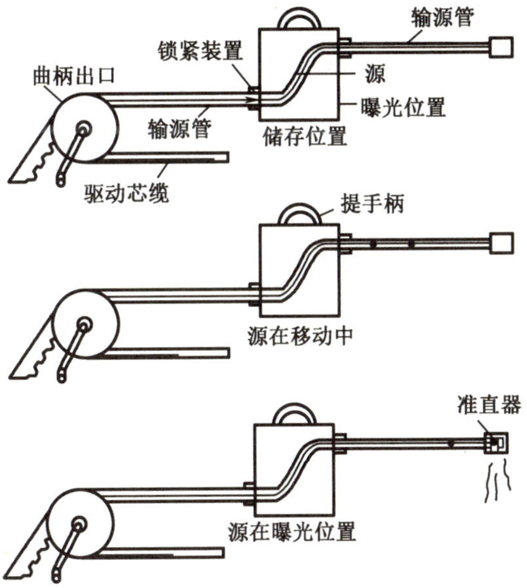

图 6-13　γ 射线机及驱动机构工作情况示意图

在现场无防护条件下进行 γ 射线检测时,如用手动驱动操作,人只能离开源 10 m 左右,此位置的放射剂量率很高。为了解决这一问题,有些 γ 射线机除手动驱动器外,还提供了电动驱动器。使用自动控制电动驱动器,可以预置送源延迟时间(以便操作人员发令后有足够时间离开)和预置曝光时间。当延迟时间到达预置时间时,自控电动机启动,将源送到曝光焦点,然后开始计时,当达到预置的曝光时间时,电动机再次启动将源收回到主机屏蔽体内。这样就完成了一次拍片,十分安全可靠。

4. 输源管

输源管也称为源导管,由一根或多根软管连接一个一头封闭的包塑不锈钢软管制成。其用途是保证源始终在管内移动,其长度根据不同需要可以任意选用,使用时开口的一端接到机体源出口,封闭的一端放在曝光焦点位置。曝光时要求将源输送到输源管的端头,以保证源与曝光焦点重合。

6.3.3 γ射线机的特点

1. γ射线机的主要优点

(1)探测厚度大,穿透能力强。对钢工件而言,400 kV的X射线机最大穿透厚度为100 mm左右,而Co60γ射线机的最大穿透厚度可达200 mm。

(2)体积小,质量轻,不用电,不用水,特别适合于野外作业和在用设备的检测。

(3)效率高,对环焊缝和球罐可进行周向曝光和全景曝光。与X射线机相比效率大大提高。

(4)可以连续运行,且不受温度、压力、磁场等外界条件影响。

(5)设备故障率低,无易损部件。

(6)与具有同等穿透力的X射线机相比,价格低。

2. γ射线机的主要缺点

(1)γ射线源都有一定的半衰期,有些半衰期较短的放射源,如Ir192更换频繁,给使用带来不便。

(2)放射源能量固定,无法根据试件厚度进行调节,当穿透厚度与能量不匹配时,灵敏度下降严重。

(3)放射强度随时间减弱,无法进行调节,当源强度较小时,曝光时间过长会造成不便。

(4)固有不清晰度比X射线机大,采用同样的器材及透照技术条件,其灵敏度低于X射线机。

(5)对安全防护要求高,管理严格。

6.3.4 射线检测辅助设备、器材

1. 胶片

射线胶片不同于一般的感光胶片,一般感光胶片只有胶片片基的一面涂布感光乳剂层,在片基的另一面涂布反光膜。射线胶片在胶片片基的两面均涂布感光乳剂层,目的是增加卤化银含量以吸收较多的穿透能力很强的X射线和γ射线,从而提高胶片的感光速度,增大底片的黑度,片基为透明塑料,它是感光乳剂层的支持体,厚度为0.175~0.30 mm。感光乳剂层的主要成分是卤化银感光物质极细颗粒和明胶,此外还有一些其他成分,如增感剂等,感光乳剂层的厚度为10~20 μm。卤化银主要采用的是溴化银,其颗粒尺寸一般不超过1 μm。明胶可以使卤化银颗粒均匀地悬浮在感光乳剂层中,它具有多孔性,对水有极大的亲和力,使暗室处理药液能均匀地渗透到感光乳剂层中,完成处理。结合层是一层胶质膜,它将感光乳剂层牢固地黏结在片基上。保护层主要是一层极薄的明胶层,厚度为1~2 μm,它涂在感光乳剂层上,避免感光乳剂层直接与外界接触,产生损坏。核心部分是感光乳剂层,它决定了胶片的感光性能。射线胶片的结构如图6-14所示。

2. 黑度计

胶片经过曝光和暗室处理后称为底片,对于射线照相则常称为射线照片。底片上各处的金属银密度不同,所以各处透光的程度也不同。底片的光学密度就是底片的不透明程

度,它表示了金属银使底片变黑的程度,所以光学密度通常简称为黑度。射线照相底片的黑度在各射线检测标准中都是有要求的。射线照相底片的黑度值大小一般通过透射式黑度计测量得到。黑度计又称光学密度计,或简称密度计。

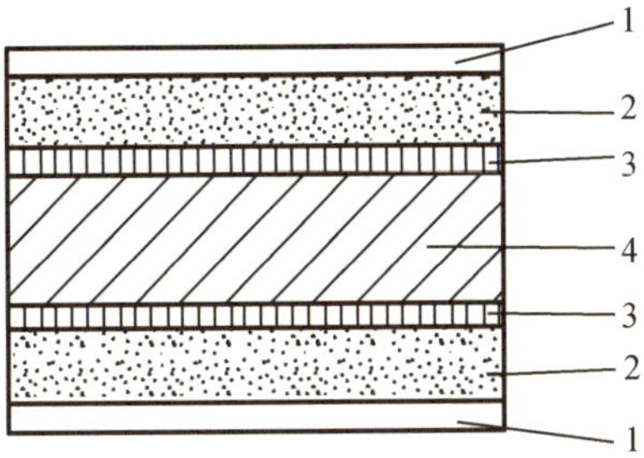

1—保护层;2—感光乳剂层;3—结合层;4—片基。

图 6-14　射线胶片的结构图

黑度计有指针式和数字显示式两种。目前广泛使用的是数字显示黑度计,如图 6-15 所示。

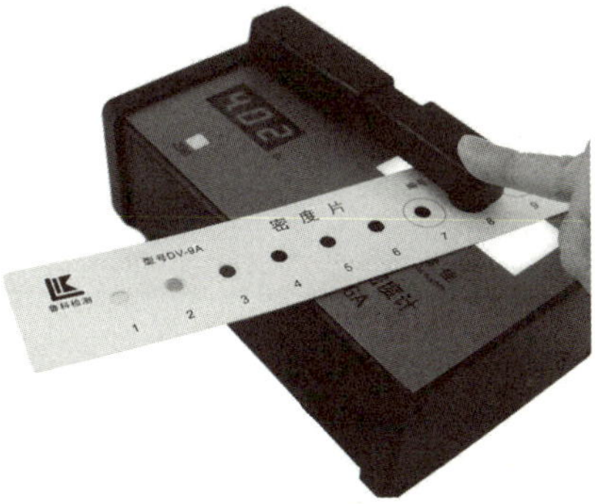

图 6-15　数字显示黑度计

3. 增感屏

射线底片上的影像主要是靠胶片乳剂层吸收射线产生光化学作用而形成的。为了能吸收较多的射线,射线照相用的感光胶片采用了双面药膜和较厚的乳剂层,即使如此,通常也只有不到 1%的射线被胶片所吸收,而 99%以上的射线透射过胶片被浪费。使用增感屏可增强射线对胶片的感光作用,从而达到缩短曝光时间、提高工效的目的。

目前,常用的增感屏有金属增感屏、荧光增感屏和金属荧光增感屏三种,由于荧光增感屏的荧光体颗粒粗,荧光会发生扩展和散乱传播,加之荧光增感屏不能截止散射线,故所得底片的影像模糊,清晰度差,灵敏度低,缺陷分辨力差,细小裂纹易漏检,因此在射线照相中的使用范围越来越小。为避免危险性缺陷漏检,焊接接头射线照相通常不允许使用荧光增感屏。另外,金属荧光增感屏一般也不用于质量要求高的工件的射线检测。

4. 像质计

像质计是用来检查和定量评价射线底片影像质量的工具,又称为影像质量指示器,像质计通常用与被检工件材质相同或对射线吸收性能相似的材料制作。像质计中设有一些人为的有厚度差的结构(如槽、孔、金属丝等),其尺寸与被检工件的厚度有一定的数值关系。射线底片上的像质计影像可以作为一种永久性的证据,表明射线透照检测是在适当条件下进行的,但像质计的指示数值并不等于被检工件中可以发现的自然缺陷的实际尺寸。工业射线检测用像质计的主要类型有丝型、槽型和孔型三种。如果使用的像质计类型不同,即使照相方法相同,一般所得的像质计灵敏度也是不同的。丝型像质计应用最广泛,金属丝按照直径大小的顺序,以规定的间距平行排列,封装在对射线吸收系数很低的透明材料中。丝型像质计按金属丝直径的变化规律不同,分为等差数列、等比数列、等径、单丝等几种形式。目前应用最为普遍的是等比数列像质计,其公比一般都采用 $R10$ 系列,并对丝径予以编号。

丝型像质计如图 6-16 所示。

图 6-16　丝型像质计

5. 其他相关检测辅助器材

(1)暗袋

装胶片的暗袋可采用对射线吸收少而遮光性好的黑色塑料膜或合成革制作,要求材料薄、软、滑,暗袋的尺寸,尤其宽度要与增感屏、胶片尺寸相匹配,这样既能方便地出片、装片,又能使胶片、增感屏与暗袋很好地贴合。暗袋的外面画上中心标记线,可以在贴片时方便地对准透照中心。暗袋背面还应贴上铅质“B”标记,以此作为监测背散射线的附件。由于暗袋经常接触工件,极易弄脏,因此要经常清理暗袋表面,如发现破损,应及时更换。

国外还生产一种真空包装的胶片,可直接用于射线照相。真空包装胶片的暗袋由铅箔、黑纸复合而成,暗袋只能一次性使用。由于真空包装,无论胶片是否弯曲,增感屏、暗袋受大气压力作用,始终与胶片紧密地贴合。

(2)屏蔽铅板

为屏蔽后方散射线,应制作一些与胶片(暗袋)尺寸相仿的屏蔽铅板。屏蔽铅板由 1 mm 厚的铅板制成。贴片时,将屏蔽铅板紧贴暗袋,以屏蔽后方散射线。

(3)中心指示器

X 射线机窗口应装设中心指示器,中心指示器上装有约 6 mm 厚的铅光阑,可有效地遮挡非检测区的射线，以减少前方散射线；还装有可以拉伸、收缩的对焦杆，在对焦时可将拉杆拨向前方，透照时则拨向侧面。利用中心指示器可以方便地指示射线方向，使射线束中心对准透照中心。

(4)其他小器件

射线照相辅助器材很多，除上述用品、设备、器材外，为方便工作，还应备齐一些小器件，如卷尺、钢印、锤子、照明灯、手电筒、各种尺寸的屏蔽铅板、补偿泥、贴片磁钢、胶带、各式铅字、盛放铅字的字盘、画线尺、石笔、记号笔等。

任务6.4 照相法射线检测工艺

问题导入

射线检测工艺是保证现代造船企业生产现场对船舶焊接结构实施射线检测的技术基础，也是指导射线检测技术人员编制射线检测工艺规程、射线检测工艺卡的重要技术保证。本次任务对射线检测工艺规程制订依据和要求、射线检测缺陷痕迹分类和评级、渗透检测工艺卡的编制格式和内容等做出具体规定，是射线检测技术人员完成射线检测工艺文件编制的重要参照依据。

6.4.1 照相法射线检测工艺

无损检测通用工艺规程应根据相关法规、产品标准、有关技术文件和现行的无损检测标准的要求，结合无损检测单位(机构)的特点、设备技术条件和人员条件，针对本单位产品的特点进行编制。无损检测通用工艺规程应涵盖本单位(制造、安装或检测单位)产品的检测范围。通用工艺规程应详细、明确、便于操作且具有可选择性。射线检测通用工艺规程的主要内容包括：

(1)适用范围(依据现行检测标准、满足相关法规标准、检测技术等级、工件种类和透照母材厚度范围等)。

(2)对检测人员的要求(资格、视力等)。

(3)检测准备要求(检测时机、工件表面状况、标记方法等)。

(4)设备、器材要求(射线源和能量的选择、胶片牌号和类型、增感屏、像质计、暗盒、铅笔等)。

(5)透照方法及相关要求(100%透照或局部透照的要求、焦距选择、一次透照长度、编号方法、像质计和标记的摆放、散射线的屏蔽等)。

(6)曝光曲线及校准点的规定。

(7)暗室处理(洗片方法、胶片处理程序、条件及要求等)。

(8)底片评定(评片人员资格、底片质量、验收标准、等级评定和返修)。

(9)记录报告(记录报告内容及要求,资料、档案管理要求等)。

(10)安全防护。

(11)附录(必要说明的内容)。

【任务实施】

1. 主题内容与适用范围

(1)本工艺规定了焊缝射线检测人员的资格、所用器材、检测技术及验收标准等。

(2)本工艺依据《承压设备无损检测 第2部分:射线检测》(NB/T 47013.2—2015)编写,满足《固定式压力容器安全技术监察规程》和《压力容器标准释义》(GB/T 150—2011)的要求。

(3)检测工艺卡是本工艺的补充,由RTⅡ级人员按标准要求编写。

2. 检测人员

(1)凡从事焊缝无损检测的人员,必须具有技术质量监督机构颁发的与其工作相适应的资格证书。

(2)评片人员或审核人员必须持有RTⅡ级或RTⅢ级资格证书。

(3)评片人员矫正视力不得低于1.0,并一年检查一次。评片人员还应能够辨别出400 mm距离处高0.5 mm、间距0.5 mm的一组印刷字母。

3. 射线源的选择

选用X射线。射线能量的选择取决于工件厚度及材料的种类,有时也根据设备条件而定,通常情况下,随着射线能量降低,透照影像对比度增大。因此,在曝光时间允许的条件下,应尽量采用较低的射线能量。

对环焊缝采用双壁透照时,可适当提高射线能量,以提高焊缝影像的宽容度,但必须保证底片应达到的像质指数。

4. 胶片

选用AGFA-C7工业射线胶片。

5. 增感屏

(1)采用金属增感屏,为防止在透照过程中前、后屏放反,采用前、后屏厚度相同的增感屏,在透照过程中,胶片暗袋后面应用铅板进行遮挡。

(2)铅箔增感屏厚度见表6-1。

表6-1 铅箔增感屏厚度

射线种类	增感材料	前屏厚度/mm	后屏厚度/mm
X射线	铅箔	0.03~0.1	0.03~0.1

(3)胶片和增感屏在透照过程中应始终紧密接触。

6. 像质计

(1)选用《无损检测 线型像质计通用规范》(JB/T 7902—2015)规定的R10系列丝型像质计。

(2)像质计应放在射线源一侧的工件表面上，被检焊缝区的一侧(被检区长度 1/4 部位)。金属丝应横跨焊缝并与焊缝方向垂直，细丝置于外侧，当射线源一侧无法放置像质计时，也可放在胶片侧。

(3)当射线源置于中心位置对环焊缝做周向曝光时，像质计应放在内壁，每隔 120°放一个。若透照区为抽查或返修复照，则每张底片上应有像质计显示。若同时还透照纵焊缝，则纵焊缝透照区的远端也应有像质计显示。

(4)单壁单影透照时，像质指数根据透照厚度 $TA=T$ 应达到相关标准中 AB 级的要求，双壁单影或双壁双影透照时像质指数根据透照厚度 $TA=2T$ 应达到相关标准中 AB 级的要求。

(5)单壁单影透照时，像质计置于胶片侧时，应加“F”铅标记，以示区别。

7. “B”标记

背部散射线及无用射线应采用常规方法屏蔽。为验证背部散射线的影响，每个暗盒背向工件侧贴一个“B”铅字标记。若在底片的黑色背影上出现“B”的较淡影像，则说明背部散射防护不良，应予重照。若在较淡背影上出现“B”的较黑影像，则不作为底片质量判废的依据。因为这种情况是一次射线照射铅字“B”时，铅字“B”本身产生的二次射线对胶片产生曝光的结果。

8. 定位标记和识别标记

(1)定位标记：储罐底片上应有中心标记(→↑)和搭接标记(↑)，管道环焊缝透照时搭接标记可用数字代替，采用双壁双影方式透照时不放搭接标记。

(2)识别标记：底片上应有：工件编号、焊缝编号、片位编号和检测日期(外径≤100 mm 的管焊缝可不要)。返修部位还应有返修标记 R1、R2……(1、2……指返修次数)。进行局部拍片时，如有不合格按比例扩拍时，底片上应有“K”字标出，并按底片顺序号的延续号编扩拍片号。工件表面应做出永久性标记，以作为对每张底片重新定位的依据。产品上不适合打印标记时，应采用详细的透照布片位置图加以标注。

(3)标记位置：上述标记均应放在胶片的适当位置，离焊缝边缘至少 5 mm，搭接标记的布置应按《射线检测工艺规程》(NB/T 47013. 2—2015)执行。

(4)底片标记布置：底片标记布置如图 6-17 所示。

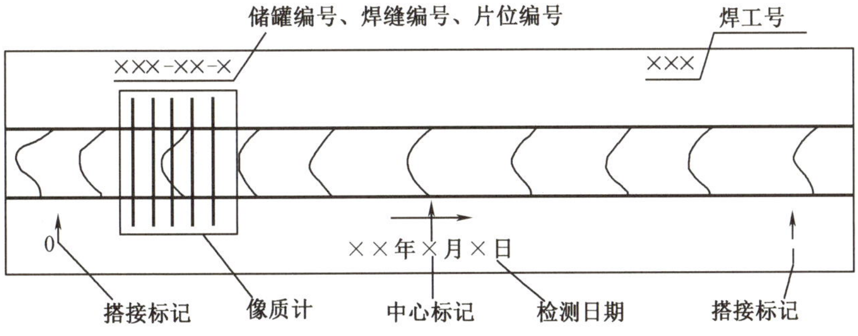

图 6-17　底片标记布置

9. 观片灯和评片室

(1)观片灯:观片灯的亮度至少应能观察最大黑度为 4.0 的底片,且观片窗口的漫射光亮度可调,并备有遮光板,对不需要观察或透光量过强的部分进行屏蔽。

(2)评片室:评片应在评片室进行。评片室的光线应暗淡,但不能全暗,周围环境亮度应大致与底片上需要观察部位透过光的亮度相当,室内照明光线不得在底片上产生反射。

10. 黑度计

采用 JCMD-210 型黑度计检查底片黑度。黑度计误差≤0.05。

11. 显影剂

手工处理用的显影剂配方、显影时间和温度等应符合胶片厂使用说明的要求。

12. 表面质量及透照时机

(1)焊缝及热影响区须经焊接检查员表面检查合格,方可进行射线照相,对于焊缝表面存在的可能遮盖焊缝内部缺陷或与之相混淆的不规则状况,射线检测人员有权提出对焊缝表面进行修整的要求。有延迟裂纹倾向的焊缝要在规定时间内进行无损检测工作。

(2)同一条焊缝的余高在允许范围内应均匀,以保证底片黑度处于规定范围内。

13. 透照方式与工艺

(1)透照方式:按射线源、工件和胶片的相互位置关系,透照方式分为纵缝透照法、环缝外透法、环缝内透法、双壁单影法和双壁双影法。

(2)射线透照质量等级:按 AB 级进行透照。

(3)几何条件:

①射线源至工件表面的距离 f 和射线源有效焦点尺寸 d 的比值 f/d 与透照厚度的关系应符合 NB/T 47013.2—2015 的有关规定。

②焊缝透照厚度比 K,在 AB 级条件下,环缝不大于 1.1,纵缝不大于 1.03。

③设备、储罐焊缝透照方式采用单壁单影法,底片规格为 360 mm×80 mm,有效长度取 300 mm,透照张数按焊缝长度实际计算。

14. 胶片的暗室处理

(1)胶片的暗室处理按胶片的使用说明书进行,现场采用手工冲洗方式。

(2)胶片的手工冲洗采用槽浸方式,在规定温度(20 ℃左右)和时间内进行显影、定影、水洗和干燥等工序。

(3)暗室布局整洁、合理,干、湿区分开,并配有通风设备。

15. 底片质量

(1)底片上的像质计应符合要求,其像质指数必须达到标准要求。X 射线透照的底片上有效评定区黑度应为 2.0~4.0。

(2)底片上的定位标记和识别标记应符合要求。

(3)底片有效评定区域内不应有因胶片处理不当而引起的伪缺陷。

16. 焊缝质量评定

(1)焊缝质量的评定及审核应由 RTⅡ级及 RTⅡ级以上人员承担。

(2)评片应在较暗的室内进行,观片灯的亮度应为可调,其最大亮度不小于 1×10^5 cd/m^2。

(3)评片按照 NB/T 47013.2—2015 或相关标准执行。

17. 检测报告及底片资料存档

检测报告应包括如下内容:

(1)委托单位、被检工件名称及编号。

(2)被检工件材质、母材厚度。

(3)检测装置的名称、型号。

(4)透照方法及透照规范。

(5)透照部位及工件草图。

(6)检测结果、缺陷等级评定及检测标准名称。

(7)返修情况。

(8)检测人员和责任人员签字及其检测技术资格。

(9)检测日期。

6.2.4 照相法射线检测条件选择

1. 透照布置

在射线照相检测技术中,透照布置问题主要包括三方面内容。

(1)透照方式:射线源、工件、胶片的相对位置。

(2)透照方向:中心射线束的方向。

(3)一次透照区:一次透照的有效范围。一次透照区也称为有效透照区,透照区内在射线照片上形成的影像黑度处于规定的黑度范围、射线照相灵敏度符合规定要求的范围。

2. 基本透照参数

射线照相检测的基本透照参数是:射线能量、焦距、曝光量。它们对射线照片的质量具有重要影响,简单地说,采用较低能量的射线、较大的焦距、较大的曝光量可以得到更好质量的射线照片。

(1)射线能量:对于 X 射线,射线能量常用透照电压,即 X 射线管所施加的高压(管电压)来表示。对于 γ 射线,射线能量是 γ 射线源辐射的主要 γ 射线的能量,或这些主要能量的平均(等效)能量。

推荐的选取射线能量的原则是,在保证射线具有一定穿透能力条件下选用较低的能量。在实际的射线照相检测工作中,对低能 X 射线必须遵守的一项具体规定是透照电压不能高于允许的最高透照电压。

(2)焦距:在射线照相检测中所称的焦距,是指射线源与胶片之间的距离。

确定焦距时必须考虑的因素如下:

①所选取的焦距必须满足射线照相对几何不清晰度的规定。

②所选取的焦距应给出射线强度比较均匀的适当大小的透照区。

(3)曝光量:曝光量是透照时间(曝光时间)与射线强度的乘积,在实际射线照相检测中,采用与射线强度相关的量代替射线强度来表示曝光量。曝光量必须达到一定的大小,才能保证小细节影像的可识别性。对 X 射线照相严格地规定曝光量是很困难的,因此,在标准中对曝光量的规定都是推荐值。

3. 散射线的产生

在射线照相检测中，散射线产生于射线照射的任何物体。散射线强度与射线能量相关，与射线照射物体的材料、厚度、面积也相关。

散射线对影像质量的影响主要表现在两个方面：降低影像的对比度和产生“边蚀”。

边蚀是在透照物体的边界区，一次射线产生的散射线将直接对胶片产生曝光作用，使影像的边界区域变得很模糊。

当散射线比较强时，可使影像增加明显的模糊背景，将使影像边界轮廓不清晰，导致影像质量下降。

4. 控制散射线的主要方法

减少到达胶片的散射线的主要方法有：滤波、光阑、遮蔽、屏蔽等方法。具体的布置示意图如图 6-18 所示。

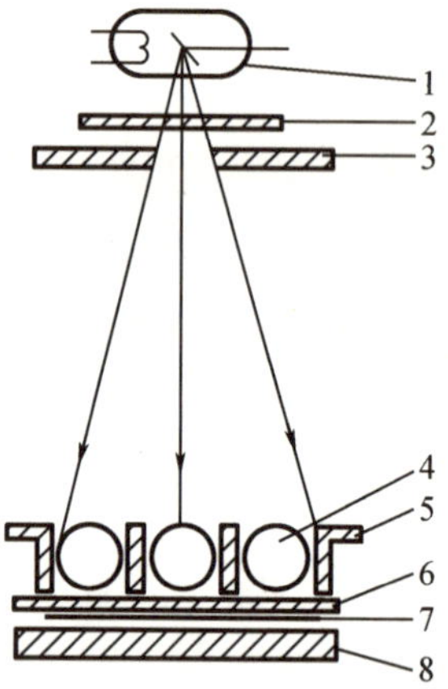

1—射线源；2—滤波板；3—光阑；4—工件；5—遮蔽铅板；6—前铅屏；7—胶片；8—后铅板。

图 6-18　减少到达胶片散射线的方法

5. 背散射防护检测方法

当采用背铅板对背散射线进行防护时，应对背散射防护情况进行检测，检测方法如下：

在胶片暗袋背面贴附一厚度为 1.6 mm、高度为 13 mm 左右的铅字，一般是铅字“B”。透照后观察得到的底片，如果底片上未出现这个铅字 B 的影像或出现黑度高于背景黑度的铅字 B 影像，则说明防护铅板的厚度符合要求。如果出现黑度低于背景黑度的铅字 B 的影像，则说明防护不足，应加大背铅板的厚度。

任务6.5　照相法射线检测工艺文件编制

问题导入

照相法射线检测工艺文件编制应根据相关法规、产品标准、有关技术文件和现行的无损检测标准的要求,结合无损检测单位(机构)的特点、设备技术条件和人员条件,针对本单位产品的特点进行编制。照相法射线检测工艺规程应涵盖本单位(制造、安装或检测单位)产品的检测范围。通用工艺规程应详细、明确、便于操作且具有可选择性。本次任务主要围绕球罐射线检测项目及要求,掌握照相法射线检测工艺文件编制,为后续从事船舶行业射线检测工作打下基础。

球罐射线检测项目及要求见表6-2、表6-3。

表6-2　球罐主要技术参数

项目	2 000 m^3 球罐	项目	2 000 m^3 球罐
设计压力/MPa	2.0	容器类别/结构形式	三类/三带10柱混合式
设计温度/℃	-19~50	焊接接头系数	1.0
工作压力/MPa	1.7	球内半径/mm	15 700
工作温度/℃	常温	球壳壁厚/mm	50
工作介质	丙烯、丙烷、轻烃、油田液化气	球壳材质	15MnNbR

表6-3　球罐射线检测项目及要求

检测项目	检测方法、比例及合格级别	执行标准
球壳板厚度抽查(安装)	抽查总数≥7片,每带≥2片,上下极≥1片,每张板检测点≥5点	实测厚度不得小于公称厚度减去钢板负偏差
球罐A、B类焊接接头	射线检测,100%,Ⅱ级合格	NB/T 47013.2—2015
人孔凸缘与球壳板、接管与法兰对接接头	射线检测,100%,Ⅱ级合格或超声波检测,100%,Ⅰ级合格	NB/T 47013.2—2015

本任务的要求是编制2 000 m^3 球罐的射线检测工艺规程。

射线检测通用工艺规程的主要内容包括:

(1)适用范围(依据现行检测标准、满足相关法规标准、检测技术等级、工件种类和透照母材厚度范围等)。

(2)对检测人员的要求(资格、视力等)。

(3)检测准备要求(检测时机、工件表面状况、标记方法等)。

(4)设备、器材要求(射线源和能量的选择、胶片牌号和类型、增感屏、像质计、暗盒、铅笔等)。

(5)透照方法及相关要求(100%透照或局部透照的要求、焦距选择、一次透照长度、编号方法、像质计和标记的摆放、散射线的屏蔽等)。

(6)曝光曲线及校准点的规定。

(7)暗室处理(洗片方法、胶片处理程序、条件及要求等)。

(8)底片评定(评片人员资格、底片质量、验收标准、等级评定和返修)。

(9)记录报告(记录报告内容及要求,资料、档案管理要求等)。

(10)安全防护。

(11)附录(必要说明的内容)。

【任务实施】

1. 主题内容与适用范围

(1)本工艺规定了焊缝射线检测人员的资格、所用器材、检测技术及验收标准等。

(2)本工艺依据 NB/T 47013.2—2015 编写,满足《固定式压力容器安全技术监察规程》和 GB/T 150—2011 的要求。

(3)检测工艺卡是本工艺的补充,由 RTⅡ级人员按标准要求编写。

2. 检测人员

(1)凡从事焊缝无损检测的人员,必须具有技术质量监督机构颁发的与其工作相适应的资格证书。

(2)评片人员或审核人员必须持有 RTⅡ级或 RTⅢ级资格证书。

(3)评片人员矫正视力不得低于 1.0,并一年检查一次。评片人员还应能够辨别出 400 mm 距离处高 0.5 mm、间距 0.5 mm 的一组印刷字母。

3. 射线源的选择

选用 X 射线。射线能量的选择取决于工件厚度及材料的种类,有时也根据设备条件而定,通常情况下,随着射线能量降低,透照影像对比度增大。因此,在曝光时间允许的条件下,应尽量采用较低的射线能量。

对环焊缝采用双壁透照时,可适当提高射线能量,以提高焊缝影像的宽容度,但必须保证底片应达到的像质指数。

4. 胶片

选用 AGFA-C7 工业射线胶片。

5. 增感屏

(1)采用金属增感屏,为防止在透照过程中前、后屏放反,采用前、后屏厚度相同的增感屏,在透照过程中,胶片暗袋后面应用铅板进行遮挡。

(2)铅箔增感屏厚度见表 6-4。

表 6-4 铅箔增感屏厚度

射线种类	增感材料	前屏厚度/mm	后屏厚度/mm
X 射线	铅箔	0. 03~0. 1	0. 03~0. 1

(3)胶片和增感屏在透照过程中应始终紧密接触。

6. 像质计

(1)选用 JB/T 7902—2015 规定的 R10 系列丝型像质计。

(2)像质计应放在射线源一侧的工件表面上,被检焊缝区的一侧(被检焊缝区长度 1/4 部位)。金属丝应横跨焊缝并与焊缝方向垂直,细丝置于外侧,当射线源一侧无法放置像质计时,也可放在胶片侧。

(3)当射线源置于中心位置对环焊缝做周向曝光时,像质计应放在内壁,每隔 120°放一个。若透照区为抽查或返修复照,则每张底片上应有像质计显示。若同时还透照纵焊缝,则纵焊缝透照区的远端也应有像质计显示。

(4)单壁单影透照时,像质指数根据透照厚度 $TA=T$ 应达到相关标准中 AB 级的要求,双壁单影或双壁双影透照时像质指数根据透照厚度 $TA=2T$ 应达到相关标准中 AB 级的要求。

(5)单壁单影透照时,像质计置于胶片侧时,应加“F”铅标记,以示区别。

7. “B”标记

背部散射线及无用射线应采用常规方法屏蔽。为验证背部散射线的影响,每个暗盒背向工件侧贴一个“B”铅字标记。若在底片的黑色背影上出现“B”的较淡影像,则说明背部散射防护不良,应予重照。若在较淡背影上出现“B”的较黑影像,则不作为底片质量判废的依据。因为这种情况是一次射线照射铅字“B”时,铅字“B”本身产生的二次射线对胶片产生曝光的结果。

8. 定位标记和识别标记

(1)定位标记:储罐底片上应有中心标记(→↑)和搭接标记(↑),管道环焊缝透照时搭接标记可用数字代替,采用双壁双影方式透照时不放搭接标记。

(2)识别标记:底片上应有工件编号、焊缝编号、片位编号和检测日期(外径≤100 mm 的管焊缝可不要)。返修部位还应有返修标记 R1、R2……(1、2……指返修次数)。进行局部拍片时,如有不合格按比例扩拍时,底片上应有“K”字标出,并按底片顺序号的延续号编扩拍片号。工件表面应做出永久性标记,以作为对每张底片重新定位的依据。产品上不适合打印标记时,应采用详细的透照布片位置图加以标注。

(3)标记位置:上述标记均应放在胶片的适当位置,离焊缝边缘至少 5 mm。

(4)底片标记布置:底片标记布置如图 6-19 所示。

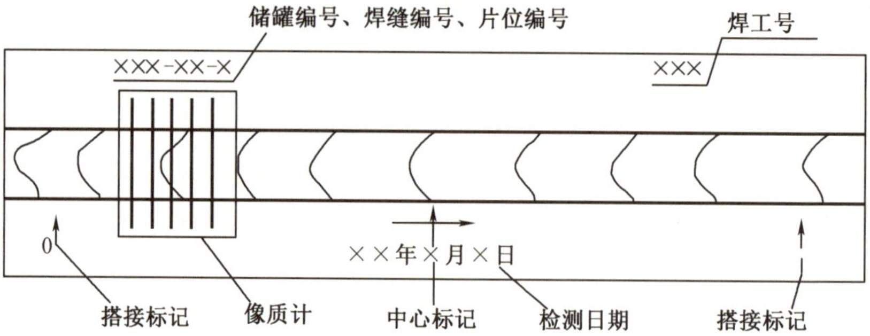

图 6-19　底片标记布置

9. 观片灯和评片室

(1)观片灯:观片灯的亮度至少应能观察最大黑度为 4.0 的底片,且观片窗口的漫射光亮度可调,并备有遮光板,对不需要观察或透光量过强的部分进行屏蔽。

(2)评片室:评片应在评片室进行。评片室的光线应暗淡,但不能全暗,周围环境亮度应大致与底片上需要观察部位透过光的亮度相当,室内照明光线不得在底片上产生反射。

10. 黑度计

采用 JCMD-210 型黑度计检查底片黑度。黑度计误差≤0.05。

11. 显影剂

手工处理用的显影剂配方、显影时间和温度等应符合胶片厂使用说明的要求。

12. 表面质量及透照时机

(1)焊缝及热影响区须经焊接检查员表面检查合格,方可进行射线照相,对于焊缝表面存在的可能遮盖焊缝内部缺陷或与之相混淆的不规则状况,射线检测人员有权提出对焊缝表面进行修整的要求。有延迟裂纹倾向的焊缝要在规定时间内进行无损检测工作。

(2)同一条焊缝的余高在允许范围内应均匀,以保证底片黑度处于规定范围内。

13. 透照方式与工艺

(1)透照方式:按射线源、工件和胶片的相互位置关系,透照方式分为纵缝透照法、环缝外透法、环缝内透法、双壁单影法和双壁双影法。

(2)射线透照质量等级:按 AB 级进行透照。

(3)几何条件:

①射线源至工件表面的距离 f 和射线源有效焦点尺寸 d 的比值 f/d 与透照厚度的关系应符合 NB/T 47013.2—2015 的有关规定。

②焊缝透照厚度比 K,在 AB 级条件下,环缝不大于 1.1,纵缝不大于 1.03(关于焊缝透照厚度比 K 的定义参照 NB/T 47013.2—2015)。

③设备、储罐焊缝透照方式采用单壁单影法,底片规格为 360 mm×80 mm,有效长度取 300 mm,透照张数按焊缝长度实际计算。

14. 胶片的暗室处理

(1)胶片的暗室处理按胶片的使用说明书进行,现场采用手工冲洗方式。

(2)胶片的手工冲洗采用槽浸方式,在规定温度(20 ℃左右)和时间内进行显影、定影、水洗和干燥等工序。

(3)暗室布局整洁、合理,干、湿区分开,并配有通风设备。

15. 底片质量

(1)底片上的像质计应符合要求,其像质指数必须达到标准要求。X 射线透照的底片上有效评定区黑度应为 2.0~4.0。

(2)底片上的定位标记和识别标记应符合要求。

(3)底片有效评定区域内不应有因胶片处理不当而引起的伪缺陷。

16. 焊缝质量评定

(1)焊缝质量的评定及审核应由 RTⅡ级及 RTⅡ级以上人员承担。

(2)评片应在较暗的室内进行,观片灯的亮度应为可调,其最大亮度不小于 1×10^5 cd/m^2。

(3)评片按照 NB/T 47013.2—2015 或相关标准执行。

17. 检测报告及底片资料存档

检测报告应包括如下内容:

(1)委托单位、被检工件名称及编号。

(2)被检工件材质、母材厚度。

(3)检测装置的名称、型号。

(4)透照方法及透照规范。

(5)透照部位及工件草图。

(6)检测结果、缺陷等级评定及检测标准名称。

(7)返修情况。

(8)检测人员和责任人员签字及其检测技术资格。

(9)检测日期。

任务6.6　照相法射线检测缺陷性质判别及质量评定

问题导入

各种焊接缺陷在射线底片上客观显示。本次任务主要熟悉常见焊接缺陷的形貌特征,掌握常见焊接缺陷的分类和影响特征,为后续射线检测底片的评定工作实施奠定物质基础;也是从事船舶行业射线检测的基本功训练。

6.6.1　底片上常见的焊接缺陷的分类

在底片上常见的焊接缺陷有六种,即裂纹、未熔合、未焊透、夹渣、气孔和形状缺陷如咬边等。

如按缺陷形态分类,可分为:

(1)体积状缺陷,如气孔、夹渣、未焊透、咬边、内凹等。

(2)平面形状缺陷,如未熔合、裂纹等。

如按缺陷所含成分的密度分类,可分为:

(1)密度大于焊缝金属的缺陷:如夹钨、夹铜、夹珠等在底片上呈白色影像。

(2)密度小于焊缝金属的缺陷:如气孔、夹渣等在底片上呈黑色影像。

6.6.2 焊接缺陷的影像分析

1. 裂纹

裂纹可分为纵向裂纹、横向裂纹、弧坑裂纹和放射裂纹(星形裂纹)。

(1)纵向裂纹:裂纹平行于焊缝的轴线,出现在焊缝影像中心部位、焊趾线(熔合线)和热影响区的母材部位,在底片上多为略带曲齿或略有波纹的黑色线纹。黑度均匀,轮廓清晰,用 5 倍放大镜观察轮廓边界仍清晰可见。两端尖细,无分枝现象,中段较宽,黑度较大,一般多为热裂纹。在底片焊缝影像的根部或热影响区出现直线性,且有从同一裂缝上引起的一组分散(分叉)的裂纹,影像清晰,边界无弥散现象,这种影像多为冷裂纹图像。如图 6-20 所示。

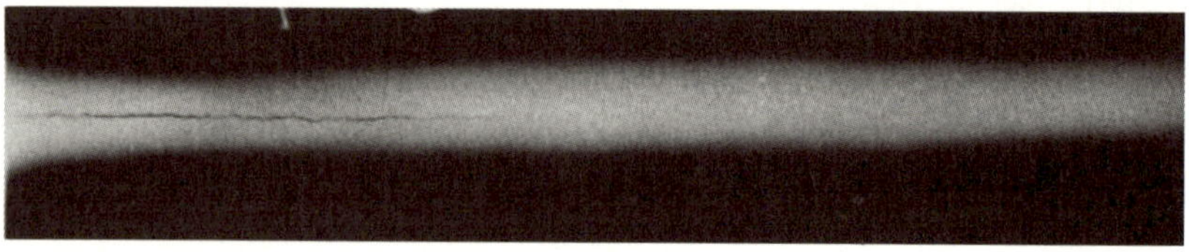

图 6-20　焊缝中的纵向裂纹

(2)横向裂纹:裂纹垂直于焊缝轴线,一般是沿柱状晶界发生,并与母材的晶界相连,或是因母材的晶界上的低熔共晶杂质,在加热过程中产生的液化裂纹,并沿焊缝柱状结晶晶界扩展。在底片上焊缝影像的热影响区和根部常见垂直于焊缝的微细黑色线纹,它两端尖细、略有弯曲,有分枝,轮廓清晰,黑度大而均匀,一般均不太长,很少穿过焊缝,如图 6-21 所示。

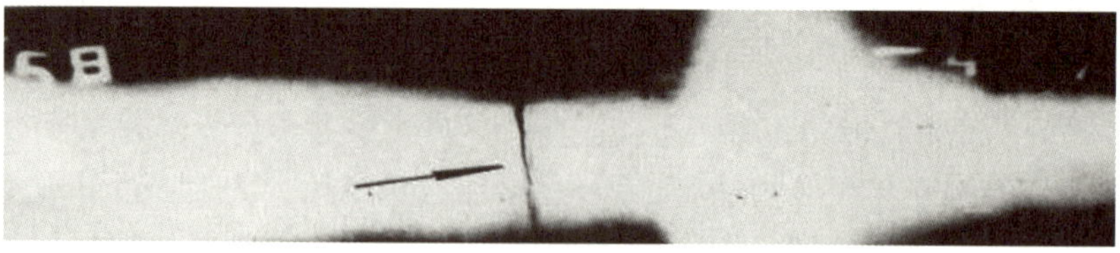

图 6-21　焊缝中的纵向裂纹

(3)弧坑裂纹:又称火口裂纹,一般是由焊缝最后的收弧坑内产生的低熔共晶体造成的,在底片的弧坑影像中出现“一字纹”和“星形纹”,影像黑度较淡,轮廓清晰。如图 6-22 所示。

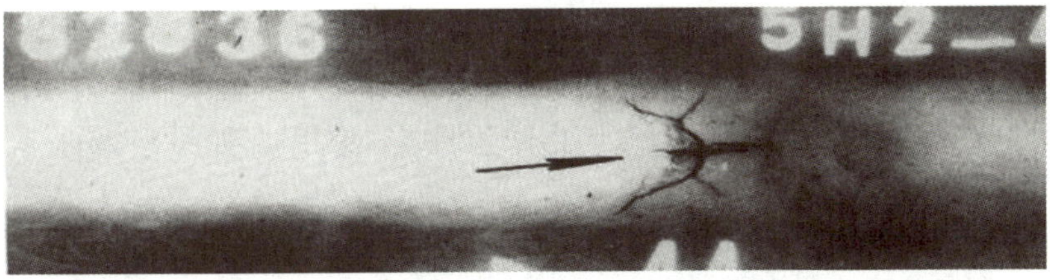

图 6-22 弧坑裂纹

(4)放射裂纹:又称星形裂纹,由一共同点辐射出去,大多出现在底片焊缝影像的中心部位,很少出现在热影响区及母材部位。其主要是因低熔共晶体造成,辐射出去的都是短小的,黑度较小且均匀,轮廓清晰的影像,其形貌如同“星形”闪光,故又称星形裂纹,如图 6-23 所示。

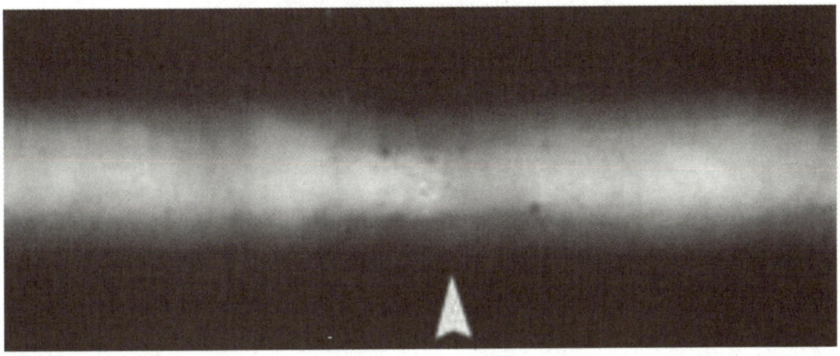

图 6-23 放射裂纹

2. 未熔合

焊接接头中的未熔合可分为坡口未熔合、焊道之间未熔合、单面焊根部未熔合。

(1)坡口未熔合:常出现在底片焊缝影像两侧边缘区域,呈黑色条云状,靠母材侧呈直线状(保留坡口加工痕迹),靠焊缝中心侧多为弯曲状(有时为曲齿状),该侧常伴有点状气孔或夹渣。垂直透照时,黑度较淡,靠焊缝中心侧轮廓欠清晰。沿坡口面方向倾斜透照时会获得黑度大、轮廓清晰、近似于线状细夹渣的影像。如图 6-24 所示。

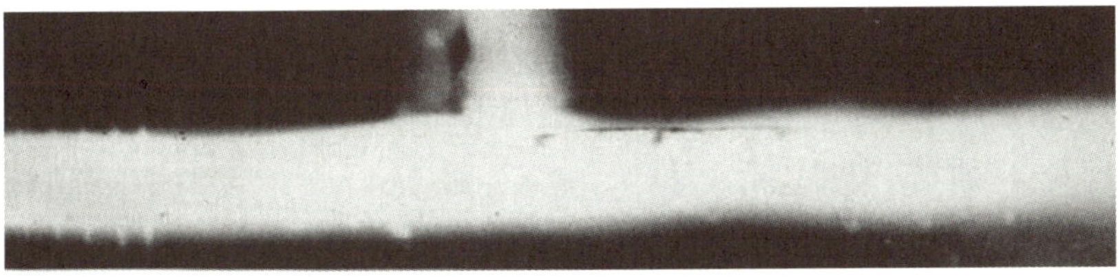

图 6-24 坡口未熔合

(2)焊道之间未熔合:按其位置可分为并排焊道间未熔合和上下焊道间(又称层间)未熔合。

①并排焊道间未熔合:垂直透照时,在底片上多呈现为黑色线(条)状,黑度不均匀、轮

廓不清晰,两端无尖角、外形不规整,影像类似于细条状夹渣,大多沿焊缝方向走向。

②层间未熔合:垂直透照时,在底片上多呈现为黑色的不规整的块状影像,黑度淡而不均匀。一般中心黑度偏大,轮廓不清晰,与内凹和凹坑影像相似,如图 6-25 所示。

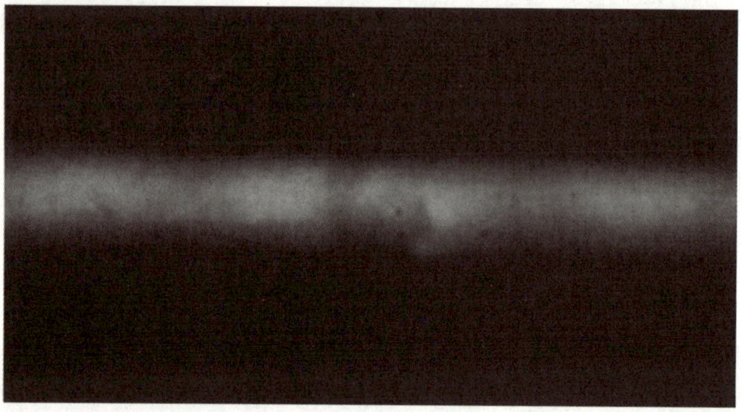

图 6-25　层间未熔合

(3)单面焊根部未熔合:垂直透照时,在底片焊缝根部焊趾线上出现的呈直线性的黑色细线,黑度较大,细而均匀,轮廓清晰,5 倍放大镜下可观察到母材侧钝边加工痕迹,靠焊缝中心侧呈曲齿状,大多与根部焊瘤同生,如图 6-26 所示。

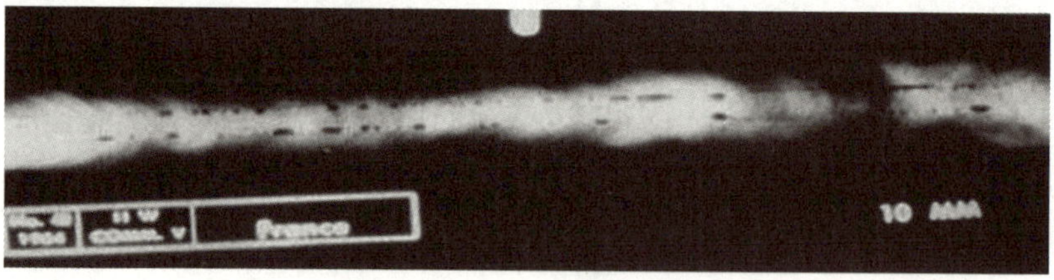

图 6-26　单面焊根部未熔合

3. 未焊透

未焊透按焊接方法可分为单面焊根部未焊透、双面焊坡口中心未焊透。

(1)单面焊根部未焊透:在底片上多呈现为规则、轮廓清晰、黑度均匀的直线状黑线条,有连续和断续之分。垂直透照时,多位于焊缝影像的中心位置,线条两侧在 5 倍放大镜下可观察到母材钝边加工痕迹。影像宽度是依据焊根间隙大小而定的。常伴随根部内凹、错口影像,如图 6-27 所示。

(2)双面焊坡口中心未焊透:在底片上多呈现为规则、轮廓清晰、黑度均匀的直线性黑色线条, 垂直透照时,位于焊缝影像的中心部位,在 5 倍放大镜下可观察到母材钝边加工痕迹。常伴有链孔和点状或条状夹渣,有断续和连续之分,其宽度也取决于焊根间隙的大小,一般多为较细的(有时如细黑线)黑色直线条纹,如图 6-28 所示。

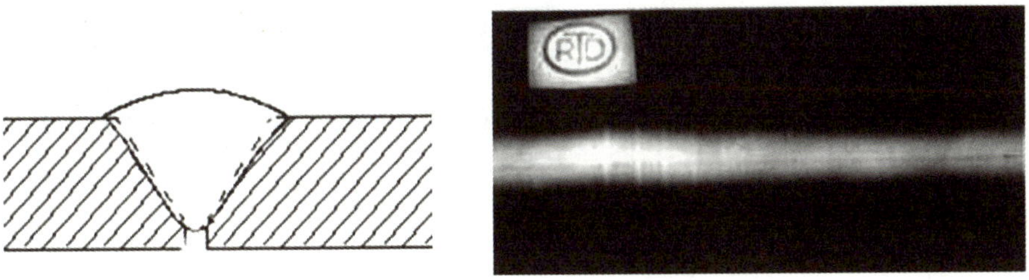

图 6-27　单面焊根部未焊透

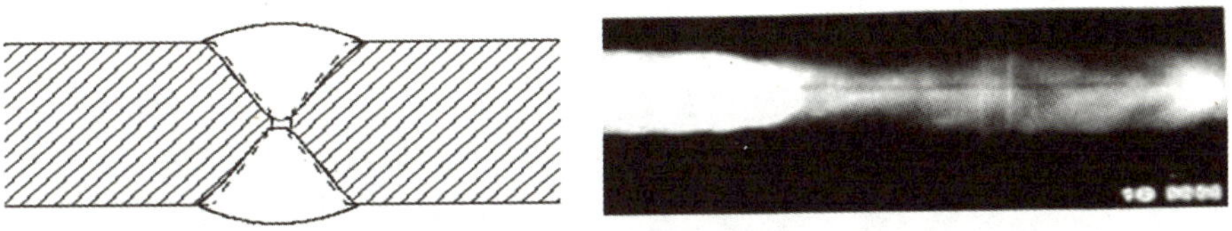

图 6-28　双面焊根部未焊透

4. 夹渣

夹渣按其形状可分为点状(块状)和条状,按其成分可分为金属夹渣和非金属夹渣。

(1)点状(块状)夹渣:

①点(块)状非金属夹渣:在底片上呈现为外形无规则,轮廓清晰,有棱角,黑度淡而均匀的点 (块)状影像。其分布呈密集(群集)、链状,也有单个分散出现的,主要是焊剂或药皮成渣残留在焊道与母材(坡口)或焊道与焊道之间。

②点状金属夹渣:如钨夹渣、铜夹渣。钨夹渣在底片上多呈现为淡白色的点块状亮点,轮廓清晰,大多群集成块,在 5 倍放大镜观察有棱角。铜夹渣在底片上多呈灰白不规则的影像,轮廓清晰,无棱角,多为单个出现。夹钨,在底片上多为圆形的灰白色影像,在白色的影像周围有黑度略大于焊缝金属的黑度圆圈,如同句号“。”或“C”。主要是大的飞溅或断弧后焊条(丝)头剪断后埋藏在焊缝金属之中,周围一卷黑色影像为未熔合。夹渣如图 6-29 所示。

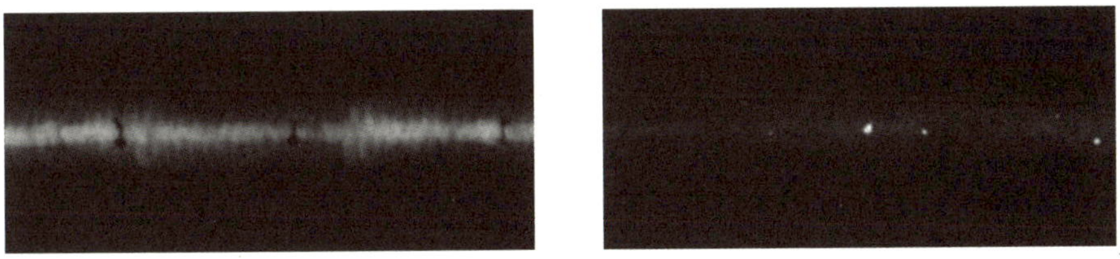

(a) 点(块)状非金属夹渣　　(b) 钨夹渣

图 6-29　夹渣

(2)条状夹渣:在底片上呈现带有不规则的、两端呈棱角(或尖角),沿焊缝方向延伸呈条状的、宽窄不一的黑色影像,黑度不均匀,轮廓较清晰。如图 6-30 所示。

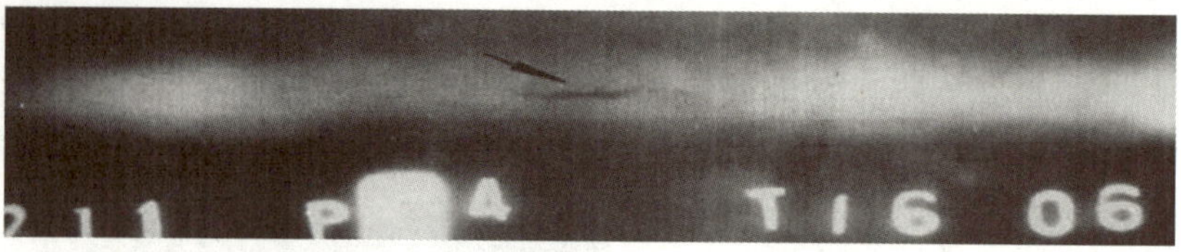

图 6-30 条状夹渣

5. 气孔

在焊缝中常见的气孔可分为球状气孔、条状气孔和缩孔。气孔如图 6-31 所示。

图 6-31 气孔

(1)球状气孔:在底片上多呈现为黑色小圆形斑点,外形较规则,黑度是中心大,沿边缘渐淡,轮廓清晰可见。有时单独出现,有时密集分布,有时呈链状。

(2)条状气孔:在底片上多平行于焊缝轴线,黑度均匀较淡,轮廓清晰,起点多呈圆形,并沿焊接方向逐渐均匀变细,终端呈尖形。

6. 形状缺陷

形状缺陷属于焊缝金属表面缺陷或接头几何尺寸的缺陷。如咬边、内凹、烧穿、焊瘤、错口等。

(1)咬边:沿焊趾的母材部位被电弧熔化时所形成的沟槽或凹陷,称咬边,它有连续和断续之分。

在底片的焊缝边缘(焊趾处),靠母材侧呈现出粗短的黑色条状影像。黑度不均匀,轮廓不明显,形状不规则,两端无尖角。咬边可分为焊趾咬边和根部咬边。

(2)内凹:焊后焊缝表面或背面(根部)所形成低于母材的局部低洼部分,在底片上的焊缝影像中多呈现为不规则的圆形黑化区域,黑度是由边缘向中心逐渐增大,轮廓不清晰。

(3)烧穿:焊接过程中,熔化金属由焊缝背面流出后所形成的空洞。它可分为完全烧穿(背面可见洞穴)和不完全烧穿(背面仅能见凸起的鼓包),在底片上其影像多为不规整的圆形,黑度大而不均匀,轮廓清晰。

(4)焊瘤:即在焊接时熔敷金属流淌到焊缝之外的母材表面而未与母材熔合在一起所形成的球状金属物。在底片上多呈现为焊趾线(并覆盖焊趾)外侧光滑完整的白色半圆形的影像,焊瘤与母材之间为层状未熔合,瘤中常伴有密集气孔。

(5)错口:由厚度不同或内径不等(椭圆度)造成,在底片上的主要特征是在焊根的一侧出现直线性较强的(明显可见钝边加工痕迹)黑线。轮廓清晰,黑度从焊根的焊趾线向焊缝中心是逐渐减小,直至边界消失。靠焊根形成的黑线,由错口边蚀效应所致。

6.6.3　焊接接头的质量等级评定

射线照相标准有许多种，不同的射线照相标准关于质量分级的具体规定各不相同，但确定质量等级的原则和依据大体是一致的。缺陷的危害性、焊接接头的强度水平、制造要求的工艺水平是质量分级考虑的主要因素，缺陷性质，尺寸大小、数量、密集程度是划分质量等级的主要依据。下面简要介绍《承压设备无损检测》(NB/T 47013)对承压设备熔化焊对接接头质量分级的有关规定。

1. 缺陷种类和焊缝质量等级

标准对焊缝质量划分为Ⅰ、Ⅱ、Ⅲ、Ⅳ四个等级，Ⅰ级质量最好，Ⅳ级质量最差。标准对焊接接头缺陷分为五种：裂纹、未熔合、未焊透、条形缺陷和圆形缺陷。

Ⅰ级对接接头内不允许存在任何裂纹、未熔合、未焊透以及条形缺陷。

Ⅱ级和Ⅲ级焊接接头内不允许存在裂纹、未熔合、未焊透等三种缺陷，允许有一定数量、一定尺寸的条形缺陷和圆形缺陷存在。所谓条形缺陷和圆形缺陷是对夹渣和气孔按长宽比重新分类，长宽比大于 3 的定义为条形缺陷；长宽比小于或等于 3 的定义为圆形缺陷。

Ⅳ级指焊接接头缺陷超过Ⅲ级者。

2. 缺陷数量和质量等级

缺陷数量定量的依据是底片上量得的尺寸。

标准允许圆形缺陷存在，根据母材厚度对缺陷数量加以限制，对缺陷总量采用点数换算，对缺陷密集程度采用评定区控制，各质量等级允许的缺陷点数都有明确规定。

标准对于条形缺陷也是根据母材厚度来限制的，以单个条渣长度、条渣总长和间距三项指标分别对单个缺陷尺寸、总量、密集程度做出限制。

如果在圆形缺陷评定区内同时存在圆形缺陷和条形缺陷或单面焊的未焊透，则需要进行综合评级。

3. 射线检测质量评定

(1)圆形缺陷的评定

圆形缺陷的评定首先确定评定区，见表 6-5；其次考虑不同尺寸的缺陷对焊缝危害程度不同，因此对于评定区域内大小不同的圆形缺陷不能同等对待，应将尺寸按表 6-6 规定换算成缺陷点数；最后计算出评定区域内缺陷点数总和，然后按表 6-7 提供的数量来确定缺陷的等级。

表 6-5　圆形缺陷评定区

母材厚度 δ/mm	$\delta\leq25$	$25<\delta\leq100$	$\delta>100$
评定区尺寸/mm	10×10	10×20	10×30

表 6-6　不同尺寸圆形缺陷换算

缺陷长径/mm	≤1	1<，≤2	2<，≤3	3<，≤4	4<，≤6	6<，≤8	8<
缺陷点数	1	2	3	6	10	15	25

表 6-7　圆形缺陷评级

母材厚度 δ/mm		δ≤10	10<δ≤15	15<δ≤25	25<δ≤50	50<δ≤15	δ>100
质量等级	Ⅰ	1	2	3	4	5	6
	Ⅱ	3	6	9	12	15	18
	Ⅲ	6	12	18	24	30	36
	Ⅳ	缺陷点数大于三级者					

(2)条状夹渣的评定

条状夹渣的等级评定是根据单个条状夹渣长度、条状夹渣总长及相邻两条状夹渣间的距离三个方面来进行综合评定的。单个条状夹渣的评定见表 6-8,当底片上存在单个条状夹渣时,以夹渣长度确定其等级。

表 6-8　条状夹渣评级

质量等级	单个条状夹渣长度		条状夹渣总长
	板厚 δ/mm	夹渣长度/mm	
Ⅱ	δ≤12	4	在任意直线上,相邻两夹渣间距均不超过 6L 的任何一组夹渣,其累计长度在 12 δ 焊缝长度内不超过 δ
	12<δ<60	δ/3	
	δ≥60	20	
Ⅲ	≤9	6	在任意直线上,相邻夹渣间距均不超过 3L 的任何一组夹渣,其累计长度在 6δ 焊缝长度内不超过 δ
	9<δ<45	2δ/ 3	
	δ≥45	30	
Ⅳ	大于Ⅲ级者		

例:板厚为 14 mm 的对接焊缝,10 mm×10 mm 的评定区内有长径分别为 1.4 mm、2.3 mm 的二个圆形缺陷;且在射线底片上发现有 3.8 mm 长的单个条状夹渣一个,试对焊缝质量等级进行评定。若该焊缝合格级别为Ⅲ 级,则该焊缝是否合格?

答:(1)圆形缺陷评级:2+3=5(点),查表 6-7 得圆形缺陷评级为Ⅱ级;

(2)条状夹渣评级:单个条状夹渣长度为 3.8mm,查表 6-8 得条状夹渣评级为Ⅱ级;

(3)综合评级:Ⅱ +Ⅱ -Ⅰ =Ⅲ(级)

因为焊缝合格级别是Ⅲ 级,而实际级别也是Ⅲ 级,因此焊缝质量合格。

任务6.7 射线检测新技术

问题导入

随着船舶建造要求的提高,船舶建造质量控制要求随之提高。现阶段,为控制船舶建造焊接质量,常常采用射线检测作为焊接质量检测的一种手段,但检测效率一直是遏制常规射线检测的痛点。射线检测对检测设备操作和底片处理操作等均具有一定的技术要求,且操作失误经常导致底片失效。通过对船舶板类焊缝和管类焊缝的 DR 检测实例分析,来进一步熟悉 DR 检测在船舶工程实践中的应用。

DR 是数字平板 X 射线照相(digital panel radiography) 的简称,也可认为是数字射线照相 (digital radiography) 的简称; 该技术的另一种简称是 DDR (direct digital panel radiography),即数字平板 X 射线直接成像;该方法所使用的系统称为数字探测器阵列系统(digital detector array system),简称 DDAs,是两种主要的非胶片数字线成像系统之一。

DR 检测系统的基本组成为射线源部分(源及源控制器)和探测器部分(阵列探测器、探测器控制器及显示器)。此外,为提高工作效率和质量,有些系统还需要配备专门的检测工装(机械装置和控制系统)。DR 系统的工作原理是:DDA 将接收到的透过工件的 X 射线转换为可读取的电子附电荷量,形成离散的模拟信号矩阵,再经过模数转换 (A/D 转换)得到数字信号文件,然后传输至电脑,最后通过电脑上的专门软件形成并显示出与系统输入端被射线照射的探测器上各点剂量相对应的数字化图像。

目前使用最多的 DDA 有非晶硅(a-Si)、非晶硒(a-Se)和 CMOS 三种。

DR 检测作为一种在医学和科学研究中常用的检测手段,具有高效和操作简单的特点,且已大规模普及。随着船舶建造快速化,需要一种不仅可与超声波检测一样快速反馈检测结果,而且可直观反应焊缝质量的检测手段。以船舶建造检测中的板对接和管对接焊缝为研究对象,通过对比常规射线检测和 DR 检测在图像质量、检测效率和像质计等方面的情况,分析 DR 检测在船舶焊缝检测中的应用可行性,并通过分析检测成本情况,分析 DR 检测的实用性。

6.7.1 理论基础

射线检测是一种常用的无损检测方法,其主要作用是在不破坏焊缝的前提下,采用射线对被检焊缝的材料质量和工艺质量等进行检测。射线检测不仅可用于金属材料检测,而且可用于复合材料检测。射线检测是在船舶建造过程中应用较为广泛的一种无损检测方式。

本节以数字射线检测与常规射线检测为对象,研究在船舶建造过程中使用 DR 检测部分替代常规射线检测的可行性和实用性。采用板对接试件和管对接试件进行试验，对比DR检测与常规射线检测的特点、优势、不足和成本，发现船舶建造过程中的较多检测场景均契合DR检测要求，DR检测的优势较好地得到发挥，确定可使用DR检测在船舶建造内场作业的拼板焊缝检测和管系焊缝检测中替代常规射线检测。

随着船舶建造要求的提高，船舶建造质量控制要求随之提高。现阶段，为控制船舶建造焊接质量，常常采用射线检测作为焊接质量检测的一种手段，但检测效率一直是遏制常规射线检测的痛点。射线检测对检测设备操作和底片处理操作等均具有一定的技术要求，且操作失误经常导致底片失效。数字射线检测作为一种在医学和科学研究中常用的检测手段，具有高效和操作简单的特点，且已大规模普及。随着船舶建造快速化，需要一种不仅可与超声波检测同样快速反馈检测结果，而且可直观反应焊缝质量的检测手段。以船舶建造检测中的板对接和管对接焊缝为研究对象，通过对比常规射线检测和DR检测在图像质量、检测效率和像质计等方面的情况，分析DR检测在船舶焊缝检测中的应用可行性，并通过分析检测成本情况，分析DR检测的实用性。在常规射线检测应用过程中，辐射防护作为一直迫切需要解决的问题阻挡其部分应用场景。高能射线检测、伽马射线检测、DR射线检测等常规射线检测均存在或强或弱的辐射。目前使用较多的X射线检测存在电离辐射风险，电离辐射会对生物体产生辐射损伤效应。

对于延伸方向垂直于射线透照（射线传播）方向或呈较大角度的薄面积型缺陷，常规射线检测具有难度。开展常规射线检测需要投入较大的费用，特别是在检测材料、设备、曝光室和人员培训等方面。在检测人员对常规射线检测参数选择不当时，缺陷较难分辨。

6.7.2 DR检测特点分析

随着生物体放射检测要求和射线检测效率要求的提高，以计算机射线（CR）检测和DR检测为代表的技术逐步出现在医疗行业中。在船舶行业中，DR检测目前处于研究室和科研阶段。DR检测通过成像板将射线辐射信息转化为电信号，电信号在软件的处理下成为数字图像，即使在受限于地缘和空间限制的情况下，仍可方便进行图像处理和信息传输交换。与常规射线检测相比，DR检测具有更宽的动态范围，通过数字图像增强处理手段可读取图像所包含的更多信息。数字图像的存储受空间限制较小，可在有限的空间内和在更为宽松的条件下更长时间地存储更多的底片图像。DR检测采集处理系统如图6-32所示。

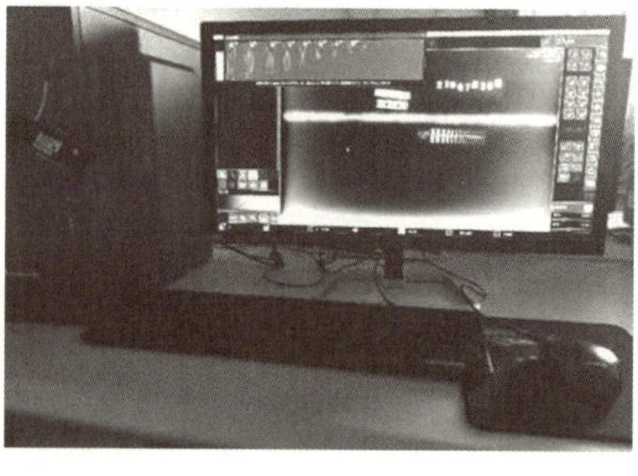

图6-32 DR检测采集处理系统

6.7.3　DR检测与常规射线检测的对比

常规射线检测为控制曝光量、降低高管电压造成的不清晰度，必须增加较长的曝光时间；常规射线检测需要在暗室内进行显影、停显、定影、水洗和烘干等阶段，耗时超50 min；而DR检测通过采集软件直接将数据反馈至采集评定软件，仅通过调整图像的灰度值和对比度进行评片即可。DR检测在检测过程和检测结果处理阶段中的效率均大幅高于常规射线检测。被检图像作为射线检测较直接的对比要素，通过评判被检图像情况可更为直接的评价两种检测技术的应用性。板对接试件常规射线检测的被检图像和DR检测的被检图像分别如图6-33和图6-34所示。在像质计像质指数相同情况下，常规射线检测的被检图像需要在观片灯下进行评定；对于缺陷的分辨能力，除评定人员主观因素外，还受被检图像的影响，如图像的黑度和缺陷与焊缝对比度等。在双丝像质计符合标准的情况下，在满足检测结果的空间分辨率后，DR检测即可通过评定软件调整观测图像区域的窗口位置和宽度对图像进行观察。

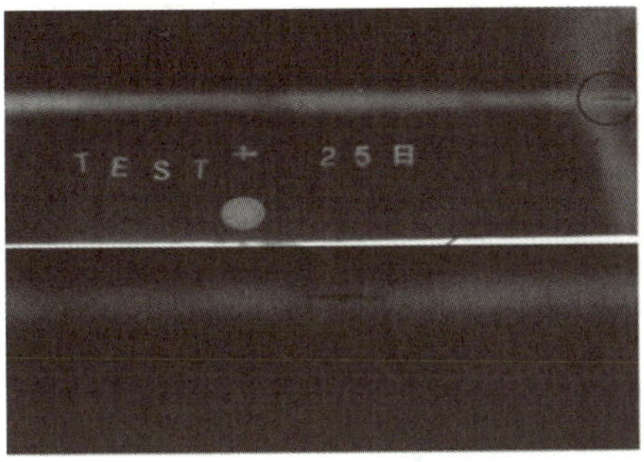

图6-33　板对接试件常规射线检测的被检图像

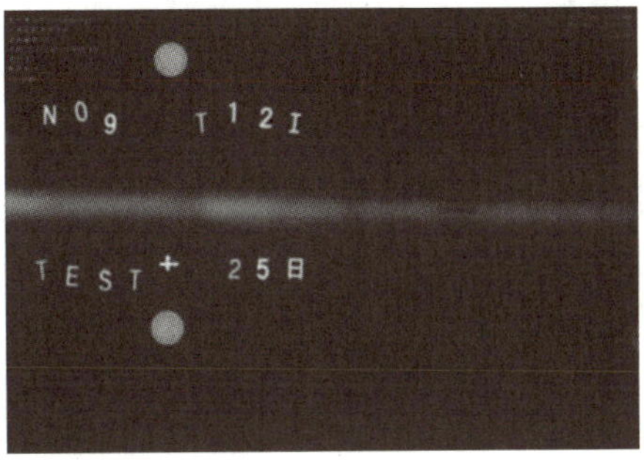

图6-34　板对接试件DR检测的被检图像

根据板对接试件的制作图纸说明可知：该试件的未焊透缺陷长度约10 mm。焊接制作无法完全做到数值精确，缺陷长度仅为近似长度。在观片灯下使用专业评片尺对缺陷进行测量。在常规射线检测的被检图像中，缺陷长度为9.9 mm，与制作图纸较为接近；针对读尺精度问题，对第1位小数进行估读。在DR检测的被检图像中，缺陷通过评定软件直接进行测量，不进行估读，缺陷长度为10.32 mm，与常规射线检测结果和图纸说明同样较为接近。板对接试件未熔合缺陷长度如图6-35所示。

常规射线检测结果受外部因素影响较大，检测人员需要具有较高的专业水平，并根据检测标准对缺陷进行仔细观察；而DR检测的被检图像可通过软件进行放大或缩小，缺陷的位置、长度和直径等要素可通过软件的标尺进行直观测量。在像质计像质指数相同、满足空间分辨率和灰度要求的情况下，DR检测对检测结果的处理速度更快，对缺陷的评定能力更高效。试板像质计如图6-36所示。

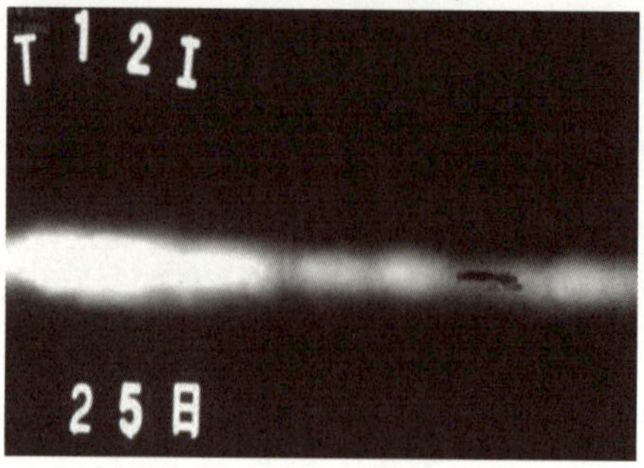

图 6-35　板对接试件未熔合缺陷长度

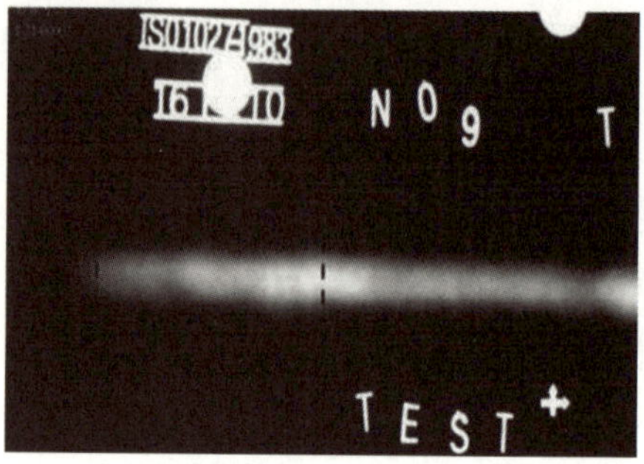

图 6-36　试板像质计

6.7.4　船舶管系焊缝检测

DR 检测时间并未减少较多,但检测效率仍高于常规射线检测;胶片黑度虽满足规范要求,但仍偏低,原因在于在检测过程中会受暗室处理阶段操作人员的影响;DR 检测时的管电压较高,图像灰度值较高;在图像质量方面清晰度较高,如图 6-37 所示。

检测高效化、检测结果直接化和检测数据可追溯是未来船舶建造无损检测的发展方向。船舶建造不同于其他行业,船舶型线变化大,建造环境复杂且多为外场建造,限制船舶建造无损检测的发展。但船舶建造的许多场景是在内场车间环境中完成,如管系焊接、拼板焊接、焊接工艺试验和分段部件焊接等。确定在船舶内场拼板、内场管系焊接和内场分段的建造场景可采用 DR 检测代替常规射线检测进行焊缝无损检测。

图 6-37　试件 DR 检测的被检图像

任务6.8　船舶焊接质量的射线检测实作

问题导入

船舶焊接结构(件)的外观质量检测是针对其焊缝质量检测的第一步。只有焊缝的外观质量检查合格的焊接结构才会实施相应的后续内部质量检测；对于某些船舶焊接结构来说，外观质量检测既是最初的质量检测项目，也是最终的质量检测项目。因此，实施船舶焊接结构件上相应焊缝的外观质量检测是焊接生产质量控制的关键一步。

利用前面所学的射线检测设备器材、射线检测工艺、射线检测底片的缺陷的评价等完成射线检测基本操作训练；以评价射线检测理论与实践结合程度，加深对射线检测技术与操作的掌握。通过对分析平板对接焊缝、管环缝、射线检测记录等实际操作，来进一步熟悉如何把射线检测理论、技术与射线检测工程实践相结合与应用。

训练1　直缝的射线照相

一、平板对接焊接接头的射线透照布置

为了得到合格的底片，射线透照前，需要确定射线源、工件和胶片之间的相对位置，这就是透照布置。钢板对接焊接接头射线基本透照布置如图6-38所示，其原则是使射线尽量垂直穿透工件，使射线穿透厚度最小。其透照布置设计的主要内容是：确定透照距离 L_1、一次透照长度 L_3 和有效评定长度 L_{eff}。

对于中级无损检测员而言，这些工艺参数在相应的工艺卡中已经给出，只需按卡执行操作。

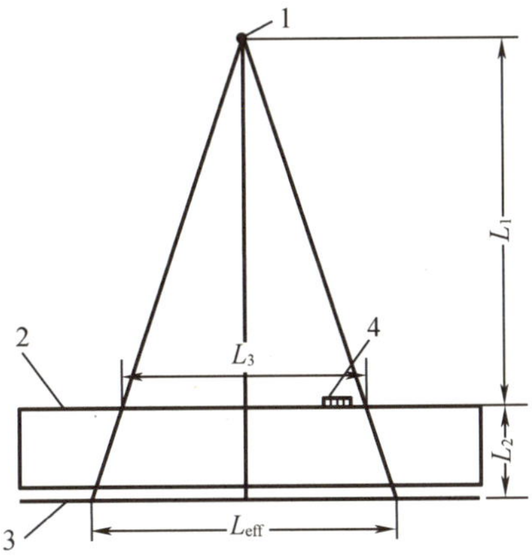

1—射线源；2—对接焊接接头；3—胶片；4—像质计。

图6-38　钢板对接焊接接头射线透照布置

二、钢管纵缝的射线透照布置

钢管纵缝射线透照时，根据钢管的内径和结构的不同，其透照方式有单壁透照和双壁单影透照两种，如图6-39所示。

钢管纵缝单壁透照布置的设计与钢板对接焊接接头射线透照布置相同。而由于钢管结构的限制，需要采用双壁单影透照，这时像质计和搭接标记等只能放在胶片侧。

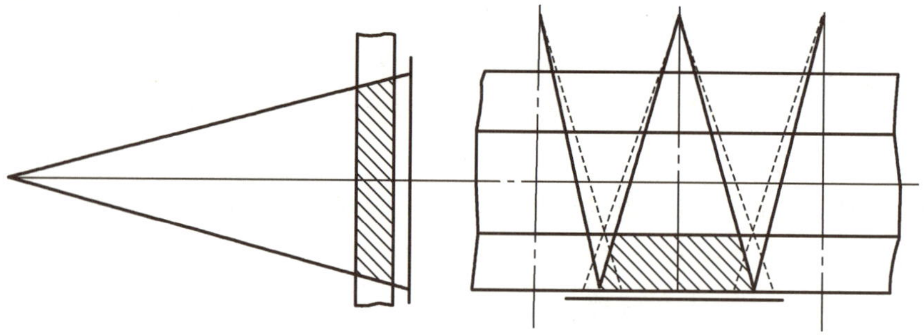

(a) 钢管纵缝单壁透照　　(b) 钢管纵缝双壁单影透照

图 6-39　钢管纵缝射线透照布置

三、直缝的射线照相

有一材质为 15CrMo、板厚为 20 mm 的钢板双面焊对接焊接接头，焊缝长度为 1 600 mm。现要求按《焊缝无损检测 射线检测 第 1 部分：X 和伽玛射线的胶片技术》(GB/T 3323.1—2019)标准 A 级透照技术进行检测，Ⅱ级合格。该钢板对接焊接接头射线检测工艺卡如表 6-9 所示。

表 6-9　钢板对接焊接接头的射线检测专用工艺卡

产品编号	B-01	产品名称	焊接钢板	工艺卡号	RT-B-01
产品规格	δ=20 mm	产品材质	15CrMo	焊接方法	手工电弧焊
执行标准	GB/T 3323.1—2019	照相技术级别	A	验收等级	Ⅱ
探伤机型号	RF-250EG · S2	焦点尺寸/mm	$\phi 2\times 2$	检测时机	焊接完成至少 24 h 后
胶片牌号	天津Ⅲ型	胶片规格/mm	360×80	增感屏/mm	Pb0.03（前/后）
像质计型号	R′10 系列 FeII(6/12)	像质计灵敏度值	11#	底片黑度	$2.0\leqslant D\leqslant 4.0$
显影液配方	天津Ⅲ型配方	显影时间/min	5～10	显影温度/℃	20±2

焊缝编号	焊缝长度/mm	检测比例/%	透照方式	透照厚度/mm	焦距 F/mm	透照次数 N	一次透照长度/mm	管电压 kV	曝光时间/min
B-01	1 600	100	单壁透照	20	600	5	340	200	5

表 6-9(续)

透照布置示意图：

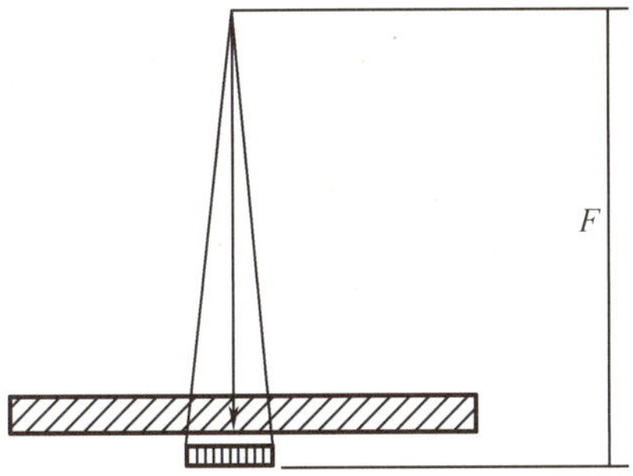

技术要求及说明	1. 标记摆放按通用工艺规程的规定； 2. 暗袋背面加铅板进行背散射防护； 3. 像质计置于射源侧工件表面		
编制	×××(Ⅱ级) ××年×月×日	审核	×××(Ⅱ级或Ⅲ级) ××年×月×日

1. 工作准备

(1)仪器准备：根据 X 射线机、选定的胶片、增感屏及暗室处理工艺而制订的曝光曲线，校核工艺卡中的曝光参数。

(2)按 X 射线机的操作规程训机。

(3)材料准备：根据检测工艺卡选用 X 光胶片、增感屏、暗袋、合格的像质计，配备各种特定的铅字、箭头、中心标记、搭接标记等，贴片磁钢以及防散射铅板。

(4)工具准备：中心指示器、专用支架、钢板尺或卷尺、石笔、记号笔或油漆以及原始记录本。

(5)工件准备：焊缝及其热影响区的表面质量应经外观检查合格，表面、不规则状态在底片上的影响应不掩盖焊缝中的缺陷或与之相混淆，否则应做处理。

(6)防护用品的准备：室外检测时，须准备场所辐射剂量仪、电离辐射警告标志、安全绳和警告标牌，如是夜间监测还需准备警示灯。

2. 工作程序

程序 1　画线

在工件上，用反差较大的油漆或记号笔画好布片位置和片号。

程序 2　连接电缆

关闭外电源，电源插座接地；如电源无接地端，将地线同控制器的接地端相连，并将接地杆的 80%插入湿润的土地中；用低压电缆连接控制器和发生器；将电源电缆连接到控制器上。

程序 3　制作标记带

标记带上的识别标记应包括：工件编号(或探伤编号)、焊缝编号、部位编号(或片号)、焊工代号及检测日期等。

程序4　摆放像质计

将6-FE-JB型像质计置于射线源侧被检区长度的1/4处,金属丝横跨焊缝并与焊缝方向垂直,细丝置于外侧。

程序5　摆放定位标记

搭接标记放在射线源侧钢板表面检测区域的两端,中心标记放在被检区域的中心,水平方向箭头指向焊缝(底片)编号顺序方向,垂直方向箭头指向焊缝边缘。所有标记应摆放整齐,不得互相重叠,且离焊缝边缘至少5 mm以上。

程序6　贴片

贴片同时将背防护铅板覆于暗袋的背面,用贴片磁钢或绳带等将暗袋和铅板固定好,并确保暗袋与工件表面紧密贴合,尽量不留间隙。

程序7　对焦

将X射线机置于专用支架上,使用中心指示器确保X射线机主光束指向检测部位;调节支架并测量透照焦距以满足检测工艺卡的要求。

程序8　探伤人员在室内工作时应关好曝光室铅门,才能进行室内拍片;在室外检测时,须划定监督区和控制区,在各个区域边界悬挂警告标志和警告牌,必要时设专人监护;夜间射线检测操作时,在控制区的进出口处、监督区入口处或其他适当位置处应设置警示灯,防止无关人员误入危险区。

程序9　曝光

接通外部电源,打开X射线机电源按钮,此时电源指示灯亮,预热2 min。调节管电压为200 kV,调节计时器为5 min,按下高压通开关对工件进行曝光。曝光时间到达后,计时器回到零位,高压开关自动回到关闭,同时高压指示灯熄灭。

程序10　换片

取下已曝光的胶片,换上新胶片,重新摆放相关标记,贴片、对焦。

程序11　重新曝光

X射线机经过适当时间的休息后,进行第二个被检区域的曝光。

程序12　曝光结束

5个被检区域透照完后,收集整理曝光后的胶片送暗室冲洗。

程序13　记录

记录工件编号、焊缝号、焊工号、底片编号,绘布片图、透照示意图,并详细记录射线透照条件、操作人员及日期等。

注意事项:

(1)X射线机应严格训机。X射线机如具备自动训机功能一般采用自动训机模式;如X射线机未使用时间超过三周,应进行手动训机。

(2)X射线机在移动、连接电缆或对焦过程中,应轻拿轻放,防止受到机械震动损坏仪器。

(3)画线时,工件内外中心位置应尽可能对准,最大误差不能超过10 mm。

(4)透照区段的划分应同时考虑一次透照长度、搭接长度与胶片规格。如果一次透照长度与搭接长度的和超过胶片的长度,则画线应该以胶片长度为准。

(5)连续透照时，X 射线机要求按 1:1 工作和休息，确保 X 射线管充分冷却，防止过热。

(6)钢板透照时，每张底片上都应放置一个像质计。

(7)钢板透照时，像质计和搭接标记均应放在射线源侧的工件表面。

(8)透照过程中，射线机发生异常现象时，应停机检查原因，记下事故情况，查电压值、保险丝等，如问题大则送专业人员修理。

(9)射线防护措施有问题，应停止拍片，发生触电时应立即断电。

(10)连续透照更换胶片时，须严格区分开已曝光胶片和未曝光胶片。

训练 2　环缝的射线照相

如图 6-40 所示，这些透照方式分别适用于不同的场合，其中单壁透照是最常用的透照方法，单壁透照中的外透法是指射源位于钢管环缝之外，胶片置于钢管环缝之内的透照方法。如图 6-41(a)所示。内透法是指射源位于钢管环缝内，胶片位于钢管环缝之外的透照方法，如图 6-41(b)(c)(d)所示。内透法主要用于直径较大的钢管环缝的透照。内透法分为中心透照法和偏心透照法。中心透照法是将射源焦点置于管道环焊缝中心，胶片或整条或逐张连接覆盖在整圈环缝外壁上，射线对焊缝做一次性的周向曝光，中心透照法一次透照长度为整条环缝长度，生产效率高。对于某些不宜采用中心透照的钢管环缝，可以采用偏心透照法，这时焦距不等于环缝半径，为了保证透照质量，偏心透照往往要对环缝进行分段透照，偏心透照分为内偏心法($F<R$)和外偏心法($F>R$)两种。

- 环缝透照
  - 单壁透照
    - 外透法
    - 内透法
      - 中心透照法($F=R$)
      - 偏心透照法
        - 内偏心法($F<R$)
        - 外偏心法($F>R$)
  - 双壁透照
    - 双壁单影法
    - 双壁双影法

图 6-40　钢管环缝基本透照方式

双壁透照一般用在射源或胶片无法进入内部的小直径管道的焊接接头透照。双壁单影法是指射源与胶片均位于环缝之外，射线穿透双层壁厚，但仅使胶片侧焊缝成像在底片上的透照方法，如图 6-41(e)所示。双壁双影法是指射源与胶片均位于环缝之外，射线穿透双层壁厚，使射源侧和胶片侧焊缝均成像在底片上的透照方法。根据被检焊缝在底片上的影像特征又分为椭圆成像(如图 6-41(f)所示)和重叠成像(如图 6-41(g)所示)两种方法。

有一材质为 0Cr18Ni9Ti、规格为 ϕ1 500×12(mm)的钢管，现要求按 NB/T 47013—2015 标准 AB 级透照技术对其一环向焊接对接接头进行射线检测，Ⅲ级合格。该钢板对接焊接接头射线检测工艺卡如表 6-10 所示。

(a) 环缝单壁外透　(b) 环缝内透法（中心法）　(c) 环缝内透法（内偏心法 $F<R$）

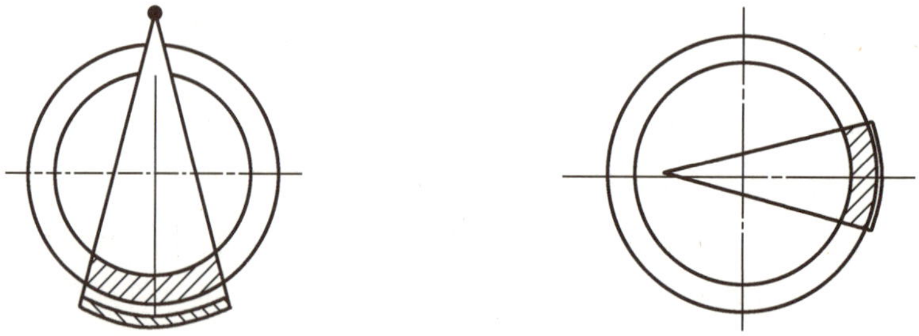

(d) 环缝内透法（外偏心法 $F>R$）　(e) 环缝双壁单影法

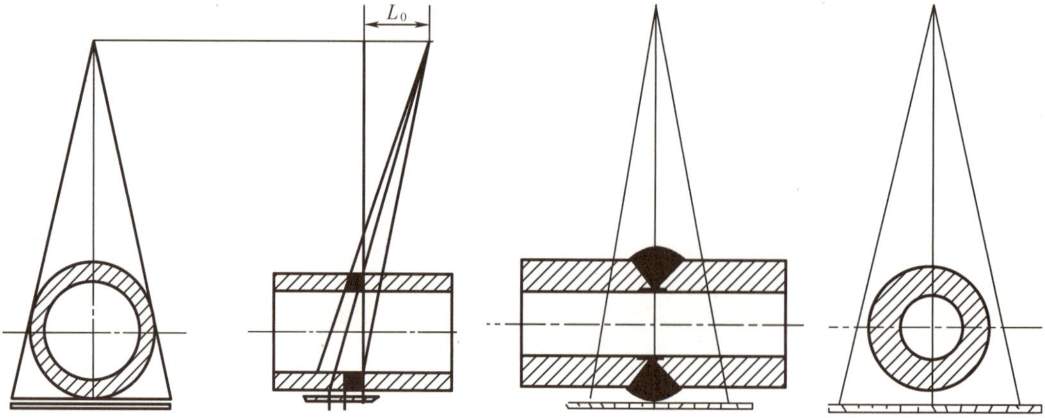

(f) 环缝双壁双影法（椭圆成像）　(g) 环缝双壁单影法（重叠成像）

图 6-41　钢管环缝基本透照方式的示意图

表 6-10　钢管环向对接焊接接头的射线检测专用工艺卡

产品编号	G-01	产品名称	钢管环向对接焊接接头	工艺卡号	RT-G-01
产品规格/mm	ϕ1 500×12	产品材质	0Cr18Ni9Ti	焊接方法	手工电弧焊+埋弧自动焊
执行标准	NB/T 47013—2015	照相技术级别	AB	验收等级	Ⅲ
探伤机型号	XXQ-2005	焦点尺寸/mm	ϕ2. 3×2. 3	检测时机	焊接完成至少 24 h 后
胶片牌号	天津Ⅲ型	胶片规格/mm	360×80	增感屏/mm	Pb0. 03（前/后）

表 6-10(续)

像质计型号	10-FE-JB	像质计灵敏度值	12#	底片黑度	$2.0 \leqslant D \leqslant 4.0$
显影液配方	天津Ⅲ型配方	显影时间/min	5~10	显影温度/℃	20±2

焊缝编号	焊缝长度/mm	检测比例/%	透照方式	透照厚度/mm	焦距 F/mm	透照次数 N	一次透照长度/mm	管电压/kV	曝光时间/min
G-01	4 710	100	单壁外透	14	700	15	314	180	4

透照布置示意图:

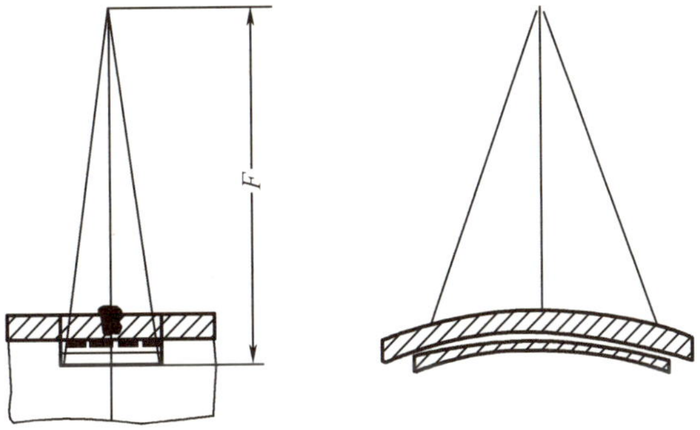

技术要求及说明	1. 标记摆放按通用工艺规程的规定; 2. 暗袋背面加铅板进行背散射防护; 3. 像质计置于射源侧工件表面

编制	×××(Ⅱ级)	审核	×××(Ⅱ级或Ⅲ级)
	××年×月×日		××年×月×日

1. 工作准备

(1)仪器准备:根据 X 射线机、选定的胶片、增感屏及暗室处理工艺而制订的曝光曲线,校核工艺卡中的曝光参数。

(2)按 X 射线机的操作规程训机。

(3)材料准备:根据检测工艺卡选用 X 光胶片、增感屏、暗袋、合格的像质计,配备各种特定的铅字、箭头、中心标记、搭接标记等,贴片磁钢以及防散射铅板。

(4)工具准备:中心指示器、专用支架、钢板尺或卷尺、石笔、记号笔或油漆以及原始记录本。

(5)工件准备:焊缝及其热影响区的表面质量应经外观检查合格,表面、不规则状态在底片上的影响应不掩盖焊缝中的缺陷或与之相混淆,否则应做处理。

(6)防护用品的准备:室外检测时,须准备场所辐射剂量仪、电离辐射警告标志、安全绳和警告标牌,如是夜间监测还须准备警示灯。

2. 工作程序

程序 1　画线布片

在钢管环焊缝的外表面,用反差较大的油漆或记号笔画线,线段长度为 314 mm,标好中心位置，写上底片编号；然后在钢管内壁相应的位置划长度为 309 mm 的线段，内外线段的中心尽可能对准。

程序 2　连接电缆

关闭外电源，电源插座接地；如电源无接地端，将地线同控制器的接地端相连，并将接地杆的 80%插入湿润的土地中；用低压电缆连接控制器和发生器；将电源电缆连接到控制器上。

程序 3　制作标记带

标记带上的识别标记应包括：工件编号（或探伤编号）、焊缝编号、部位编号（或片号）、焊工代号及检测日期等。

程序 4　摆放像质计

将 10-FE-JB 型像质计置于射源侧被检区长度的 1/4 处，金属丝横跨焊缝并与焊缝方向垂直，细丝置于外侧。

程序 5　摆放定位标记

搭接标记放在射源侧钢管表面检测区域的两端，中心标记放在被检区域的中心，水平方向箭头指向焊缝（底片）编号顺序方向，垂直方向箭头指向焊缝边缘。所有标记应摆放整齐，不得互相重叠，且离焊缝边缘至少 5 mm 以上。

程序 6　贴片

将装有胶片的暗袋与钢管表面紧密贴合，并使暗袋中心与被检区的中心对正。同时将背防护铅板覆于暗袋的背面，用磁铁等有效措施将暗袋和铅板固定好。

程序 7　对焦

将 X 射线机安放在合适位置，调节设备和钢管的相对位置，使射线机中心指示器对准被检区域中心部位，并与透照中心的切面垂直，同时调节设备与工件之间的距离，使透照焦距 700 mm。

程序 8　透照

探伤人员在室内工作时应关好曝光室铅门，才能进行室内拍片；在室外检测时，须划定监督区和控制区，在各个区域边界悬挂警告标志和警告牌，必要时设专人监护；夜间射线检测操作时，在控制区的进出口处、监督区入口处或其他适当位置处应设置警示灯，防止无关人员误入危险区。

程序 9　曝光

接通外部电源，打开 X 射线机电源按钮，此时电源指示灯亮，预热 2 min。调节管电压为 180 kV，调节计时器为 4 mm，按下高压通开关对工件进行曝光。曝光时间到达后，计时器回到零位，高压开关自动回到关闭，同时高压指示灯熄灭。

程序 10　换片

取下已曝光的胶片，换上新胶片，重新摆放相关标记，贴片、对焦。

程序 11　重新曝光

X 射线机经过适当时间的休息后，进行第二个被检区域的曝光。

程序 12　曝光结束

15 个被检区域透照完后，收集整理曝光后的胶片送暗室冲洗。

程序 13　记录

记录工件编号、焊缝号、焊工号、底片编号，绘布片图、透照示意图，并详细记录射线透照条件、操作人员及日期等。

注意事项

1. X 射线机应严格训机。X 射线机如具备自动训机功能一般采用自动训机模式；如 X 射线机未使用时间超过三周，应进行手动训机。

2. X 射线机在移动、连接电缆或对焦过程中，应轻拿轻放，防止受到机械震动损坏仪器。

3. 画线时，工件内外中心位置应尽可能对准，最大误差不能超过 10 mm。

4. 透照区段的划分应同时考虑一次透照长度、搭接长度与胶片规格。如果一次透照长度与搭接长度的和超过胶片的长度，则画线应该以胶片长度为准。

5. 连续透照时，X 射线机要求按 1∶1 工作和休息，确保 X 射线管充分冷却，防止过热。

6. 环缝单壁外透法透照时，每张底片上都应放置一个像质计。

7. 环缝单壁外透法透照时，像质计和搭接标记均应放在射线源侧的工件表面，不得置于胶片侧。

8. 透照过程中，射线机发生异常现象时，应停机检查原因，记下事故情况，检查电压值、保险丝等，如问题大则送专业人员修理。

9. 射线防护措施有问题，应停止拍片，发生触电时应立即断电。

10. 连续透照更换胶片时，须严格区分开已曝光胶片和未曝光胶片。

训练 3　射线检测记录

一、射线检测记录的内容

射线检测记录包含射线检测操作记录和射线底片评定记录两种。

1. 射线检测操作记录

射线检测操作记录是对射线透照过程的描述，包括对被检对象、射线检测环境、射线检测条件、射线透照参数以及胶片暗室处理条件的描述。不同的射线源或不同的检测对象，射线检测操作记录的内容可能略有不同，不同的检测机构应根据自身的特点编制相应的记录格式。一般而言应包括以下内容：

（1）记录单号；

（2）委托单位、委托编号；

（3）工艺卡编号；

（4）被检对象：名称、编号、规格、材质、坡口形式、焊接方法、焊工代号、热处理状况、焊口数量、检测比例、被检焊口编号；

（5）检测时机；

（6）检测标准和验收等级；

（7）检测条件：技术等级、射线检测设备（仪器名称、仪器编号型号和焦点尺寸）、胶片型号、增感方式（材质、前后屏厚度）、像质计（型号、像质指数）、黑度要求等；

(8)射线透照参数:透照方式、透照厚度、焦距、透照次数、一次透照长度、射线能量(X射线机管电压或放射源种类)、曝光量等;

(9)暗室处理条件:胶片处理方式、显定影液配方、显影温度、显影时间、定影温度、定影时间、水洗时间等;

(10)透照示意图及布片草图;

(11)职业安全卫生及辐射防护方面的相关记录;

(12)射线检测操作人员和审核人员签字及其技术资格;

(13)检测日期。

2. 射线底片评定记录

射线检测胶片经暗室处理后,应及时送交评定,同时做好底片评定记录;执行不同的检测标准,底片评定记录的内容可能略有不同。一般应包括以下内容:

(1)记录单号;

(2)被检对象名称、编号、规格、材质等;

(3)底片编号、可识辨的像质指数等;

(4)缺陷评定记录:缺陷性质、缺陷定量(长度、数量)、缺陷位置、质量等级等;

(5)必要的缺陷示意图;

(6)底片质量的相关描述;

(7)底片评定人员和审核人员签字及其技术资格;

(8)评定日期。

二、射线检测记录的填写要求

射线检测记录是追溯检测工作过程、出具射线检测报告的唯一依据,其填写时须符合以下要求:

(1)射线检测记录应按照检测机构规定的格式进行填写。

(2)射线检测记录应在工作时及时记录,严禁事后凭记忆补记。

(3)射线检测记录应分类标识,具有唯一编号,同时应有每页及总页数的标识,以便识别和追溯。

(4)射线检测记录应包含足够的信息内容,根据这些信息量可再现检测过程。其填写要求不漏项、不错项、并严格使用法定计量单位。

(5)射线检测记录应在检测现场或检测过程中,逐项进行填写,若有不适用栏目应予以划掉。

(6)记录的填写应字迹端正、清晰、文字通顺、条理清楚,技术术语使用准确,且不得使用铅笔、原子笔填写,须用钢笔或签字笔进行填写。

(7)射线检测记录不得随意涂改,如需改动,只能在改动处进行画改,不能使原字迹模糊或消失,且原记录人需在改动处签章。

(8)射线检测记录应经相关权责人员签署后方为有效。

三、射线检测记录实例

为了清楚地说明如何进行射线检测记录,下面试举一实例:

某压力容器制造厂在制的一台氮气稳压罐，产品编号 V-05-04，设计压力 1.2 MPa，设计温度 60 ℃，材质为 16MnR，规格为 ϕ2 000 mm×8 mm，其结构如图 6-42 所示。现接受委托对其中的 B3 环向对接焊接接头进行射线检测。表 6-11 为射线检测记录，表 6-12 为射线检测评片记录。

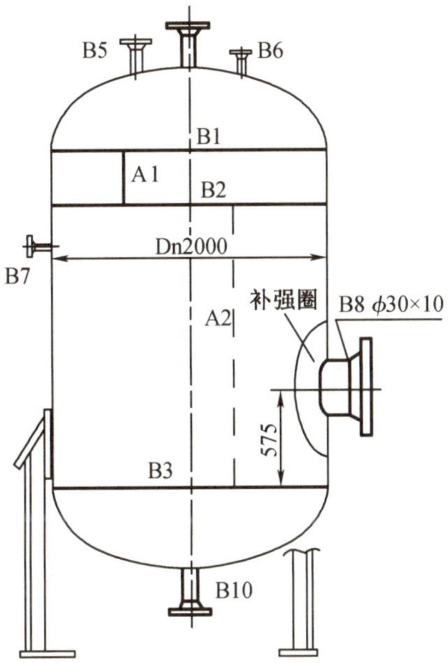

图 6-42　氮气稳压罐结构示意图

表 6-11　射线检测记录

记录编号：×××-RTJL-01

委托单位	××××	委托编号	×××-WT-01
工件名称	氮气稳压罐	工件规格/mm	ϕ2 000×8
工件材质	16MnR	坡口形式	V 形
焊接方法	埋弧自动焊	检测时机	外观几何尺寸检查合格后
检测标准	JB/T 4730.2-2005(AB 级)	验收标准	Ⅲ
检测部位	B3	检测比例/%	20
像质计型号	FeⅢ(10/16)	像质指数	13
仪器型号	RF-200EG · S2	仪器编号	××××
焦点尺寸/mm	2×2	胶片型号	天津Ⅲ型
胶片规格/mm	360×80	增感方式	Pb0.03（前/后）
管电压/γ 源种类/kV	120	透照方式	单壁外透法
透照焦距/mm	800	曝光量/mA · min	16.5
胶片处理方式	□自动冲洗　☑手工冲洗	*D* 值控制	2.0≤*D*≤4.0
配方	天津Ⅲ型配方	显影温度/℃	20±2
显影时间/min	5～80	工艺卡编号	×××-RT-01

表 6-11(续)

射线透照示意图及相关说明：

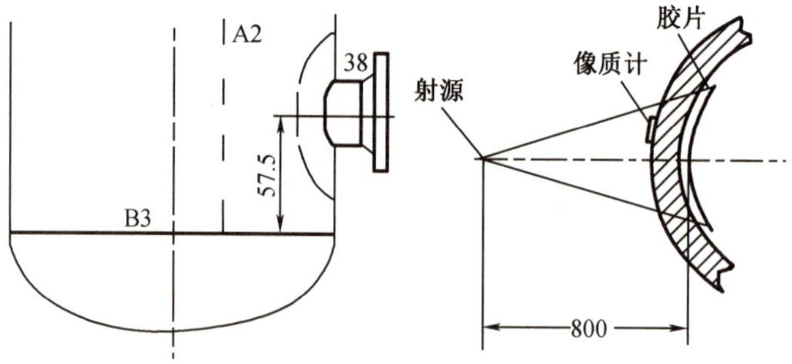

B3 焊接接头总长度为 6 330 mm，一次透照长度为 320 mm，透照次数为 5 次，此次检测射线透照总长度为 1 600 mm，检测比例约为 25.3%。具体布片图详见“射线记录附页”。

检测/资格	×××/RT Ⅱ	审核/资格	* * */RT Ⅱ
日期	××××年××月××日	资格	××××年××月××日

表 6-12 射线检测评片记录

记录单号：×××-RTPP-01

工件名称			V-05-04 氮气稳压罐	规格/材质	16MnR/Φ2 000×8
序号	底片编号	像质指数	评片记录	缺陷位置-+/mm	质量等级
1	B3-1	13	圆形缺陷 ϕ2 mm×1，计 6 点	+70	Ⅲ
2	B3-2	13	条状缺陷，L=4 mm	-23～-27	Ⅱ
3	B3-3	14	圆形缺陷 ϕ4.5 mm×1(D 缺陷>T/2)	-52	Ⅳ
4	B3-4	14	未焊透，L=6.5 mm	+92～+98.5	Ⅳ
5	B3-5	13	未发现评级缺陷	—	Ⅰ
以下空白					

评片	×××	审核	* * *
资格	RT Ⅱ	资格	RT Ⅱ
日期	××××年××月××日	日期	××××年××月××日

表6-12射线检测评片记录中缺陷位置示意图的描述适用于板材、大径管材、容器等非双壁双影法透照椭圆成像的工件,而小径管则略有不同,它以钟点法表示,如图6-43所示。

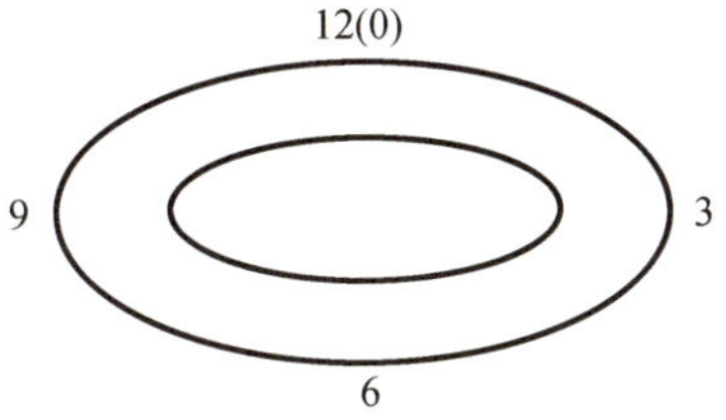

图6-43 缺陷位置图(钟点法)

四、射线透照示意图、布片图的绘制

射线透照示意图和布片图都是射线检测记录的一部分。

1. 射线透照示意图

射线透照示意图是用来反映射源、被检测工件和胶片等之间相对位置的,它要求简明扼要,能说明问题即可。对于一些特殊的检测对象,采取专门的防散射线屏蔽措施,必要时也可画入。

射线透照示意图也可以在射线检测工艺卡中绘制,此时射线检测记录中可不体现。

2. 射线透照布片图

射线透照布片图用以反映射线所透照的每一张底片与被检工件或被检工件上的局部的一一对应关系。射线透照布片图根据不同的检测对象其绘制方法不同。

对于有多条焊接接头分布的板材、容器或直径较大的管道等大型单件工件,绘制射线透照布片图,应先绘制被检工件的展开图,然后在展开图上标明各透照底片的分布情况,并注明一次透照长度和片号,同时画上中心标记。中心标记位于被检区域的中心,水平方向箭头指向焊缝(底片)编号顺序方向,垂直方向箭头指向被检区域。

对于一些如电站、石化等系统设备,其中有着大量的小径管对接接头,绘制射线透照布片图时,应先绘制系统图,然后标注各个片位。图6-44为某电站分隔屏过热器炉前半部分射线透照布片图。

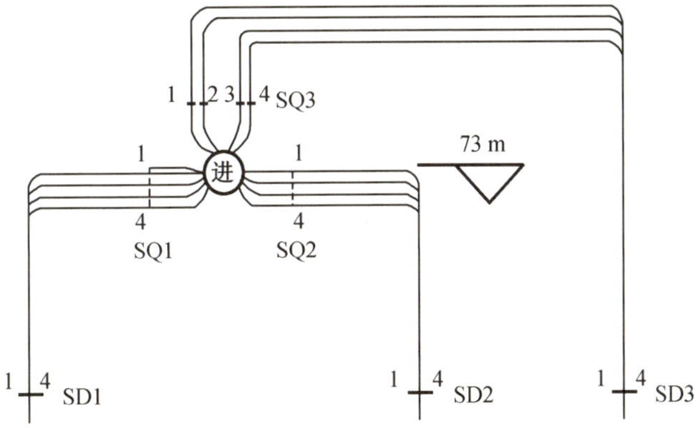

图6-44 分隔屏过热器炉前半部分射线透照布片图

思考与练习

一、选择题

1. X 射线的穿透能力取决于(　　)。

A. 管电流　　B. 曝光时间　　C. 管电压　　D. 焦点尺寸

2. 射线通过物质时的衰减取决于(　　)。

A. 物质的原子序数、密度和厚度　　B. 物质的杨氏模量

C. 物质的泊松比　　D. 物质的晶粒度

3. 射线照相法的原理主要是利用了 X 射线与 γ 射线的(　　)。

A. 穿透力强　　B. 能使底片感光

C. 沿直线行进不会折射　　D. 以上都是

4. X 射线机技术性能指标中，焦点尺寸是一项重要指标，焦点尺寸是指(　　)。

A. 靶的几何尺寸　　B. 有效焦点尺寸　　C. 实际焦点尺寸　　D. 电子束的直径

5. X 射线操作人员终身累计照射剂量当量不得超过(　　)雷姆(rem)。

A. 400　　B. 250　　C. 150　　D. 25

6. 铅箔增感屏的主要优点是(　　)。

A. 可加速胶片感光，同时吸收部分散射线　　B. 可提高照相清晰度

C. 可减少照相颗粒度　　D. 以上都是

7. 射线照相中，使用像质计的主要目的是(　　)。

A. 评价底片灵敏度　　B. 测定底片清晰度　　C. 测量缺陷大小　　D. 以上都是

8. 选择管电压的原则是(　　)。

A. 在保证穿透的前提下，尽量选择较低的管电压

B. 在保证穿透的前提下，尽量选择较高的管电压

C. 只要保证穿透

D. 越高越好

9. 影响几何不清晰度的因素有(　　)。

A. 焦点尺寸　　B. 工件厚

C. 焦点到工件表面距离　　D. 以上都是

10. 射线底片上缺陷轮廓鲜明的程度叫作(　　)。

A. 黑度　　B. 颗粒度　　C. 清晰度　　D. 胶片对比度

11. 下列四种因素中对底片的清晰度无任何影响的是(　　)。

A. 射线源的焦点尺寸　　B. 增感屏的类型

C. 射线源的能量　　D. 底片的黑度

12. 曝光因子中的管电流、曝光时间和焦距三者的关系是(　　)。

A. 管电流不变，曝光时间与焦距的平方成反比

B. 管电流不变，曝光时间与焦距的平方成正比

C. 焦距不变，管电流与曝光时间成正比

D. 曝光时间不变,管电流与焦距成正比

13. 双壁双影法一般用于直径为(　　)管子的环焊缝透照。

A. ϕ89 mm 以下　　B. ϕ76 mm 以下　　C. ϕ20 mm 以下　　D. ϕ100 mm 以下

14. 显影的目的是(　　)。

A. 使曝光的金属银转变为溴化银　　B. 使曝光的溴化银转变为金属银

C. 去除未曝光的溴化银　　D. 去除已曝光的溴化银

15. 定影液中的定影剂通常采用(　　)。

A. 硫代硫酸钠　　B. 冰醋酸　　C. 明矾　　D. 亚硫酸钠

16. 以上关于底片的像质计灵敏度检查的叙述,(　　)是错误的。

A. 底片上显示的像质计型号、规格应正确

B. 底片上显示的像质计摆放应符合要求

C. 如能清晰地看到长度不小于 10 mm 的像质计钢丝影像,则可认为底片灵敏度达到该钢丝代表的像质指数

D. 要求清晰显示钢丝影像的区域是焊缝区域,热影响区和母材区域则无此要求

17. 射线照相法可以检出的缺陷是(　　)。

A. 未焊透和裂纹　　B. 气孔和未熔合　　C. 夹渣和气孔　　D. 以上都是

18. 夹渣在射线底片上呈现的影像是(　　)。

A. 宽度和黑度都很均匀的黑线条

B. 形状不规则、黑度也不均匀的较大面积的黑色阴影

C. 呈树枝状分布的花纹

D. 呈两端尖细、中间较粗的黑色弯曲细线

19. 底片上出现的白点影像,可能是(　　)。

A. 夹钨　　B. 焊瘤　　C. 焊接飞溅　　D. 以上都是

20. 按照 NB/T 47013.2—2015 对钢、镍、铜承压设备熔化焊对接焊接接头射线检测质量分级中关于综合评级的规定,在某焊缝底片评定时,圆形缺陷评定为Ⅱ级,条状夹渣评定为Ⅱ级,则综合评级应为(　　)。

A. Ⅱ级　　B. Ⅲ级　　C. Ⅳ级　　D. 以上都不对

二、判断题(正确的打"√",错误的打"×")

1. X 射线的波长与产生该射线的管电压有关。(　　)

2. 射线照相法的主要优点是可检测工件内部缺陷的大小、深度。(　　)

3. 射线检测只能对低碳钢、低合金钢和奥氏体钢进行检测。(　　)

4. 我国规定职业放射性工作人员年剂量当量限值为 5 rem,而终生累计照射剂量当量不得超过 250 rem。(　　)

5. 射线防护的三大方法有时间防护、距离防护和屏蔽防护。(　　)

6. X 射线管的有效焦点总是小于实际焦点。(　　)

7. 射线胶片可按检测的质量和像质等级要求选用,检测质量和像质等级要求高的应选用颗粒细小、感光速度慢的胶片。(　　)

8. 铅箔增感屏除有增感作用外,还有减少散射线的作用,因此在射线能穿透的前提下,应尽量选用较厚的铅箔增感屏。(　　)

9. NB/T 47013.2—2015 将射线照相的检测等级分为 A 级、AB 级和 B 级，其中 A 级成像质量最高。 (　　)

10. 用增大射线源到胶片距离的办法可降低射线照相固有不清晰度。 (　　)

11. 减小几何不清晰度的途径之一，就是使胶片尽可能地靠近工件。 (　　)

12. 射线照相实际透照时很少采用标准允许的最小焦距值。 (　　)

13. 在常规射线照相检测中，散射线是无法避免的。 (　　)

14. 胶片的暗室处理包括显影、停显、定影、水洗和干燥。 (　　)

15. 显影时胶片上的 AgBr 被还原成金属银，从而使胶片变黑。 (　　)

16. 射线照相底片上的白色宽带表示焊缝，白色宽带中的黑色斑点或条纹表示焊接缺陷。 (　　)

17. 焊接裂纹在照相底片上常是一条中部稍宽、两端尖细的直线。 (　　)

18. NB/T 47013.2—2015 中根据焊接接头中存在的缺陷性质、尺寸、数量和密集程度将质量等级分为Ⅰ、Ⅱ、Ⅲ、Ⅳ四个等级，其中Ⅰ级质量最好，Ⅳ级质量最差。 (　　)

19. Ⅰ级底片和Ⅱ级底片中不允许存在条状夹渣。 (　　)

20. 只要焊缝中存在裂纹，焊缝经过射线检测后的底片就是Ⅳ级。 (　　)

三、简答题

1. 射线的性质有哪些？
2. 简述射线照相法的原理。
3. 简述射线照相法的特点。
4. 简述底片上缺陷影像的特征。
5. 典型的透照方式有哪些？

项目7 船舶焊接结构的密性试验

问题导入

船舶密性试验是检查船舶外板、舱壁等的焊缝有无渗透现象,以保证船舶的航行安全;还可通过密性试验,分析焊接缺陷产生的原因,为某些工序提供改进意见。

在船体建造完毕后或船体某一区域的装配焊接及火工矫正等工作全部完工后,就可以进行船舶整体或局部的密性试验。如果船舶结构或者舱壁密封性没有满足要求,必将对船舶航行安全造成重大影响。

任务7.1 船舶焊接结构的密性试验概述

7.1.1 船体密性试验目的

(1)检查船舶外板、舱壁等结构上的焊缝有无渗漏现象。

(2)分析由于密性不合格检测出的焊接缺陷产生的原因。

(3)检验船体结构在静载荷作用下的强度是否满足要求。

(4)防止船舶焊接结构的渗漏造成其他事故。

7.1.2 常用密性试验方法

根据CB/T 257—2001《钢质海船船体密性试验方法》中的相关规定,船体密性试验方法及相关要求如下。

1. 一般规定

(1)船体的水下部分以及下水后无法检查的部分或修复缺陷后的船体部分,应在船舶下水前做密性试验;其他部件的密性试验亦应在船体建造完毕后进行。

在征得验船部门同意后,个别特殊部位允许例外。

(2)密性试验前,船体各部分与检视合格的焊缝应清除氧化屑及焊渣,并打扫清洁;不应在水密焊缝处涂刷油漆、敷设绝缘材料或水泥等涂料。

(3)所有用铆钉、螺栓或电焊方法与船体水密部分连接的结构,舱面属具、设备和一切管系,均应在试验前安装。如果安装工作要在试验后进行,则应根据标准规定,在验船部门同意的范围内进行补充密性试验。

(4)受试验部位如须铺设木铺板或其他形式覆盖物,应在密性试验合格后进行。

(5)试验时,若外界气温低于 0 ℃,则应采取相应的防冻措施。

2. 常用船体结构密性试验方法

试验可根据船体结构强度及水密、油密等不同要求,采用灌水、冲水、淋水、涂煤油、充气或灌水充气混合试验方法及其他等效的试验方法。

(1)灌水试验

将船体受检部位灌满水,使船体结构上的焊缝处于一定的受压状态,然后检查对应焊缝是否有变形和渗漏现象。该试验要求焊缝不应出现明显的变形和渗漏,以确保船体结构的密封性。具体灌水试验要求如下:

①灌水至规定高度,15 min 后,在保持该水压高度条件下检查焊缝,不得有渗漏现象。

②灌水试验应按间隔或交叉顺序进行,相邻舱室不得同时进行灌水试验,以便检验。

③试验时,被灌水的舱室隔舱处应适当加放船底龙骨墩和支撑,预防船体变形。

④灌水试验时,若周围气温在 0 ℃以下,应将水预热,预热程度应使试验过程中舱室之外表面不蒙水珠,从接缝不密处漏出的水不冻结。一般在试验过程中水温不低于 5 ℃。

⑤灌水试验时,如果要求增加水压,可在试验舱顶上安装直径不小于 50 mm 的加压管。

⑥加压灌水试验的舱室上部应有空气管,灌水后舱室上部不应有空气层。

(2)冲水试验

用压力水射向船体上焊缝的结合部位,观察是否有渗漏现象。该试验常用于检验船体结构上密封性能要求不是很高的部位。具体冲水试验要求如下:

①用消防唧筒向接缝垂直喷水,检查接缝处有无渗漏。

②试验用的喷嘴直径不小于 16 mm。

③试验时,软管中水压力应保证从试验地点向上喷水的高度不小于 10 m, 喷嘴距被试接缝不大于 3 m。

④试验时,铆接结构应从未捻缝面冲水,焊接结构可以任一面冲水,垂直接缝应自下向上冲水。

(3)淋水试验

用水淋在被试的接缝上,然后在另一面检查是否有渗漏现象。该方法可以评估焊缝的密封性能,确保船体在水下操作时不会渗漏。

(4)煤油试验

煤油的黏度小,表面张力小,渗透性强,具有透过极小的贯穿性缺陷的能力。试验时,将焊缝的表面清理干净,涂以白粉水溶液,待干燥后,在焊缝的另一面涂上煤油浸润,经半小时后白粉无油浸为合格。船体结构密性的煤油试验相关要求如下:

在焊缝一面先涂上白垩粉水溶液,其总宽度不小于 10 mm,干燥后进行试验,试验时周围气温在 0 ℃以下时,可用不冻结又不影响白垩粉洁白的溶剂(如盐溶液、酒精等)配制溶液。

在焊缝另一面涂上足够的煤油，在试验过程中焊缝表面应保持煤油薄层。

当周围气温在 0 ℃以上时，试验持续时间按表 7-1 的规定，当气温低于 0 ℃时，试验时间应适当延长。

表 7-1　煤油试验时间

焊缝厚度/mm	试验时间/min			
	水平焊缝		垂直焊缝	
	水密	油密	水密	油密
≤6	30	40	30	60
>6~12	30	60	45	80
>12	45	80	60	100

(5)充气试验

在被检舱室内充入高压空气，将肥皂水涂在外部焊缝上，然后加压，观察肥皂水上是否有气泡产生。该方法可以快速检验焊缝的密封性。船体结构密性的充气试验相关要求如下：

①在被试接缝的检查面涂上肥皂溶液或其他有效试剂。试验时，若周围气温在 0 ℃以下，则应采取加热措施或采用不凝结的肥皂溶液。

②充气试验时，试验压力一般为 3×10^4 ~ 5×10^4 Pa(0.3~0.5 kgf/cm^2)。

③渗漏检查应在试验压力保持 15 min 后进行，试验持续时间，根据外观检查所需时间而定。

④每一个试验的舱室上应装置经检验合格的压力表二个，安全阀一个，气体应通过压力调节器或减压阀引入。

(6)灌水、充气混合试验

将水和气体充入被试验部位，同时施加压力，检查是否有渗漏现象。该方法可以综合评估焊缝的密封性和承压能力。船体结构密性的灌水、充气混合试验的相关要求如下：

①在被试接缝的检查面上涂上肥皂溶液或其他有效试剂。

②试验时，若周围气温在 0 ℃以下，应将水预热，预热程度应使试验过程中舱室之外表面不蒙水珠，从接缝不密处漏出的水不冻结，一般在试验过程中水温不低于 5 ℃。

③先灌水至所在舱室的人孔下缘，再充气至 3×10^4 ~ 5×10^4 Pa 。渗漏检查应在试验压力保持 15 min 后进行，试验持续时间，根据外观检查所需时间而定。

④试验应按间隔或交叉顺序进行。

⑤每一个试验的舱室上应装置检验合格的压力表二个，安全阀一个，气体应通过压力调节器或减压阀引入。

3. 试验要求

(1)船体密性试验应按表 7-2 的试验指标和要求进行。

表 7-2 船体密性试验指标和要求

序号	试验部位		试验要求
1	艏艉尖舱	做水舱时	至空气管顶水柱高度
		做燃油舱时	至舱顶以上 2.5 m 水柱高度
2	双层底舱		至空气管顶水柱高度
3	顶边舱或边水舱		至空气管顶水柱高度
4	单层底舱的底部		至中内龙骨面板水柱高度
5	深水舱		至空气管顶水柱高度
6	深油舱或货油舱		至舱顶以上 2.5 m 水柱高度
7	隔离空舱		至舱顶以上 0.6 m 水柱高度
8	泵舱		至满载水线水柱高度
9	舷侧外板,各层甲板,舱壁,以及露天的甲板室顶和第一层甲板室的外围壁、风雨密的门和窗,舱口围板和舱口盖等		冲水试验
10	海底阀箱	无吹洗设备者	至舱壁甲板以上 1 m 水柱高度
		有吹洗设备者	可按吹洗时的压力来确定试验压力
11	舵、导流管		充气试验:气压 $=5\times10^3d+2.5\times10^4$ Pa$(0.05d+0.25\ \text{kgf/cm}^2)$($d$ 为满载吃水,m)
12	厨房、配膳室、洗衣室、浴室、厕所、蓄电池室等		围壁下沿做涂煤油试验或灌水试验,水压高度至门槛
13	第一层甲板以上的甲板室的外围壁及其门窗		淋水试验

(2)船舶的艏艉尖舱、双层底舱、顶边舱、边水舱、油船的货油舱和盛油深舱、深水舱、泵舱、隔离空舱、海底阀箱、舵和导流管等做灌水试验或充气试验。

(3)轴隧、舱壁、上层建筑甲板、甲板室的露天部分和外围壁、水密门和窗、舱口围壁和舱口盖等水密构 件及不包括在第二条所述的其他舱室做冲水试验或煤油试验。

(4)对须采用灌水试验的舱室,且试验舱容积很大的情况下,征得验船部门同意后,可用灌水、充气混合试验代替灌水试验。

(5)由于构架密集、狭窄、尖角等原因,而难于从相邻舱室进行检查时,不允许用充气试验方法做船体密性试验。

(6)板厚大于 6 mm 的船体结构,若强度许可时,可用充气试验代替灌水试验。

(7)冲水试验可用涂煤油试验代替。

(8)分段建造中的平面或立体分段在未上船台合拢以前可先用涂煤油方法进行分段内的水密焊缝的密性试验。

(9)对于用橡皮衬垫保证水密的结构、铆接和螺栓连接的结构,不允许采用煤油试验。

任务7.2　船舶焊接结构的密性试验大纲

问题导入

以某166 m海洋工程运输船船体密性试验为例，对其船体结构密性试验总则、大纲进行介绍，可为实践中组织开展相关船体密性试验提供参考。

7.2.1　密性试验总则

1. 试验的一般原则

(1)试验目的

在船舶建造完工后对设计质量和建造质量进行一次总的鉴定。

(2)试验内容

密性试验。

(3)试验组织

由船厂主持，船舶检验机构、用船单位和设计单位参加。

(4)试验要求

试验之前应制订试验计划，并使全体参加人员了解试验要求和做法，试验应在统一指挥下进行。船厂应认真做好各种测试记录，试验结束后，由船厂整理出有关技术文件及试验报告书，并作为检验和交船的必需技术文件，提交给船舶检验机构和用船部门。

2. 试验遵循的标准

按照中国船级社《钢质海船入级规范》(2022年)第4章和CB/T 257—2001《钢质海船船体密性试验方法》的要求进行密性试验。未列入的项目应按CB/T 257—2001《钢质海船船体密性试验方法》要求进行，如用船部门有特殊要求，可与船厂验船部门及设计部门协商，对本大纲进行修改。

7.2.2　船体密性试验大纲

(1)受验焊缝必须进行外表质量检查，凡不合格者均应焊补至合格，才能进行试验。

(2)受验部位应保持表面及焊缝清洁、干燥。

(3)所有与受验焊缝有关的结构、设备、属具及一切管系，均应在试验前安装完毕，火工矫正，以及其他可能影响焊缝的工序也须在试验前完成。

(4)试前不应对水密焊缝进行涂刷油漆、敷设绝缘材料、铺设木铺板及其他形式的覆盖物。

(5)船体舱壁甲板以下和船舶下水后无法进行检验及修补的船体部分，应在下水前进行密性试验。

(6)密性试验需经船厂质检部门、验船师、船东代表同意后方可进行。

(7)下列液舱和边界应进行试验:

①重力液舱的结构完整性和密性(蒸汽压力不超过 70 kN/m^2);

②除液舱边界外,水密边界的水密性;

③风雨密边界的风雨密性。

(8)本试验大纲仅表示密性试验基本要求,具体检验细则按照船厂惯例进行,但应满足船级社相关要求。

(9)所有试验应在水密或风雨密焊缝焊接工作完成之后进行,所有可能影响被试验结构强度和密性的附件、舾装件或贯穿件,在试验前应已安装完成,即处于完工阶段,以避免任何后续作业削弱被试验结构的强度和密性。

(10)试验前,需要检查的地方应清理干净,氧化皮和焊渣应从焊缝上去除,所有舱界的焊缝不应涂油漆或被胶接剂或覆盖物覆盖。

(11)如果在最终涂层涂刷前进行了渗漏试验,在静水压试验前,可以涂刷最终涂层。对所有手工或半自动装配焊缝以及液舱边界的填角焊缝,包括焊透焊缝,应在渗漏试验之后涂刷最终涂层。对于其他焊缝,经现场船东代表同意,可在渗漏试验之前涂刷最终涂层。

(12)艉尖舱应在艉轴管安装后进行试验。

7.2.3 试验类型和方法

1. 结构试验

(1)结构试验采用静水压试验,如因实际条件限制无法实施,可采用静水压气动试验作为等效方法。

(2)用于装载液体并构成水密分隔的液舱,应进行密性及结构试验。

(3)液舱边界应至少从其一侧进行试验,结构试验的液舱应予以选择,以便所有具有代表性的结构件进行预期的抗拉伸和抗压的试验。

(4)除非批准使用其他液体,否则静水压试验用海水进行试验,燃油、滑油、柴油、淡水舱用淡水进行试验。

(5)进行静水压试验时无需对渗漏试验后的检测面进行干燥和除湿处理。

(6)如果在干坞内或船台上不能进行静水压试验,则结构试验可在船舶飘浮状态下进行。试验时,针对每个液舱和隔离空舱,应单独注入试验压头要求的水。

(7)当结构试验的液舱处于满载状态时,在其相邻空(液)舱中检查其底部和下部侧壁板的合适性。

(8)如对首制船液舱进行结构试验以验证其结构适宜性,则该系列的其他船舶(即在同一船厂以相同图纸建造的姐妹船)可免除液舱结构试验,条件是:

①通过渗漏试验对所有液舱边界的水密性进行了验证和彻底检查;

②对每艘姐妹船所有液舱中至少每种类型中的一个液舱进行结构试验;

③首个液舱结构试验完成后,如有必要,或现场验船师认为有必要,也可能有额外的液舱需要进行结构试验。

④可免除结构试验的舱室,满足上述条件即可。

2. 渗漏试验

(1)液舱空气试验

①所有边界角焊缝,装配焊缝以及焊透的焊缝包括管子的连接处,应按批准的程序在至少0.15 bar($1\ \mathrm{bar}=10^5\ \mathrm{Pa}$)的压力下采用渗漏显示液(如肥皂水溶液)进行检查,试验压力不必大于0.2 bar。

②将被试验液舱内的空气压力增加到0.2 bar,并保持1 h达到稳定状态,再将空气压力降至试验压力0.15 bar,在此期间被试验液舱邻近的人员数应减至最少。

③应布置一根内装水位高度足以与要求的试验压力一致的U形管,U形管的横截面积应不小于液舱供气管的横截面积。

④可接受使用两个经校准的压力表来验证所要求的试验压力的布置。

⑤液舱空气试验时发现有漏气的焊缝,修复方式为:放掉气压,焊缝碳刨或者打磨到根部,电焊修补。

⑥船厂可考虑采用其他等效的试验方法,如压缩空气填角焊试验或抽真空试验,但应首先提交试验详细资料。

(2)压缩空气填角焊试验

①按照船厂习惯进行水密结构的压缩空气填角焊试验。

②压缩空气填角焊试验适用于分段中组、大组阶段实施密性试验的焊缝。

③压缩空气填角焊试验的焊缝必须是不开坡口的双面连续角焊缝。

④角焊缝适用于主体水密构件(如水密肋板、水密舱壁)等。

⑤压缩空气填角焊试验的水密舱壁厚度不得小于12 mm。

⑥穿过水密构件的纵、横向骨材及补板不允许有切角,并且补板必须为整块。

⑦压缩空气填角焊试验的检验压力为0.015~0.02 MPa,并保证在5 min内压力表没有明显下降。

⑧压缩空气填角焊试验的区域应是构成舱室边界的各种角接接头。

⑨角接接头的间隙应为0~3 mm,气道量小于6 mm。

⑩构件的垂直度应为±90°。

⑪无法进行压缩空气填角焊试验的焊缝可采取抽真空或PT/UT等无损检测方法代替。

(3)抽真空试验

①抽真空试验配有空气接头、压力表。检查窗口的盒子(真空试验盒),应放置在接头上方,并将渗漏指示液涂刷于焊缝周边。抽气泵将盒内抽成$-0.26\times10^5\sim0.20\times10^5\ \mathrm{Pa}$的真空。

②抽真空试验适用于手工的对接部位或构成舱室边界的水密构件。主要包括:

(a)外板缝、甲板板缝、水密壁板缝等对接焊缝及斜底板与内底和外板焊缝;

(b)分段内对接焊缝采用埋弧自动焊或CO_2焊打底,埋弧自动焊盖面的对接焊缝,如果焊缝表面检查无缺陷可视作密性合格(免除抽真空试验)。

③外板上的外加电流阴极保护系统(ICCP)、计程仪/测深仪的换能器、船底塞做抽真空试验。

④抽真空试验适用于小组、中组、大组阶段实施的焊缝。

(4)磁粉检验

①在征得船东和验船师同意时,磁粉检验可用于抽真空试验、压缩空气填角焊试验实施困难的焊缝密性检验,如小的角落、空间狭小处。

②磁粉检验是通过喷射磁感应后能在焊缝上产生磁引力的介质来发现焊缝表面的缺陷。

③磁粉检验完毕可按涂装说明书给所检验部位涂层。

(5)着色渗透试验

①在征得船东和验船师同意时,着色渗透试验可用于抽真空试验、压缩空气填角焊试验实施困难的焊缝密性检验, 如小的角落、空间狭小处及管子穿过的舱壁处。

②在进行试验前要把焊道表面清理干净,将渗透剂喷涂在焊道表面,并在必要的渗透时间内保湿,用浸透洗涤剂的抹布把焊道表面的渗透剂擦拭干净,表面干燥后将着色剂涂于焊道表面并保持必要的着色时间,观察并检验焊道表面的着色结果。

③试验结束后清除着色剂。

④着色渗透试验完毕,可按涂装说明书给所检验部位涂层。

(6)冲水试验

①冲水试验适用于不需要进行结构试验或气压试验但要求水密或风雨密的结构,主要包括:

(a)干舱内的水密舱壁(包括机泵舱区的外板);

(b)甲板室或露天围房的各层露天甲板顶;

(c)上甲板上一层甲板室或围房的外围壁、窗以及其他各层的风雨密门;

(d)风雨密舱口盖、风雨密门和其他关闭装置;

(e)锚链筒。

②进行冲水试验的过程中, 冲水软管喷嘴处的最小压力应至少等于 2×10^5 Pa,喷嘴内径应不小于 12 mm,距接头的垂直距离应不大于 1.5 m,水柱应直接喷射在焊缝上。

③冲水试验前,舱口盖和水密门要用人工进行关闭。

④最终涂层应在所有要求的冲水试验完成后涂刷。

⑤如冲水试验可能会损坏已安装的舾装件(机器、电缆、配电板、绝缘材料等)时, 经船级社及船东同意,可采用对所有接头和焊缝仔细目视检查来代替冲水试强。必要时,可要求着色渗透试验或超声波试验。

(7)超声波试验

①超声波试验适用于:

(a)干舱内的水密舱壁、水密移门;

(b)甲板室或露天围房的各层露天甲板顶;

(c)上甲板上第一层甲板室或围房的外围壁、水密门窗以及其他各层的风雨密门;

(d)风雨密舱口盖、风雨密门和其他关闭装置;

(e)因舱内安装的舾装件(机器、电缆、配电板、绝缘材料等) 原因无法实施气压试验的空舱;

(f)其他适用于冲水试验的部位。

②舱室内部安置超声波回声发射器,同时在舱室外部安置接收器,接收器扫描舱室的水密/风雨密边界,探测超声波渗漏指示,接收器可探测声波的位置指示舱室密封渗漏。

③超声波检漏设备应根据 ISO9001 标准每年送厂家维护及校准并取得证书,检测人员应具备相关的资质。

④超声波试验工艺及现场检测要求参见质检部门编制的《超声波泄漏检测工艺规程》。

7.2.4 其他要求

1. 灌水试验

(1)厨房、配膳间、洗衣间、浴室、厕所和蓄电池室(铅酸型)等潮湿处所需进行灌水试验,灌水高度至门槛。

(2)上层建宽各层房间拦水扁铁区域内进行灌水试验,灌水高度至拦水扁铁顶。

2. 独立液柜

独立液柜进行结构试验,试验要求按轮机要求处理,详见轮机专业《独立箱柜制作图》。

3. 分段合拢口

分段合拢口的密性试验可采取压缩空气填角焊试验或者抽真空试验,如果上述两种方案都无法实施的情况下可使用无损检测方法来检验焊缝密性。

4. 压载管路的密性要求详见轮机专业《压载水系统图》

5. 舱口盖密性试验要求详见舾装专业《系泊试验大纲》

6. 舵叶密性试验由外购厂家完成

7. 最终涂层

(1)对自动焊的对接焊缝,如果焊缝也经仔细目视检查并令验船师满意,最终涂层可以在接头边界的处所渗漏试验完成之前的任何时候施涂。

(2)在自动合拢对接焊缝施涂最终涂层之前,验船师可以要求进行渗漏试验。

(3)对所有其他焊缝,最终涂层应在接缝渗漏试验完成之后进行施涂。

8. 临时涂层

任何可能隐藏缺陷或渗漏的临时涂层应按最终涂层规定的时间予以施涂。该要求不适用于车间底漆。

思考与练习

一、名词解释

密性试验　　煤油试验　　冲水试验　　灌水试验

二、问答题

1. 船体密性试验目的有哪些?
2. 目前 CCS 对船体密性试验大纲有什么要求?
3. 船体结构哪些部位适合抽真空试验?

参考文献

[1] 中国船级社. 超声检测技术[M]. 北京：人民交通出版社，2012.

[2] 全国船舶标准技术委员会. 船舶钢焊缝射线检测工艺和质量分级：CB/T 3558—2011[S]. [出版地不详]：[出版者不详]，2011.

[3] 全国船舶标准技术委员会. 船舶钢焊缝超声波检测工艺和质量分级：CB/T 3559—2011[S]. [出版地不详]：[出版者不详]，2011.

[4] 全国船舶标准技术委员会. 钢制海船船体密性试验方法：CB/T 257—2001[S]. [出版地不详]：[出版者不详]，2001.

[5] 全国船舶标准技术委员会. 船舶钢焊缝磁粉检测、渗透检测工艺和质量分级：CB/T 3958—2004 [S]. [出版地不详]：[出版者不详]，2004.

[6] 耿艳旭. 焊接质量检验[M]. 北京：机械工业出版社，2022.

[7] 李丽茹. 焊接质量检验[M]. 北京：机械工业出版社，2021.